LE PRINCE.

Nouuelle Edition.

DIVISEE PAR CHAPITRES,

auec les Sommaires de chaque
Chapitre.

A PARIS,

Chez IEREMIE BOÜILLEROT, ruë
de la vieille Drapperie, vis à vis
la grand' porte du Palais.

M. DC. XXXXII.

LE PRINCE.

ARGVMENT.

Plaisirs innocens de la campagne. Occupations de la vie retirée. Rencontre d'vn Esclaue venant d'Alger. Il conte la dispute de deux de ses compagnons, dont l'vn qui estoit François, tua de sa chesne l'autre qui estoit Espagnol. Occasion du present ouurage.

AVANT-PROPOS.

I'AY esté assez long temps dans le monde, mais ie n'ay vécu qu'autant que dura l'Automne passé : Et pource qu'il n'est pas possible de faire reuenir ces iours bien heureux, & qui me furent si chers, ie tasche le plus qua

ie puis de les regoufter par le fouuenir, & par le difcours. La liberté
en laquelle ie me trouuois, apres
vne captiuité de trois ans, i'appelle
ainfi le fejour que i'auois fait à la
ville : La pureté de l'air, que ie com-
mençois à refpirer, & que ie receuois auidement, comme vne nourriture qui m'eftoit nouuelle, & la
face riante de la campagne, qui
monftroit encore fur foy vne partie
de fes biens, & fe paroit des derniers
prefés qu'elle deuoit faire aux hommes, me donnoient des penfées fi
douces, & fi tranquilles, que fans
eftre agité de l'émotion qu'excite la
ioye, i'auois tout le plaifir qu'elle
caufe.

Les autres maladies de l'ame plus
importunes, qui tourmentent les
Cours & les Affemblées, n'appro-
choient point de noftre village, le

A

ne sçauois que c'estoit de craindre,
ny d'esperer, & ne connoissois plus
le soupçon, la deffiance, ny la ialousie. Toutes mes passions se repo-
soient, & celles d'autruy ne paruc-
noient point iusques à moy. L'enuie
& la haine, qui se sont si cruelle-
ment attachées à vne petite ombre
de bien, que quelques-vns ont crû
voir parmy mes defaux, m'attraquât
où ie n'estois pas, ne me faisoient
point de mal que ie sentisse; & les
objets presens remplissoient mon
esprit de telle sorte, & y effaçoient
si nettement l'impression du passé,
que comme ils n'y laissoient point
de lieu aux apprehensions de l'auenir, il n'y demeuroit rien de fascheux qui me pust trauailler la memoire.

En cét estat, bien different du tumulte d'où i'estois sorty, & sous la

serenité d'vn Ciel si benin, il me
sembloit visiblement de renaistre,
& d'assister au renouuellement de
toutes les choses. Et à la verité quâd
nous eussions eu durant certe saison
la direction du monde, & que nous
eussions fait nous-mesmes les iours,
nous n'en pouuiós pas auoir de plus
beaux, ny dispenser l'ombre & la lumiere, le froid & le chaud auec vne
plus égale mesure. Il s'esleuóit bien
quelquefois vne petite vapeur de la
riuiere voisine, qui l'enuelopoit côme dans vn ré, & s'épandoit sur la
superficie de la Terre: Mais outre
qu'elle n'attendoit pas tousiours le
Soleil pour se défaire, & qu'elle n'en
pouuoit soustenir les premiers rayons, elle n'auoit iamais tant de force qu'elle montast à la hauteur de
nos plus basses fenestres, & nous
iouissions d'vn calme tres-net, &

d'vne clarté extremement viue. pendant qu'il y auoit vn peu de trouble & de fumée au deffous de nous.

Auant que nous fuffions habillés, & que nous euffions fait nos prieres, cette humidité, qui n'auoit moüillé que la pointe des herbes, eftoit entierement effuyée, & la fraifcheur du matin n'auoit plus rien de moite, ny de piquant. Si bien qu'il me reftoit vn iufte interualle pour me promener iufques à midy ; & pour faire de l'exercice qui dénoüaft le corps fans le trauailler, & reüeillaft moderément l'appetit, fans le porter à vne faim déreglée, qui fuit d'ordinaire les mouuements violéts, & tient quelque chofe de la maladie.

La premiere partie de l'apreffinée fe paffoit en vne conuerfation familiere, d'où nous auions banny

les affaires d'Eſtat, les controuerſes
de la Religion , & les queſtions
de Philoſophie. On n'y diſputoit
point auec aigreur ſi le Pape eſtoit
pardeſſus le Concile : On ne ſe met-
toit point en peine d'accorder les
Princes Chreſtiens, pour faire vne
Ligue contre le Turc : On ne debat-
toit point à outrance , qui eſtoit le
plus grand Capitaine , du Marquis
de Spinola , ou du Comte de Tilly.
Perſonne ne reformoit les Royaumes , ny ne vouloit changer leur
gouuernement. Il n'eſtoit pas ſeulement permis de nommer le Public,
ny le Siecle ; & nous ne parlions que
de la bonté de nos melons , de la re-
colte de nos bleds, & de l'eſperance
de nos vendanges.

Apres cela, la compagnie s'eſtant
ſeparée , & de quatre que nous
eſtions , l'vn prenant poſſeſſion du

bois, l'autre du iardin, & le troifiefme d'vne gallerie, où il y a des cartes & des tableaux; pour moy, ie me
retirois en ma chambre, & eſſayois
de m'endormir ſur vn liure, auſſi
peu ſerieux que noſtre conuerſation
l'auoit eſté. Mais le declin du iour
s'approchant, & ce qui reſtoit de ſa
chaleur n'eſtant pas plus difficile à
ſupporter que la vapeur d'vn bain
tiede, ie montois ordinairement à
cheual, & ſortois du logis par vne
longue allée de meuriers blancs, qui
me conduiſoit à la riuiere.
Il ne ſe peut rien voir de plus
clair, ny de plus agreable que ſon
cours: Et Ronſard a grand tort de la
deriuer de l'Acheron, & de penſer
que ce ſoit vne branche de ce fune-
ſte lac, dont les eaux nous ſont re-
preſentées ſi noires, & ſi boüeuſes.
C'eſt pluſtoſt vne fontaine conti-

nuée depuis fa naiffance iufques à la
Mer, où elle entre auffi fraifche &
auffi pure, apres auoir couru trente
licuës, que fi elle ne faifoit que for-
tir de fon origine. Elle cultiue gene-
ralemét tout ce qu'elle arrofe : Elle
laiffe l'abondance par tout où elle
paffe, & fi le mefme pays eft extremement maigre, & extremement
fertile, ce font des effets de fon
efloignement, & de fa prefence.

Au lieu où ie m'arreftois principalement, elle coule au deffous de
plufieurs collines, qui font vertes
de haut en bas d'vne foreft qu'elles
portent ; Et la pente en eftant fort
droite, vous diriés que les arbres n'y
font pas plantés, mais qu'on les y a
attachés, ou qu'ils y grimpent, tant
ils y ont apparemment peu de prife.
En certains endroits elle eft affez
large : ailleurs fon canal fe refferre

tellement, que les peupliers qui la
bordent de part & d'autre semblent
se baiser, & ioignent leurs branches
auec vne si belle iustesse, que le berceau ne seroit pas mieux fait, si l'art
& la contrainte les auoient pliées.

Là ne pouuant faire ce que faisoient Scipion & Lælius, au riuage
de la Mer, où ils ne faisoient pourtant que conter les vagues, & amas-
ser des coquilles, i'auois le plaisir de
regarder au fonds de l'eau les choses
qui se passoient dedans l'air, & de
voir nager tout ce qui voloit. C'e-
stoit l'amusemét qui m'entretenoit,
en attendant le coucher du Soleil, où
ie ne manquois iamais de me trouuer au milieu de la Prairie, afin de
considerer à mon aise cette riche ef-
fusion de couleurs qu'il verse en se
retirant, & dans laquelle il semble
qu'il tempere ses rayons pour les ren-

dre supportables , & qu'il adoucit sa
lumiere pour épargner noſtre veuë.

Mais n'ayant à iouyr que fort peu
de temps du contentement que ie
receuois à l'aller admirer tous les
ſoirs,& à regarder les precieuſes traces qu'il laiſſe dans le Ciel , quand il
ſe couche, les diuerſes couleurs qui
ſe forment de la diſſolutiõ de ſes rayons, il n'y auoit point moyẽ de me
ramener au logis que la nuit ne fûſt
venuë, & n'euſt mis fin à la magnificence du ſpectacle qui me retenoit
dehors. Parce qu'vne ſaiſon ſi heureuſe ne pouuoit pas eſtre longue,
i'en voulois poſſeder tous les inſtans,
& eſtois ſi bon meſnager des moindres parties de ſa durée , que i'aimois
mieux prendre le ſerain que de perdre les reſtes du iour. Et ne plus ne
moins que nous redoublons nos careſſes aux perſonnes que nous ai-

mons, quand nous nous en deuons
bien tost separer, & que les vieillards desiret plus ardemment la vie
à laquelle ils n'ot quasi plus de part;
ainsi i'auois de violentes passions
pour vn bien qui s'enfuyoit de moy,
& que le voisinage de l'Hyuer me
menaçoit à toute heure de me rauir.

Quand ie le vis approcher, on ne
me vit plus suiure ma premiere forme de vie, ny faire, comme auparauant, plusieurs pieces de l'apresdi-
née. Ie n'estois sociable que iusqu'à
midy, incontinent apres ie sortois
tout seul, & n'auois point de patience que ie ne vinsse retrouuer ma chere riuiere: le long de laquelle me promenant vn iour à l'accoustumée, &
ce fut, s'il m'en souuient bien, le
mesme iour que nous receusmes la
nouuelle de la reddition de la Rochelle, i'apperceus tout d'vn coup à

la riue de delà ie ne sçay quoy de iau-
ne & de bleu, qui se monstroit parmy les peupliers , & faisoit remuer
les roseaux. L'Eneide de Virgile,
que ie tenois d'auenture entre les
mains, & où ie venois de lire l'apparition du Tybre à Enée, qui se fit à
peu pres de la mesme sorte, m'auoit
tellement mis dans l'esprit les folies
de la Poësie, que ie m'allay d'abord
imaginer , que le fantosme que ie
découurois pouuoit estre le Dieu de
nostre fleuue. Mais ie corrigeay aussi
tost l'extrauagance de ma pensée,
& vis distinctement vn homme
blond, qui me presentoit vn bonnet
de peluche bleuë. A quoy reconnois-
sant qu'il auoit besoin de charité,
& le canal n'estant pas si estroit en
cét endroit là, que ie luy pûsse ietter l'aumosne que ie luy voulois faire, ie fis signe à vn pescheur qui ten-

doit ſes filets à vingt pas de moy, de
l'aller prendre avec ſon bateau.

C'eſtoit vn Gentil-homme
Flamand qui venoit d'Eſpagne,
& qui tout pauure & tout dechiré
qu'il eſtoit, ne laiſſoit pas de ſen-
tir ſon homme bien nay, & d'a-
uoir fort bonne mine, quoy qu'il fût
en fort mauuais equipage. Ie ſceus
de luy que retournant de Lorette il
auoit eſté pris par vn vaiſſeau Turc,
& mené en Alger auec quelques autres Chreſtiens, qui pour eſpargner
la deſpenſe qu'ils euſſent faite par
terre, auoient loüé vne petite barque à Ancone, qui les deuoit porter
iuſques à Marſeille. Il me recita au
long l'hiſtoire de ſes mal heurs ; le
faſcheux traitement qu'il auoit receu de quatre differens Maiſtres, qui
l'auoient achepté l'vn de l'autre, &
l'inſupportable humeur du dernier,

qui n'ayant ny raiſon, ny humanité,
luy doubloit toutes les charges de la
ſeruitude , & le miſt en fin en tel
eſtat, que ſe l'eſtant rendu entierement inutile, il fut contraint de le
laiſſer pour vne piſtole à vn Religieux de la Mercy.

Il n'oublia pas de me faire la deſcription de ces deux effroyables pri-
ſons qui ſont ſous la ville d'Alger, &
qu'on peut nommer à bon droict les
ſepulchres des viuans ; puis qu'on y
enterre tous les ſoirs douze mille eſclaues, & qu'on les en tire tous les
matins, pour les enuoyer à leur trauail ordinaire. Et certes il ſe plaiſoit
ſi fort ſur cette matiere, & s'y enfon-
çoit quelque-fois ſi auant, que ie
voyois aſſez que les peines paſſées
luy eſtoient des contentemens pre-
ſens, & que le bien que nous eſpe-
rons ne flate pas dauantage noſtre
imagination

imagination, que le mal que nous auons souffert contente nostre me-moire. Ie luy donnois donc, pour l'obliger, la plus paisible, & la plus fauorable audience qu'il eust pû de-sirer d'vn auditeur extremement curieux : Ie m'interessois en ses dis-graces par les frequentes exclama-tions dont i'accompagnois ce qu'il me disoit, & luy laissois redire plu-sieurs fois vne mesme chose sans l'interrompre, afin de ne sembler pas luy vouloir oster la liberté, qu'il ne venoit que de recouurer.

Aussi l'ayant longuement escou-té par complaisance, ie luy fis à mon tour quantité de questions pour ma satisfaction particuliere, & le lassay peut-estre de respondre à force de l'interroger. Ie voulus sçauoir de quelle police vsent les Mores, quel-les coustumes ils obseruent, & à quels exercices ils s'adonnent. Entre

B

autres chofes il me conta, que tous
les Vendredis ils font des prieres publiques à Dieu, de leur rendre le
Royaume de Grenade, & maudif-
fent la memoire du dernier Roy, qui
ne le fceuft pas defendre contre Ferdinand Il m'informa de beaucoup
de femblables particularitez, que
l'hiftoire ne m'auoit point apprifes;
& bié qu'il me fuft impoffible de le
retenir plus de deux iours, quelque
priere que ie luy'fiffe de demeurer
dauantage, ie receus à mon aife durant ce temps-là tout le profit qu'il
auoit tire d'vne trifte experience, &
de la multitude de fes mal-heurs.

Mais veritablement ce qui me
pleuft dauantage en fon entretien,
& me laiffa vne pleine & entiere fa-
tisfaction de la rencôtre que i'auois
faite, ce fut qu'apres luy auoir demandé fi les Mores auoiét autant de

curioſité que moy, ou ſi comme les autres Barbares, ils viuoient en vne profonde ignoráce des affaires eſtrãgeres; Il me fit reſponſe qu'il ne ſe parloit auiourd'huy en toute l'Afrique que des victoires de noſtre Roy, & que la Rochelle auoit eſté cauſe cette année de mille gageures, & de quaſi autant de querelles; iuſques-là que parmy les eſclaues vn François s'eſtant picqué contre vn Eſpagnol, qui ſouſtenoit qu'elle ne ſe prédroit point, & que le Roy n'en ſçauroit venir à bout ſans l'aſſiſtance du Roy d'Eſpagne; le François ne pouuant ſouffrir cette parole, & n'ayant rien pour la repouſſer, ſe fit des armes de ſes propres chaiſnes, & en frappa ſi rudement ſon compagnon, qu'il l'eſtendit tout roide mort aux pieds de leur commun Maiſtre.

ARGVMENT.

Confiderations fur l'hiftoire precedente. Difficulté de la matiere entreprife par l'Auteur. Cé qui l'oblige de la traitter, bien qu'il ne fe fente pas affez fort pour en fouftenir la dignité. Confeßion ingenuë de fa foibleffe. Acte de fa rerognoiffance enuers le Prince, par le bien fait duquel il iouyt paifiblement de fon loifir, & de toutes les belles chofes qui font defcrites en l'Auant-propos.

CHAPITRE PREMIER.

ERTAINEMENT cette action me fembla fi peu commune, que fi celuy qui me la racontoit ne me l'euft affeurée par de grands & de religieux fermens, il faut avoüer que ie la trouuois trop belle, pour la croire veritable. Mais le témoignage qui m'en fut rendu, ne me deuant pas eftre fufpect, tant parce qu'il fortoit de la bouche d'vn Gentil-homme, originaire de la

Flandre Eſpagnole, & par conſequét
ſubjet du meſme Prince que le
mort, que pour d'autres conſiderations aſſez fortes : Ie fus rauy d'aiſe
de voir que ſur l'extreme vieilleſſe
du monde, & dans le declin de toutes choſes la France portoit encore
des enfans, dignes de la premiere
vigueur de leur mere.

Vn ſi genereux exemple me donna de l'amour, & en meſme temps
de la ialouſie. Ie fus extraordinairement émeu, & dis en moy-meſme;
Puis que de pauures captifs, qui reſpirent à peine ſous la peſanteur de
leurs fers, aiment ſi cherement vn
Prince, qui ne les a point deliurez de
la ſeruitude, & à bien dire, n'ayát ný
mains ny forces, tuent les ennemis
de ſa Couronne par leur ſeul courage: Puis que les eſclaues d'Alger deuiennent ſoldats de LOVIS LE

B iij

IVSTE, & que ceux qui ne parti-
cipent point à ſes proſperitez, prennent part neantmoins à ſa gloire :
Quelle apparence y a-t'il que viuant
en vne Prouince, dõt il eſt plus particulierement le liberateur que du
reſte de la Frãce, & le principal fruit
de ſes trauaux appartenant à mon
Pays, ie regarde d'vn eſprit indiffe-
rent tant de biens qu'il nous a faits,
& jouiſſe en ſecret & ſans dire mot,
d'vne laſche & ſtupide felicité?
Quelle apparence y a-t'il qu'eſtant
dans le champ de la victoire, & ne
voyant autour de moy que des Peuples racheptez, & des ennemis abbatus, la preſence d'vn ſi glorieux
objet ne puiſſe exciter mon oyſiue-
té, & me donner vne penſée gene-
reuſe ? Quelle apparence, que ie ne
me réueille point à ce grand bruit,
qui ſe leuant icy, ſe fait entendre aux

extremitez de la Terre, & que ie ne
reçoiue aucune impreſſion d'vne lumiere ſi proché & ſi éclatante , qui
s'épand deſia au delà de la Mer, &
jette ſes rayons iuſques dans les ca-
chots de Barbarie?

Il faut eſtre touché plus viuement
de la bonne fortune publique , &
mieux connoiſtre ſon propre bien. Il
faut produire quelque acte de noſtre
ioye, s'il n'eſt plus temps de rendre
des preuues de noſtre courage ; & témoigner que nous aimons l'Eſtat , ſi
nous n'auons eſté capables de le ſeruir. Il ne faut pas dauantage demeurer dans l'aſſoupiſſement & le ſilence de l'admiration. Il ne faut pas que
ie ſois le ſeul muet parmy les accla-
mations du peuple, ny le ſeul artiſan
inutile dans les preparatifs du triomphe.

Ie crains bien neantmoins à cette

B iiij

heure que ie côfidere les chofes d'vne
veuë tranquille, & que ie fuis reuenu
du tranfport où i'eftois, que la pauureté du lieu où ie fuis ne me fourni-
ra pas dequoy trauailler affez dignement à vne fi noble & fi illuftre befongne. Nous n'auons point de car-
riere de marbre , ny de mine d'or,
d'où ie puiffe tirer les ornemens que
ie defirerois. L'abondance de Paris
ne fe rencontre point au village.
Noftre terre contente groffieremét
le befoin , mais elle ne donne rien
aux delices. En vain auffi cherche-
rois-ie la communication d'autruy,
& le fecours de la conference , ne
voyant quafi que des obiets qui ne
parlent point , & paffant ma vie parmy des chofes mortes & inanimées.
Qu'eft ce que me peuuent apprendre les arbres & les rochers ? Qu'y a-
t'il de commun entre l'Agriculture

& la Politique ? Qui puis-ie confulter où ie ne trouue perfonne? Depuis que la Cour s'eft éloignée d'icy, les nouuelles ne vieilliffent-elles pas à venir iufques à nous? Suis-ie pas des derniers à qui la Renommée les apporte? Les fçay ie qu'apres qu'elles font publiques & imprimées?

Ie n'ay pas acquis d'ailleurs beaucoup de pratique des chofes du móde. On ne m'a point donné de memoires, ny d'inftructions, pour fuppleer au deffaut de la connoiffance que ie n'ay pas. Ie chemine fans guide, & fans cópagnie. Tous les auantages, qu'vn autre pourroit auoir me manquent, & i'auoué que ie fuis fort mal pourueu des qualitez neceffaires pour fouftenir la dignité du deffein que i'ay entrepris. Neantmoins ie me fens comme forcé de me produire en cette occafion. Il m'eft impof-

fible de refifter au mouuement interieur qui me pouffe. Ie ne fçaurois
m'empefcher de parler du Roy,& de
fa vertu: de crier à tous les Princes,
que c'eft l'exemple qu'ils doiuét fuiure; de demander à tous les peuples,
& à tous les aages , s'ils ont iamais
rien veu de femblable. Vn Hermite
veut dire fon aduis de ce qu'il a de
plus magnifique , & de plus pom-
peux en la vie actiue. Ie veux me ietter auec mon fimple fens commun
dans les plus grandes affaires de la
Chreftienté. Ie veux trauerfer la Mer
auec vne claye.

C'eft pourquoy ie ne doute point
que ie ne me hazarde extrememét,&
que ie ne coure fortune de me perdre
dés le port. Ma temerité ne me peut
reüffir que par miracle: Ie ne puis me
rendre remarquable que par mes er-
reurs. On verra bien aux mefcontes

de mes écrits que ie suis estranger
du monde , & habitant du desert.
Toutesfois puis qu'en cecy ie n'e-
xerce ny de charge ciuile , ny de
charge militaire ; puis que ie ne
donne point d'Arrests , ny ne mene
de gens à la guerre , & qu'vne personne priuée peut faillir , sans que
ses fautes soient dangereuses, ie me
console de ce que les miennes ne feront point de mal à ma Patrie, &
que ma plus grossiere ignorance ne
luy coustera pas la vie du plus inutile de ses Citoyens. Ie renonce à tout
ce que i'ay pretendu en l'art de bien
dire, pour m'acquiter d'vne action
de pieté : Ma reputation ne m'est
point si chere que mon deuoir. I'aime mieux qu'on blasme mon zele
que ma dureté, & ma violence que
ma langueur : Ie n'aspire point à la
gloire ; Ie satisfais seulement à ma
conscience.

Et s'il eſt vray qu'il n'y a perſonne à qui la ioüiſſance du repos ſoit plus ſenſible, qu'à celuy qui le ſçait gouſter par le moyen de la Philoſophie, qui apprend à bien deuoir, encore qu'elle ne donne pas dequoy payer; ce ſeroit à faux que ie ferois profeſſion d'vne eſtude ſi honneſte, ſi des effets ie ne montois à la cauſe, & ne rendois quelque preuue de reconnoiſſance au ſecond fondateur de cét Eſtat, par le bien fait duquel ie reſue icy en ſeureté ſur le bord de la Charante; ie conſidere à mon aiſe les diuerſes beautez de la Nature, & poſſede ſans trouble toutes les richeſſes de la Campagne.

ARGVMENT.

Conſequence de la priſe de la Rochelle. Auantages que le Prince en tire. Commencement d'vn ſiecle nouueau. Eſtabliſſement de l'autorité Royalle. Les Rebelles abbatus, les Grands humiliez. Il ne ſe parle plus de

conferences ny de traités de paix ; on obeit à vne simple
lettre de cachet. Ceux qui sont en liberté , sont aussi
peu à craindre que les prisonniers. Dans peu de temps
la rigueur des loix ne sera plus necessaire parmy nous.
Toutes choses se maintiendront par l'autorité & par la
reputation du Prince. Estat des affaires de Languedoc.
Le gros des Protestans dans l'obeissance. Les Mares-
chaux de Chastillon & de la Force dans le seruice.
Pourquoy parmy des Rebelles on ne peut ny donner ny
prendre de confiance.

CHAPITRE II.

E S formidables bastions,
qui nous empeschoient de
voir le Ciel ; qui auoient
esté bastis du sang & des larmes de
nos peres, & dont l'ombre estoit si
funeste à trois Prouinces voisines, ne
menaçent plus nostre liberté. L'Azi-
le des meschás est tombé par terre;
il n'en reste que des traces & des ruines, qu'on monstre aux passans. L'E-
glise a sa reuanche des lieux saints
qu'on luy a abbatus, & des images
qu'on luy a brisées. Il n'y a plus de

trou, ny de cauerne pour retirer cette
beste furieuse, qui venoit courir iuſques dans nos portes, & s'en retour-
noit superbe & fiere de nos dépoüil-
les. Elle eſt maintenant expoſée aux
ieux & à la riſée des enfans: Elle eſt
deuenuë le ſpectacle & l'amuſement
du peuple. Elle ne ſçauroit plus ſe
deffendre que du cœur: On luy a
arraché les dens & les ongles.

Ce n'eſtoit pas certes vne petite
entrepriſe, ny qui euſt beſoin d'vn
moindre courage que celuy du Roy.
Et quand ie conſidere que nos propres freres eſtoient nos ennemis naturels, & qu'il y auoit plus de difference entre deux François, qu'entre
vn François & vn Moſcouite; &
qu'auiourd'huy ce genereux Prince
nous a tous recóciliez par ſa victoire, & tous reünis dans ſon ſeruice, ie
ne voy point de conqueſte qui ſe

puisse offrir à son ambition, qui vaille celle qu'il a desia faite. Les auantages qu'il en tire ont beaucoup d'é-
clat, pour esblouir les yeux du vulgaire ; mais ils ont aussi beaucoup de
solidité, pour côtéter les esprits des
sages. La gloire qui luy en vient, pese pour le moins autant qu'elle brille;
& c'est la parfaite guerison de son
Estat, & non pas vn vain ornement
de son Histoire.

Et de fait ; outre qu'il a pris plus
de villes qu'il n'y en a dás le Royaume de Naples, & dans celuy de Sicile : Que tantost il a affoibly l'Estranger, & qu'il l'a tantost deshonoré ;
qu'il luy a tousiours fait receuoir, ou
des pertes, ou des affronts : Outre
qu'il a imposé vn ioug à la plus orgueilleuse partie de la Nature : qu'il
a planté dans la Mer des écueils arti-
ficiels, pour échoüer les flottes de

ſes ennemis, & que la force de ſa reſolution a ſurmonté la violence des
Elemens & des Aſtres : Il peut encore dire auec verité, qu'il a rendu tout
le monde ſage ; qu'il s'eſt fait d'autres Subiets, & vn autre Peuple, &
qu'aux termes où il a reduit les factieux, le pis qu'ils puiſſent faire,
c'eſt de faire de mauuais ſouhaits, &
de deſirer que le temps ſe change.

La paix qu'il nous a acquiſe, eſt
ſans doute d'vne bien plus forte, &
bien plus durable matiere, que toutes celles que nous auons veuës. Ce
n'eſt ny la neceſſité des affaires, ny
la laſſitude de la guerre, ny l'apprehenſion de ſes diuers euenemens qui
l'a obligé de la nous donner. Elle eſt
ſortie librement de ſon eſprit, apres
vne entiere & pleine victoire ; apres
que la derniere racine du mal a eſté
coupée, & que les choſes ont eſté
miſes

mifes hors de la puiſſance de la Fortune. Elle eſt fôdée ſur la deſtructiõ de tout ce qui la pouuoit iamais troubler, & noſtre repos eſt ſi puiſſamment & ſi ſolidément eſtably, que ſi l'Admiral de **** & le Mareſchal de **** reuenoient au mõde, auec toutes leurs ſubtilitez, & toutes leurs ruſes; ils ne ſeroient pas capables de nous donner ſeulement vne fauſſe allarme.

Il ne faut donc pas craindre que ces grands Eſprits, qui ont tenu leur ſiecle en perpetuelle inquietude, qui ont excité des orages dans la ſerenité des plus beaux iours, & qui maintenant demeureroient oiſifs, ne ſçachant par quel endroit nous faire du mal, ayent laiſſé des diſciples plus ſçauans qu'eux, & plus ingenieux à la ruine de leur patrie. Il ne

C

faut pas craindre, comme auparauant, que les mefcontentemens des particuliers faſſent naiſtre les miſeres publiques, ny que le premier mouuement de leur cholere ſoit ſuiuy de la priſe des villes, & de la deſolation de la campagne. Toute leur mauuaiſe humeur ſe paſſera à l'auenir dans leur cabinet, & contre leurs domeſtiques : Ils ſe faſcheront à meilleur marché qu'ils ne faiſoient, lors qu'il n'y auoit pas aſſez de charges & de gouuernemens pour les appaiſer. L'Eſtat ne donnera pas plus de peine à conduire, qu'vne maiſon bien reglée. Tout obeïra, depuis les enfans iuſqu'aux mercenaires ; & cette multitude de Roys qui a ſi lóg temps partagé la France, ſera en fin reduite au droict commun, & rendra à vn ſeul la ſouueraineté qui eſtoit diuiſée entre pluſieurs.

Qui est-ce, à vostre aduis, qui voudra adjouster ses mal-heurs à ceux des autres, & suiure l'exemple de tant de gens qui se sont perdus, ou qui sont encore tous moittes, & tous degouttans de leur naufrage? Qui est-ce qui pourra songer à de nouuelles broüilleries, s'il se souuiét de ce qu'il a veu ; & auoir de l'esperance, s'il n'a tout à fait perdu la memoire ? Qui sera le temeraire qui se mettra au deuant de cette prosperité impetueuse, qui a emporté le Bearn, la Guyenne, le Languedoc, & le Dauphiné? Et où se cachera vn pauure rebelle, puis que d'vn costé le trauail de soixante ans, & l'industrie de tous les Mathematiciens de l'Europe, & de l'autre la Mer & l'Angleterre n'ont sceu conseruer la Rochelle dans sa desobeissance?

Il n'y a rien de si fort naturelle,

C ij

ment , ny de ſi acheué par l'artifice
des hommes , qui puiſſe reſiſter à la
preſence du Roy. Il n'y a point de
grandeur qui ne s'humilie deuant la
ſienne. Il n'y a point de fineſſe qui ne
ſoit foible contre ſa prudence. Les
places qui euſſent attendu le canon
il y a dix ans , ſe rendront à la veuë
de ſa liurée. Deux lignes ſignées de
ſa main , & portées par vn Valet de
pied , feront obeïr ceux qui euſſent
voulu l'autre iour des traitez de
paix, & des conferences reglées pour
rentrer auec ceremonie dans leur
deuoir. Qu'il commáde à qui que ce
ſoit de luy venir rendre conte de ſes
actiós; il ne deliberera point s'il doit
partir, quoy qu'il doiue craindre le
ſuccez de ſon voyage : il apportera
ſa teſte, & n'enuoyera point de Ma-
nifeſte. Qu'il deliure quád il luy plaira les priſonniers; pour eſtre en liberté, ils ne ſeront pas moins en ſa puiſ-

sance. Il ne se dessaisira point de leur
personne, il élargira seulement le
circuit de leur prison. Il les tiendra
par de plus longues chaisnes que les
premieres, & les laissant viure auec
le reste de ses Subiects, il ne fera
qu'augmenter le nombre des gardes
qu'il leur donnoit. De sorte que bien
tost les peines & les supplices ne seront plus necessaires en son Royaume. On ne se seruira plus de ces remedes fascheux, que la foiblesse &
l'impuissance des hommes ont mis
en ysage, & qui ne peuuent conseruer le tout sans la perte de quelque
partie. L'Estat se maintiendra par
la reputation du Prince, & le Prince
sera redoutable par sa seule autorité.

Ie parle de ce qui luy reste à faire
en Languedoc, comme d'vne chose
desia faite. Sa fortune nous est trop
connuë pour douter du succés d'vne

action, qui aux termes où les affaires
se trouuent, seroit mesme facile à vn
mal-heureux. Il y aura de la presse à
se rendre au Roy. Les Sages ne cher-
cheront point de gloire en vne fausse
reputation de constance. Ils prendront conseil de leur condition presente, sans se ressouuenir mal à propos de leur prosperité passée. Ils n'at-
tendront pas que la necessité les con-
traigne à venir demander la paix en
chemise; & aimeront mieux se fier à
vne parole qui ne peut manquer,
qu'à des murailles qui se peuuent
prendre.

Au pis aller, il combattra contre
des gens qu'il a coustume de vaincre, & qui n'estans soustenus que
d'vn peu de desespoir qui les porte,
seront incontinent consommez par
ses forces, par son courage, & par
son bon-heur. Il ne faut plus que nos

heretiques faſſent eſtat de chefs, de
Party, de Villes, ny d'Aſſemblées;
il ne leur demeurera que leur hereſie, laquelle eſtant miſe à nud, & dépoüillée de ces auantages humains,
qui couuroient ſa naturelle laideur,
perdra tous les iours ſes vieux Partiſans, & n'en acquerra point de nouueaux. Quelques-vns s'y tiendront
encore par commodité, & parce
qu'il faſche aux pareſſeux de démenager d'vn lieu en vn autre; mais
perſonne ne s'y arreſtera pour y
mourir, & les plus opiniaſtres s'ennuyeront de diſputer vne Cauſe infortunée, ſi ſouuent & ſi ſolennellement perduë, abandonnée de Dieu
& des hommes.

M. le Mareſchal de ✱✱✱✱✱ & M.
le Mareſchal de ✱✱✱✱ les plus auiſez & plus conſiderables de cette Secte, ſont habitans de Paris, & le

Roy n'en est pas moins asseuré que
du Preuost des Marchands. L'vn est
saoul de la guerre ciuile, l'autre n'en
à iamais voulu taster, & tous deux
sçauent assez quelle seruitude c'est
que de commander à des Rebelles,
parmy lesquels outre que les meilleures actions ont besoin d'aboli-
tion, que les victoires sont des parricides, & qu'il n'y a pas seulement
esperance de receuoir vne mort hô-
neste, il ne se peut encore n'y apporter, ny trouuer de confiance, à cause qu'il y a du merite à tromper, &
qu'en quittant son party, on fait son
deuoir.

ARGVMENT.

*Le Duc de Rohan subsiste encore auec vne armée.
Il est habile & intelligent. Il a de l'experience
& du courage. Mais tout cela est foible contre le Prince. Miserable condition d'vn Chef de Part. Il faut
qu'il soit esclaue d'vne infinité de Maistres, & qu'il*

promette vne chose pour en obtenir vne autre. Le moindre a tisan luy demande raison de sa conduite. Chacun
croit auoir pareille part à vne puissance qui n'appartient de droit à personne. Agitation & inquietudes
de son esprit. Il voudroit bien retourner à son deuoir,
s'il sçauoit par où sortir de sa faute. L'ancienne Politique ne luy fait point esperer de seureté, mais la bonté
du Prince corrige l'ancienne Politique. Il est capable
de seruir, & merite d'estre conserué. C'est vn mal-
heureux qu'on aime. Tout le reste des rebelles est
odieux.

CHAPITRE III.

POVR M. de ✱✱✱✱✱ ie ne
croy pas qu'il ait l'esprit in-
curable, & qu'il suiue le mal
par election. La tempeste l'a ietté
dans la reuolte, & il connoist bien
qu'il n'y a point de si mauuaise place
auprés du Roy, qui ne vaille mieux
que la Generalité de son Armée. Il a
beau estre habile & laborieux, ses
entreprises sont semblables aux efforts d'vn homme qui songe, il se
trauaille, & se debat inutilement.

On ne sçauroit rien faire en dépit du
Ciel. Il void vne puissance superieure, qui renuerse d'enhaut tous les
desseins, & toute la prudence humaine abbatuë par la force de la de-
stinée.

Dauantage, en quelque lieu qu'il
soit, il est esclaue d'vne infinité de
Maistres, & craint autant les siens
que les ennemis. Son autorité, qui
n'a pour fondement que la passion
du menu Peuple, est bastie sur de la
bouë: elle dépend de la fantaisie d'vn
artisan, qui croit auoir droit de luy
demāder raison de tout ce qu'il fait,
& de tout ce qu'il ne fait pas, & de
l'appeller traistre toutes les fois qu'il
sera mal-heureux. Le plus ferme seruiteur qu'il ait n'est pas à l'espreuue
de mille escus de pension. Il n'a pas
vn homme sous sa conduitte qui luy
rende vne vraye obeissance, & à qui

il ne faille qu'il promette quelque
chofe pour en obtenir vne autre. Ils
penfent tous aucunemét eftre égaux
à luy par la focieté du mefme crime,
& que chacun a pareille part à vne
puiffance qui n'appartient legitimement à perfonne.

Si bien que pour fe conferuer cette vaine image de commandement
fur eux, il faut qu'il les gouuerne auec
des artifices honteux , & que d'a-
bord il leur fouffre la licence, voire
mefmes contre fa propre perfonne.
Il faut qu'il foit le flateur & le cor-
rupteur de fon Armée ; que tous les
iours il inuente des nouuelles , pour
entretenir les efperances ; qu'il com-
pofe des propheties, pour amufer les
credules ; qu'il affeure que les Cafi-
mirs repafferont la Loyre , & inon-
deront encore la France auec leurs
Lanfquenets & leurs Reiftres. Qu'a-

pres cela il contrefaſſe des lettres de
Bethlem Gabor , par leſquelles le
Turc doit bien toſt venir , puis que
l'Angleterre & l'Allemagne ont mã-
qué ; & que dans l'apprehenſion de
ſa prochaine ruïne, & parmy les hor-
reurs du deſeſpoir , il ait toutes les
mines & toutes les apparences d'vn
homme content.

Cependant ie m'aſſeure que depuis deux ans il n'a pas receu d'autres
ioyes que celles qui ſe peuuent gouſter dans l'interualle qui eſt entre la
condemnation & la mort. Les
mauuais iours qu'il paſſe ne ſont
pas ſuiuis de meilleures nuits ; & s'il
veut prendre quelque repos, en meſme temps ſon imagination qui veille, luy repreſente, ou vne ſedition en
ſon Camp , ou vne Ville qui ſe ſaiſit
de luy pour faire ſa paix plus auanta-
geuſe , ou le poignard d'vn des ſiens

qui le tient à la gorge, où le visage
irrité de son Maistre, qui luy reproche sa felonnie, & l'abandonne aux
formes ordinaires de la Iustice. Cer-
tés si on pouuoit voir les tourmens,
& l'agitation de sa pauure ame, ie ne
doute point qu'on n'en eust pitié.
Nous n'auons point de volontaire
dans nos troupes qui voulust se châ-
ger auec ce mal-heureux General, &
qui n'entendist en ce sens-là les paroles qu'Homere fait dire à son
Achile, Que ceux qui obeïssent en
ce monde sont plus heureux que
ceux qui commandent aux Enfers.

Il n'est donc pas difficile à croire,
que s'il estoit à recommencer, il ne
preferast vn bannissement volontaire à sa qualité de Chef de Part; &
qu'encore auiourd'huy considerant
l'auenir, qui ne luy monstre rien que
de triste & de funeste, il ne porte en

uie aux prisonniers du Bois de Vin-
cennes, qui attendent pour le moins
en repos la misericorde du Roy.

Il regarde bien de tous costez par
où il pourroit sortir de cette confusion de diuers mal-heurs, & cherche
vn passage pour retourner à son deuoir. Mais il n'y a point de degrez
en vn precipice : On ne void gueres
remonter les personnes qui s'y sont
iettées, & le dáger n'est pas moindre
de se défaire de la Tyrannie, que de
s'en saisir. Phalaris estoit tout prest
de la quitter; mais il demandoit vn
Dieu pour caution, qui luy répon-
dist de sa vie, s'il se dépoüilloit de
son autorité;& ç'a tousiours esté vne
commune opinion, que ceux qui
ont pris les armes contre leur pays,
ou contre leur Prince, sont en quelque façon reduits à la necessité de
mal faire, pour le peu de seureté

qu'ils trouuent à faire bien. Ils n'o-
sent deuenir innocens, de peur de se
mettre à la mercy des Loix qu'ils
ont offensées, & côtinuent leurs fautes, à cause qu'ils ne pésent pas qu'on
se contentast de leur repentance.

Toutesfois la bonté du Roy doit
asseurer les esprits que ces maximes
pourroient auoir effrayez : elle ne
s'assuiettit point aux regles de la Politique vulgaire, & est en estat de les
adoucir, & de les changer à sa volonté. La rigueur & la courtoisie qu'on
exerce dans l'incertitude des euenemens, & dans la violence du mal,
sont plustost des effets de necessité
que de vertu. Ce sont, à bien dire,
des craintes honnestes & specieuses,
qui témoignent que nous ne voulons point d'ennemis puissans quád
nous faisons aux nostres du pis qu'il
nous est possible; & quand nous les

traitons doucement, que nous en at=
tendons la pareille. Mais la conti=
nuelle prosperité du Roy ne donne
point lieu à ces pensées, elle oste tout
soupçon d'hypocrisie à sa vertu , &
laisse à son choix d'vser de iustice &
de grace, comme bon luy semble.
Luy seul peut tirer M. de ✶✶✶✶ de
l'extremité où il est tombé, & luy
donner moyen, ou de trouuer vne
mort glorieuse en quelque occasion
éloignée qui regarde son seruice, ou
de passer vne vieillesse tranquille dás
les festes & dans les triomphes de sa
Cour. Ses mains ne sont point ra=
courcies depuis les dernieres a=
ctions de clemence qu'il a faites : &
si elles s'estendent sur vn homme,
qui peche encore auec remords; qui
n'a pas oublié son nom ny sa naissan=
ce, & qui certes merite qu'on le con=
serue , on le loüera par tout de ce
qu'apres

qu'apres auoir abbatu l'orgueil des
Rebelles, il ne s'attache point à l'infortune des affligez.

Ie n'ose pas dire que les Autheurs
de la reuolte qui ont renié leur Prince, & voulu vendre leur Pays à l'E-
stranger, doiuent receuoir vn si fauorable traitement, & qu'il ne faill'
le quelque exemple pour appaiser
les ames des morts, & pour satisfai-
re le public. Le Roy neātmoins peut
faire en cela ce que personne ne luy
peut demander raisonnablement, &
la douceur de son inclination a corrigé souuent la seuerité de la charge
qu'il exerce.

Mais quand il voudroit estre liberal de ses iniures, & pardonner à des
gens qui l'ont si sensiblement offensé, que seroient-ils d'vne grace, dont
il leur seroit impossible de iouir au
milieu d'vne nation irritée? Que leur

D

seruiroit-il d'auoir la liberté, si elle
leur estoit plus dágereuse que la prison ; & d'estre échappez de la justice
du Parlement pour s'exposer à la vé-
geance du peuple? Ils sont si odieux
en tout ce Royaume, qu'ils n'y pourroient marcher que de nuit , s'ils y
retournoient. Les plus tendres esprits ne sont point touchez de leurs
disgraces ; & quoy que ce soit la nature du mal de donner de la compaf-
sion à ceux qui le voyét, ils sont hays
côme s'ils n'estoient pas miserables.

On se souuient qu'ils ont tousiours
allumé les embrasemens que nous
auons veus ; qu'ils ont esté les premiers pariures, & les premiers infra-
cteurs de la Foy publique ; qu'ils se
sont émeus lors que le trouble mefmes se reposoit , & ont deuancé le
sousleuement de leur Party par l'impatience de leur propre rebellion.

On se souuient qu'en pleine Paix ils
se sont faits Pyrates de nostre Mer,
& violateurs de la franchise de nos
Havres; qu'ils se sont opposez à la
grandeur de la France; qu'ils ont en-
uié la gloire du Roy, & détourné son
esprit d'vne genereuse entreprise
hors de ce Royaume, par les empeschemens domestiques qu'ils luy
ont suscitez au dedans.

Nous sçauons qu'ils ont diuisé des
Roys, & rompu les Alliances des
Couronnes; que leurs Harangues se-
ditieuses ont versé le feu & le souffre
de tous costez; qu'ils ont essayé de
remuer toute l'Europe contre leur
Patrie; qu'ils ont esté au bout du
monde nous chercher des ennemis;
& ont fait si peu d'estat de la dignité
du nom François, qu'ils n'ont point
eu honte de se trouuer au leuer d'vn
fauory d'Angleterre, & de plier les

D ij

genoux deuât vne puiſſãce étrãgere.

Les Rebelles d'ailleurs les regardét
comme les demons qui les ont tentez, & leur ont inſpiré la premiere
fureur des armes, qui leur ont ſi mal-
heureuſement reüſſi. Il eſt bien vray,
qu'ils ont preſſé le ſecours qui leur
eſt venu, & les ont ſeruis chez nos
voiſins auec de l'affection & du ſoin:
mais ils n'ont pas eſté ſi bons condu-
cteurs de leurs troupes, que bons ſol-
liciteurs de leurs affaires, & apres
auoir preparé la guerre, & engagé
les ſoldats, ils ſe ſont contentez preſque touſiours de donner des conſeils
hardis, & de deliberer genereuſe-
ment. Ainſi ils ont pouſſé dans le peril ceux qu'ils y deuoient mener, qui
leur reprochét continuellemét leurs
bleſſeures, & leurs pertes, & croyent
qu'ils font vn crime de viure apres
la ruïne de leur party. Ils ne ſont pas

en meilleure odeur chez les Estrangers, & s'il estoit possible de recueillir les voix de tous les Peuples ensé-
ble, ils seroient condânez par vn cô-
mun Arrest du genre humain, & re-
poussez de tous les Asyles de la Terre.

ARGVMENT

*Le Prince aimé generalement de tout le monde. L'e-
stime qu'on fait de luy est le fondement de cette amour.
Le Huguenot est icy le rival du Catholique. Il trouue
son auantage particulier dans la ruine de son party. Il
ne se plaint point de sa cheute, n'estant tombé que dans
le sein de son pere. Adresse du Prince à faire trouuer
bonne sa victoire, mesmes aux vaincus. Ce n'est ny sa
beauté ny sa bonne mine que nous suiuons, c'est quelque
chose de beaucoup plus noble. Si la France n'estoit pas-
sionnée, elle seroit ingrate.*

CHAPITRE IV.

R il est sans doute, à mon
aduis, que l'extreme haine
qu'on leur porte vient de
l'extreme amour qu'on a pour le

Roy. Les offenses qui sont faictes à
vn Prince iuste, excitent des ressentimens vniuersels, & appartiennent
à tout le public. Tout hôme est sol-
dat contre les ennemis de l'excellente vertu. Il n'y en a point de si desinteressé, qu'elle n'engage dans son
party; ny de si froid, à qui elle ne
donne de la passion; ny de si contraire qu'elle ne change. En quelque lieu
qu'elle se fasse voir, elle acquiert
premieremēt l'estime, qui est le fondement de l'autorité : elle produit
apres des sentimés plus doux & plus
tendres, & ne laisse pas mesmes à
ceux qu'elle bat & qu'elle poursuit,
la liberté de ne l'aimer pas.

Nous voyons les habitans des villes rasées qui adorent la vertu de leur
destructeur; qui benissent la foudre
qui les a frapez, & recōnoissent que

la guerre qu'on leur a faite, n'a esté
ny vn mouuement precipité de colere, ny vn effet de mauuaise volonté contre eux : mais vne necessaire
conclusion de tous les principes de
la prudence, & le seul remede qui les
pouuoit mettre en meilleur estat. Ils
côfessent qu'ils iouyssent par la perte
de la Rochelle, de la soureté qu'ils
n'auoient pû trouuer en ses prodi-
gieuses fortifications, & ne se plaignent point de leur cheute, n'estans
tombez que dâs le sein de leur pere.
Ils ne font point difficulté d'auoüer
qu'ils sont obligez à la victoire du
Roy, de leur tranquillité & de leur
repos, qu'il leur a dôné loisir de vacquer à leurs affaires particulieres, en
les déchargeant de celles de leur party ; & que puis qu'on n'a touché ny
à leur vie, ny à leur liberté, ny à leur
fortune, en leur ostant des places qui

D iiij

n'eſtoient pas à eux, on ne leur a oſté
que des ſoucis, des inquietudes , &
des peines.

Comme les vents les plus impe-
tueux & les plus froids, ſe relaſchent,
& s'adouciſſent aucunement, paſſant
par vne region temperée : auſſi les
plus ſeueres & les plus faſcheuſes
actions retiennent quelque choſe
des qualitez de la perſonne qui les
entreprend , & perdent vne partie
de leur aſpreté & de leur rudeſſe dás
la conduite d'vn Prince ſage & bien
auiſé. Le Roy a ſçeu ménager cette-
cy auec tant d'adreſſe , qu'en faiſant
iuſtice il a receu des loüanges de la
propre bouche des coupables , & a
porté ſon reſſentiment à vne pleine
ſatisfaction de l'offenſe qu'il auoit
receuë, ſans qu'il ait paru d'aigreur
en ſon procedé , ny d'émotion en
ſon eſprit. Il a agy ne plus ne moins

qu'agiſſent les Loix, qui ordonnent
des peines & des ſupplices, ſans ſe
mettre en colere, & ne ſont point
paſſionnées, quoy qu'elles ſoient du-
res & inflexibles. Tout le monde a
admiré la ſubtilité de la main, qui
en meſme temps a ſauué le corps, &
percé le ſerpent qui l'entortilloit, qui
a employé innocemment le fer & le
feu, la rigueur & la vengeance; qui
a exercé vne hoſtilité ſi charitable,
que les vaincus en remercient auiour-
d'huy le victorieux.

Il a donc à bon droict la faueur
vniuerſelle, & les volontez des vns
& des autres. En vne ſi iuſte affectió
le Huguenot eſt riual du Catholique, toute la France eſt également
amoureuſe de ſon Roy. Et bien qu'é
s'éloignant d'elle, il luy ait laiſſé la
paix, & d'autres gages tres-precieux;
bien qu'il n'acquiere point de gloire

qui ne ſoit pour elle , & qu'à toute
heute il luy enuoye des Trophées du
lieu où il eſt , elle ne ſe peut con-
ſoler de ſon abſence, qui la met en
vn ſi haut degré de reputation en
la ſeparant de luy. Elle eſt enuieuſe
de la bonne fortune de ſes ennemis,
qui voyent pour le moins le viſage
qui leur fait peur , & iouïſſent de la
clarté qui les eſbloüit.

Nos yeux qui ne ſont iamais ſa-
tisfaits des meſmes obiets ; qui veulent touſiours changer de beauté, &
qui s'ennuyent quelquefois du iour
& de la lumiere, ne ſe laſſent point
de regarder noſtre Prince. Quand il
a paſſé par vne rué, le peuple court à
l'autre pour le reuoir:& toutesfois ce
n'eſt pas la forme exterieure que
no⁹ ſuiuõs,quoy que les Philoſophes
l'eſtiment la troiſieſme partie du
ſouuerain bien. Noſtre affection eſt
plus ſpirituelle & plus détachée des

sens. Nous sommes attirez par vne
plus noble force. I'ay déia dit qu'il
nous a gaignez par son merite. Par
là il possede le cœur de tous ses Subjets, & possede par consequent le
lieu des veritables affections; le lieu
où les hommes mettent leurs femmes & leurs enfans, & les autres choses qui leur sont cheres; le lieu qui a
resisté à la puissance des Conquerás,
qui a tenu bon contre Cesar, qui est
fermé à ceux à qui les portes des Ci-
tadelles sont ouuertes, qui se conserue libre lors que la tyrannie se des-
borde sur toute la terre.

Certes si les peuples ont eu autresfois des passions violentes pour
des Princes qu'ils ne pouuoient pas
encore connoistre, & qui ne leur
auoient fait ny bien ny mal. Si Rome a esté idolatre du ieune Marcel-
lus, qui ne monstroit encore que des

signes & des presages d'vne future
grandeur, & qui fut esteint comme
il commençoit à luire : Si pour cét
effet il a esté appellé , les courtes &
mal-heureuses amours du peuple
Romain, qui pleura sa mort amere-
ment, & eut vne extreme affliction
d'auoir perdu ce qu'il esperoit ; c'est
à dire d'auoir perdu ce qu'il n'auoit
pas; ce seroit vne hôte que des bienfaits receus trouuassent moins de reconnoissance que n'en ont trouué
des bien faits à receuoir ; que nous
fissions moins de cas d'vne vraye &
réelle possession , qu'on n'a estimé
des imaginations & des desirs ; que
Rome eust admiré les boutons & les
fleurs d'vne inclination portée au
bien; & que la Fráce ne fust pas rauie
de recueillir le fruit d'vne vertu có-
sommée. Ce seroit veritablement
trop d'iniustice, si vn Prince qui a

tant vaincu & tant travaillé pour
nous, n'auoit pû se rendre agreable
parses peines & par ses victoires, si
les Courones & les applaudissemets
luy manquoiét apres le salut de l'E-
stat & le repos de l'Eglise, qu'il a pro-
curé, & si de parfaites obligations
produisoient des ressentiments vulgaires. [...] ils n'ont [...]
[...]
[...]

Cet ouurage n'est ny Eloge, ny Panegyric. C'est un
temoignage que l'autheur rend à la posterité de la vertu
de son Prince. Il ne declame point, il instruit, bien
que ce ne soit pas en Docteur. La flatterie ancien vice de
toutes les Cours. Exemples de celle fort remarquables.
on adore les infames en public dont on se mocque en
particulier. Les estrangers démentent les histoires que
les domestiques ont écrites. Toutes les nations ont vn
mesme sentiment pour nostre Prince. Les Espagnols &
les Allemans sont ses admirateurs, aussi bien que les
François. Le suiet est si grand qu'on n'en sçauroit tant
dire que la verité.
[...]
[...]

CHAPITRE V.

JE ne pense pas que personne m'accuse de faire le Declamateur, & de vouloir agrandir de petites choses. Ie m'éloigne bien plus de l'excés que du defaut : & de l'extremité où se iettent ceux qui abusent de leur esprit, que de celle où tombent ceux qui n'en ont point. Mon dessein n'est ny de gaigner de la creance au mensonge, ny d'apporter de l'embellissement à la verité : & nous ne viuons pas sous ces Regnes mal-heureux, où pour dire du bien de son Maistre, il falloit parler improprement, & appeller chaque chose par le nõ d'vne autre.

En ce temps-là lors qu'vn Prince faisoit de grandes cruautez, on disoit qu'il faisoit de grãds exemples : Il receuoit des remerciemés de tou-

tes les actions dōt il deuoit receuoir
du blafme : lors qu'il payoit tribut à
fes ennemis, on vouloit luy perfuader qu'il donnoit penfion à fes voifins, & changer vn effet de feruitu-
de en vne marque de fuperiorité.
On le loüoit d'eſtre vaillant, pour
auoir mis vne fois fon cheual en fou-
gue, ou fait femblant de figner à regret vn traité de paix. Il n'y auoit
point de fuite ſi honteuſe qui ne fuſt
vne retraitte honorable. Ils nommoient le Lyon celuy qu'ils n'oſoiét
nommer le Loup, & deſtournoient
generalement tous les mots de leur
vraye & de leur ancienne fignifica-
tion, afin de déguifer toutes chofes.

Vn Empereur a triomphé de l'O-
cean, pour auoir traiſné vne armée
de Rome à Calais, & s'eſtre conten-
té, ayant regardé la mer, de faire
amaſſer à fes foldats les coquilles du

riuage. Il y en a eu qui ont attaché à
leurs chariots d'or des hômes blancs
qu'ils auoient noircis, sans prendre
la peine d'aller conquerir l'Ethiopie.
Il y en a eu qui ont habillé des Romains en Perses, afin de monstrer
des captifs des Prouinces qu'ils n'a-
uoient point conquises; & les vns &
les autres n'ont pas manqué d'Orateurs, qui les ont coniurez au nom
du public de ne hazarder plus leur
personne en de si dangereuses occasions, & d'vser à l'auenir de leur courage auec plus de moderation & de
retenuë.

La flaterie donne de la Majesté à
des Souuerains qui auroient bien de
la peine à treuuer leur Estat dans la
Carte. Elle benit les dominations iniustes, & fait des vœux pour la prof-
perité des méchans : elle bastit des
Temples à ceux qui ne meritent pas
des

des sepulchres. On flate leur memoire quand on ne peut plus flater leur persône. Celuy-là iure qu'il a veu môter Romulus au ciel, armé de toutes pieces, & qu'il luy a commandé d'en venir aduertir le Senat. Claudius l'imbecille est aussi bien fait Dieu qu'Auguste le sage. Vne mesme autorité consacre leurs cendres, & leur decerne des honneurs celestes. On institue des Prestres, on brusle de l'encens, on presente des sacrifices à l'ame d'vn hebeté, à celuy qui au iugement de sa propre mere, n'estoit que le commencement d'vn hôme.

Il n'est point auiourd'huy de si petit Prince en qui la prophetie de la ruine du Turc ne doiue estre accomplie, s'il en faut croire à vn mauuais liure, qui aura esté fait en sa faueur. Il y a tousiours eu dans les Cours des Idoles & des Idolatres. Il y a eu de la

E

lafcheté par tout où il y a eu de la
Tyrannie. L'autorité, quoy qu'iniuste & odieuse, a esté de tout temps
adorée. Mais aussi il est à remarquer,
que ç'a esté par des personnes qui en
auoiét peur, ou besoin; qui en estoiét
subjettes ou dépendantes : car autrement ces honneurs forcez n'ont duré qu'autant qu'a duré la seruitude,
& ont esté seulement rendus où il
estoit dangereux de les refuser. Le
premier rayon de la liberté a fondu
toutes les statuës qui auoiét esté eri-
gés aux mauuais Princes. Cét ambitieux qui auoit remply des siennes la
capitale ville de Grece, suruesquit à
tous ces beaux monumens de sa vanité, & eût le regret auant mourir,
d'en voir faire des meubles de cuisi-
ne. En plusieurs endroits, au mesme
moment qu'on crie, viue le Prince,
on en souhaite la mor. Souuent on

s'est mocqué en particulier de ce
qu'on auoit admiré en public ; & des
estrangers ont démenty l'histoire que
les domestiques auoient publiée.

Ayant à parler du Roy, nous ne
courons point cette fortune, l'Escu-
rial en fait autant de cas que le Louure, sa reputation est reuerée au loin,
comme aupres. Il est loüé iusques
dans le cabinet de ses ennemis, &
cette voix se fait entédre assez haut
chez nos voisins, QVI NOVS
POVRROIT RESISTER, SI
NOVS AVIONS VN SI BRAVE
MAISTRE? De sorte que ie ne dis
rien qui soit nouueau à personne, qui
ne soit confirmé par la commune reputation, que les Allemans & les Espagnols ne diët aussi bien que moy.
Ce n'est point vn Eloge, ny vn Panegyric que i'eschis ; c'est vn tesmoignage que ie rends à nostre Siecle, &

E ij

à la Posterité. C'est vne confession
que le droit des Gens, & la Iustice
vniuerselle tirent de la bouche de
tous les hommes. Ceux-là mesmes qui sont separez de nous de toute l'estenduë de la Mer; qui voyent
vn autre iour, & d'autres estoilles,
n'ignorent point cette verité, & s'e-
stonnent qu'il y ait en l'Europe quelque chose de plus excellent, & de
plus parfait que la puissance à laquelle ils obeïssent.

Ie ne suis point en peine d'ampli-
fier mon sujet; il est si diffus & si va-
ste, que ie n'en sçaurois tât employer
qu'il m'é demeurera: I'en laisse beaucoup plus que ie n'en prens, & trouue beaucoup moins de paroles que
de choses. Cette rencontre me fait
voir tout à la fois la sterilité de mon
esprit, la pauureté de nostre langue,
& la foiblesse de la Rhetorique. C'est

vne science qui m'a trompé, & de
qui i'eusse attédu de plus grands secours. Ses plus viues couleurs sont
trop sombres pour representer vne
vie si esclatáte que celle du Roy : Ses
plus violentes figures ne peuuët suiu-
ure que lentement, & de loin le progrez d'vn courage si actif : Tous les
termes sont inferieurs à ses actions :
& partant reconnoissons l'auantage
qu'a nostre matiere, tant sur nostre
intelligence, que sur nostre art. On
donne des enrichissemés aux autres,
mais il les faut prédre de celle-cy, &
tascher seulement de ne pas gaster
ce qu'il n'est pas possible d'embellir.

ARGVMENT.

Innocence de la vie du Prince. Fondement de ses
autres vertus. Chose tres-rare dans vne grande ieunesse, & dans vne souueraine autorité. Il est beaucoup
plus aisé d'estre vertueux à vn particulier qu'à vn
Prince. Celuy qui commande à tous le monde, obeit

aux loix, & ne se permet rien ; bien que toutes choses
luy soient permises. C'est vn effct de la Morale de Iesus-Christ, & non pas de celle d'Aristote.

CHAPITRE VI.

IE ne veux point preuenir le
iugement de l'Eglise, ny ré-
pódre d'vne vertu, que Dieu
n'a pas encore recompensée des fe-
licitez de l'autre vie. Ie dis seulemét,
qu'il n'y a personne auiourd'huy au
monde qui sçache que le Roy peche,
& que la plus hardie, & la plus iniuste mesdisance qui se puisse attaquer
aux choses saintes, ne sçauroit treuuer sur ses actions dequoy mentir
auecques couleur. Y a-t'il des enfans
qui se plaignent que le Prince est heritier de leur pere ? Y a-il des peres
qui demandent les enfans que le
Prince leur a rauis, & qui les pleurét
auant qu'ils soient morts ? Où void-
on de beauté, à qui il ne permette

d'estre chaste? Où sont les Ministres
de sa cruauté, & de ses plaisirs ? En
quel endroit a-t'il fait verser vne
goutte de sang innocét? Où entend-
on les cris & les gemissemens des
familles qu'il a desolées ? Qu'on me
monstre en fin vne seule marque
qu'il ait laissée, par laquelle la Posterité puisse sçauoir qu'il a esté ieune.

Lors que la ieunesse se rencontre
auec l'autorité, elles sont capables
de produire ensemble d'estranges
effets, & de mettre en feu toute la
Terre. C'est vne pareille conionctió
à celle qui se fait dans le ciel, de deux
Astres esgalement dangereux : & si
la violence, qui accompagne d'ordinaire cét aage là, n'est pas suppor-
table en vne condition priuée, bien
que la crainte des loix la retienne, &
qu'elle soit liée de mille chaisnes ; ie
vous laisse à péser ce qu'elle doit fai-

re, eſtant armée des forces d'vn grãd
Royaume, ayant les Magiſtrats &
la Iuſtice à ſes pieds, & ne trouuant
ny d'empeſchemét en ce qu'elle de-
ſire, ny de limites en ce qu'elle peut.

Voicy neantmoins vn homme,
qui en la fleur de ſon aage, & dans
vne ſouueraine fortune, ne laiſſe à
ſes paſſions qu'autát d'eſtenduë que
la ſageſſe leur en ordóne, & leur ferme tout ce lóg eſpace que la Royauté leur ouuriroit. Voicy vn homme,
qui ſe ſçait abſtenir au milieu de l'a-
bondance, & ayant de l'appetit; qui
ſçait mettre des bornes par ſa vertu
à vne puiſſance qui n'en a point ; &
tout Prince qu'il eſt, mene vne vie
plus modeſte, & plus reguliere, que
ne font les ſimples citoyens des petites Republiques.

Voicy ſous les Loix & dans le deuoir celuy qui ne void rien que le

ciel au deſſus de ſoy ; qui ne ſçauroit
pecher que contre Dieu ſeul ; qui
porte la Couronne la plus indépen-
dante qui ſoit au monde, & pour lequel l'Egliſe, qui lance ſes foudres
ſur toutes les autres teſtes, n'a que
des benedictions & des graces. Celuy-là, dis ie, rend vne ſi parfaite
obeïſſance à la raiſon, & conduit ſes
actions auec vne ſi exacte probité,
qu'il me ſemble qu'au lieu du Roy
de France, ie voy le Roy de Lacedemone, qui n'auoit autre auátage ſur
ſes Subiets, ſi ce n'eſt qu'il luy eſtoit
permis d'eſtre plus vaillant qu'eux,
& de faire moins de fautes.

Ie ne m'eſtonne point que le mal
ſoit peu connu au village, & que l'on
conſerue ſon innocence où il eſt difficile de la perdre. Vn homme eſt
bien mal-heureux, qui ſe noye en vn
lieu où il n'y a preſque pas aſſez d'eau

pour boire, & qui tombe fans que
perfonne le pouffe. Mais quand toutes les puiffances de l'Enfer s'efleuét
à la fois pourl'attaquer; que fes yeux,
fes oreilles, & les autres auenuës de
fon cœur font continuellement af-
fiegées, & que les ennemis tafchent
d'entrer par toutes les portes, il fait
certes quafi plus qu'il ne doit, s'il fou-
ftient de fi violens efforts, & s'il re-
fifte à tant d'affaillans.

Quand les obiets agreables le pref-
fét, & le pourfuiuét de tous coftez, &
que la fin des pl° belles chofes eft de
fe rédre dignes de fon amour : Quád
le defir d'auoir s'allume en fon ame
par l'efclat & par la groffeur des dia-
mans, & que pour peu qu'il faffe valoir le crime de leze-Majefté, tout ce
qui eft à autruy peut incontinent deuenir fien. Lors que la Fortune luy
ouure elle mefme le paffage à la con-

queste de l'Vniuers, & luy difpofe
les chofes de telle forte, que pour
toute la peine de l'execution elle ne
lui laiffe que la gloire de l'euenemét:
lors qu'il ne tient qu'à luy qu'il ne
mette en chemifes fes petits Voifins, & que dans quinze iours il ne
recule la frontiere de fon Eftat de
cinquante lieuës, il faut fans mentir
qu'il aime bien la vertu, pour ne la
pas quitter en vne rencontre où le
vice luy offre tant de retour, s'il le
veut fuiure; & qu'il ait de grandes
pretenfions en l'autre monde, pour
méprifer tous les biens & toutes les
efperances de celuy-cy.

La Philofophie ne fçauroit aller
iufques-là, quelque prefomptueufe
qu'elle foit, & quelque vanité qu'elle fe donne: elle promet beaucoup,
mais elle manque le plus fouuent de
parolle: elle a du courage pour afpi-

rer à la perfection, mais elle n'a point
de force pour y paruenir. Cette force est propre & particuliere aux Fideles, qui peuuent tout en celuy qui
les assiste de sa puissance. Il n'y a
que la Morale de Iesus-Christ qui
puisse former vne si excellente habitude; & c'est elle qui éleue tellement
le Roy au dessus des grandeurs du
monde, & le met si pres du principe
de toute grandeur, qu'encore qu'ap-
paremmét il n'y ait rien de plus emi-
nent que la Royauté, il faut pourtant
qu'il descende d'vn lieu plus haut, &
qu'il s'abbaisse toutes les fois qu'il
veut s'asseoir sur le throsne de ses Peres, & se communiquer auecque les
hommes.

Il regarde desia la terre de la mesme sorte qu'on la regarde du ciel.
Rien ne luy paroist grand dans vn si
petit espace: Il n'y trouue rien qui

merite d'arrester ses pésées, ny d'occuper ses desirs: Tout ce qu'elle contiét ne le rempliroit pas à demy. La seule possession de Dieu est capable de combler vn si large cœur. Aussi est-ce, sans plus, son amour & son ambition, sa part & son heritage; Les Peuples & les Estats qu'il gouuerne n'en sont que les suites & les accessoires.

Celle qui prend plaisir de couronner les bergers, & de mettre les Roys à la chaisne; qui est également maudite & adorée dans le monde: La Fortune, dis-ie, fait tous ses desordres au dessous de luy, & est trop foible pour attaquer sa constance, & trop pauure pour tenter sa moderation. Il ne cónoist d'heur ny de malheur que la bonne & la mauuaise cóscience. Il est bien plus glorieux de son Baptesme, que de son Sacre, &

fait bien plus d'estat du moindre priuilege de la Grace, que de tous les auátages de la Nature. Iamais esprit ne fut mieux persuadé que le sien de l'auenir que nous attendons, ny ne receut de plus viues & de plus violétes impressions de la verité, ny ne pensa plus hautement de la dignité du Christianisme, ny ne rendist de plus belles & de plus illustres preuues de sa creance.

ARGVMENT.

Discours de la vraye pieté. Où il est premierement traité de la faussé, afin de connoistre la difference des deux. Deuotion d'apparence & de grimace, qui est vne pure action du corps. Deuotion foible & scrupuleuse, qui est vne estrange maladie de l'ame. Le superstitieux aime mieux se rendre à son ennemy, que de faire mentir vn mauuais presage. Croit que Dieu n'est occupé dans son bien-heureux repos qu'à luy preparer des peines & des tourmens Adore tous ses soupçons & toutee ses doutes. Se fait des Saints de son autorité priuée, & passe du desespoir de son propre salut à la distribution de la gloire d'autruy. Il s'imagine que

tout est miracle, & que réveiller un homme endormy,
c'est ressusciter un mort.

CHAPITRE VII.

QV'on ne me parle point de
cette grossiere imitation
de pieté, qui ne cherche que
des spectateurs, qui amuse le monde
de mines, & s'employe plustost à
conduire les mouuemens de la teste,
& à donner vn certain tour au visage, qu'a regler les affections de l'a-
me. C'est vne pure action du corps,
& des moins difficiles de cette vie.
Les plus mal adroits y reüssissent du
premier coup, elle ne demande ny
force, ny industrie, & ne baille pas
plus de peine que ces petits jeux, qui
diuertissent sans trauailler, & qui
s'apprennent sans maistre. C'est vne
sorte d'oisiueté, déguisee sous vn
nom plus honneste que le sien pro-

pre ; ou pour le plus, vne occupation
languissante & paresseuse, de laquelle
vn homme se sçait fort dignement
acquiter, encore qu'il ne sçache rien
faire, & qui se passe quasi toute ou à
murmurer quelques paroles confu-
ses, ou à remuer simplement les lé-
vres, ou à s'adoucir tout d'vn coup
les yeux, apres auoir contrefait le
triste.

Il y a vne autre sorte de fausse deuotion, qui est plus dangereuse que
celle-là. Ie veux dire cette deuotion
tremblante, & perpetuellement ef-
frayée, qui pense que Dieu n'est occupé dans son bien-heureux repos,
qu'à luy preparer des peines & des
supplices & qu'il afflige les Royaumes, & enuoye les pestes, & les ste-
rilitez, pour la seule haine qu'il luy
porte. Le visions sortent en foule de
son imagination troublée, qui luy

reuiennent

feulement apres au deuant comme
des monstres estrâgers & inconnus.
Il ne se passe nuit que les morts ne
s'apparoissent à elle auec des formes
estranges, & vn attirail épouuenta-
ble qu'elle leur donne. Iamais elle
n'ouït de cry parmy les tenebres
qu'elle ne creust que ce fust la voix
d'vne ame qui se plaignist : elle ne
sçauroit voir vne partie de l'air plus
sombre & plus épaisse que l'autre,
qu'elle ne se figure que c'est vn phan-
tosme. Toutes les maladies luy sont
des possessions, & où il ne faut que
des Medecins, elle employe les
Exorcistes.

Elle affoiblit l'esprit, & abbat le
courage de telle sorte, que ceux qui
en sôt frappez n'osent ny se resiouyr
en temps de paix, ny se deffendre
dans la necessité de la guerre. Vn
mauuais songe suffit pour leur faire

changer vn bon deſſein : de cinq
iours ils en content quatre mal-heureux, & choiſiſſent les heures & les
momés qu'ils ont marquez de blāc,
auant que d'entreprendre la moindre de leurs affaires. Si bien que les
occaſiós ſont pluſtoſt écoulées que
leur reſolution n'eſt priſe. Ils ſont à
demy vaincus par le chāt d'vn Cor-
beau, ou par la rencontre d'vne Be-
lette, & cheriſſent ſi folement leur
erreur, que pour luy conſeruer l'o-
pinion de verité qu'ils luy ont donnée, ils aimeroient mieux ſe rendre
à leur ennemy que de faire mentir
vn preſage.

Ces gens-là adorét tous leurs ſoupçons, & toutes leurs doutes. Ils ſe
font des Saints de leur authorité priuée, & ſans attendre la fin de la vie,
ny l'oracle du ſouuerain Pontife. Ils
rendent des honneurs diuins à ceux
qui ſont encore ſujets aux infirmi-

tez humaines, qui font encore iufti-
ciables de l'Inquifitiõ, & qui ne fça-
uët encore s'ils font dignes d'amour,
ou de haine. Cependãt les fuperfti-
tieux les canonifent en leur cœur, en
dépit de Rome & du Confiftoire, &
paffant d'vne extreme crainte à vne
extreme temerité, & du defefpoir de
leur propre falut à la diftribution de
la gloire d'autruy, ils leur addreffent
des-ja des vœux, & les inuoquent,
comme s'ils eftoient en eftat de les
exaucer, & que des coupables pûffét
donner grace à leurs compagnons.

  Apres cela les corps les plus gras,
& les plus replets leur paroiffent trãf-
parens & lumineux, & la tefte qu'ils
reuerent, n'a pas vn cheueu qui ne
leur femble vn rayon de fa Courõne.
Ils penfent que ce foit vne Sainte en
extafe, & ce n'eft qu'vne femme éua-
nouie, ils iurent qu'elle a des reuela-

F ij

tions de l'auenir, & à peine fçait-elle
les nouuelles qui courent apres qu'on
les luy a dites. A leur opinion il eſt
auſsi aiſé de reſſuſciter vn mort que
de réueiller vn homme endormy. Si
on veut leur adiouſter foy, l'ordre du
monde ſe trouble châque iour par
des prodiges continuels, & ils ſe per-
ſuadent plus facilemét, qu'vne choſe eſt arriuée contre le cours ordinaire de la Nature, qu'ils ne s'imaginent
que celuy qui la conte peut eſtre
menteur.

Les accés meſme les plus tranquilles d'vne ſi faſcheuſe maladie ne ſõt
point ſans beaucoup d'extrauagance. Il s'en eſt trouué qui pour ſe ma-
rier plus Chreſtiennement ont eſté
choiſir des femmes dans les lieux de
diſſolution, & de deſbauche, afin,
diſoient-ils, de gaigner des ames à
noſtre Seigneur. Quelques-vns ayát

à toucher vn payemét qui leur estoit
deu, ont fait scrupule de le receuoir
en Iacobus, à cause qu'ils viennent
d'vn pays excommunié : d'autres se
sont confessez d'auoir seruy l'Estat
durant les troubles, & de n'auoir pas
esté de la Ligue. Et i'en sçay qui
croyent estre obligez en conscience
de trahir , & de donner des aduis à
ceux du party contraire, pource que
la sainte Escriture nous commande
de faire du bien à nos ennemis.

ARGVMENT.

Deuotion trompeuse & intereßée. Le mensonge est
souuent plus vray-semblable que la verité. On louë la
Iustice , afin d'estre iniuste plus finement. Il y en qui
s'approchent de nos mysteres , estans tous sanglans de
leurs parricides. Leur zele ne les deuoce pas , il denore
leur prochain. Il semble qu'ils ne vont pas tant à l'Egli-
se pour obtenir pardon de leurs fautes que pour deman-
der permission de les faire. Par la familiarité qu'ils
croyent auoir auec Dieu ils apprennēt à le mespriser. Ils
perdent le scrupule & ne quittent pas le mal. C'est le

F iij

masque, auec lequel les Grands trompent les petits, & la couleur qu'ils donnent à toutes leurs entreprises. L'or des Indes tente leur auarice, & ils veulent faire accroire que c'est le salut des Indiens qui excite leur pieté. Ils pillent, ils massacrent par deuotion. Sur ce suiet Maximes de la bonne & de l'ancienne Theologie. Expediens des nouueaux Docteurs, qui ont trouué le moyen d'accorder le vice auec la vertu, & de pouuoir pecher en conscience.

CHAPITRE VIII.

Outesfois la pluspart de ceux-là se tiennent dans les bornes d'vne innocéte folie. Leur volonté est entiere ; quoy que leur entendement soit blessé. Ils sont trompez par quelque ombre & quelque image de Religion, qui se presente par tout à eux : mais ils ne se seruent point de la Religion pour tromper personne, & n'assuiettissent pas à leurs desseins particuliers celle qui doit estre la Reyne, & la Maistresse des choses humaines. Il se

voïd donc dás le monde des pipeurs
qui paroiſſent ce qu'ils ne ſont pas,
& ne loüent la Iuſtice qu'afin d'eſtre
iniuſtes plus finement. Il ſe voïd des
Phariſiens qui nettoyent le bord de
la coupe , eſtans pleins d'ordure,&
de rapine au dedans ; qui edifient les
ſepulchres des Prophetes , & parent
les monumens des Saints , eſtans
tous preſts de les tuer encores, s'ils
reuenoient au monde leur dire la
verité , & reprendre leur mauuaiſe
iuie.

Le iugement qui ſe fait de la bonté des choſes par leur ſimple dehors,
& par leur couleur exterieure n'eſt
pas touſiours infaillible. Quelquefois le menſonge eſt plus vray-ſem-
blable que la verité , & le mal a plus
d'apparéce de bien que le bien meſme. Perſóne ne doute que ce ne ſoit
vne œuure de miſericorde de rache-

ter les prisonniers, de payer les debi-
tes des miserables, de distribuer du
blé au peuple en temps de cherté, &
neahtmoins dans les Republiques
bien policées on a puny des hommes pour auoir exercé de ces œuures
de misericorde, & beaucoup de méchans citoyens sont venus par là à la
Tyrannie. Combien y a-t-il eu de
faux Philosophes, qui sous vn visage austere ont caché de sales affections, qui ont méprisé la gloire par
orgueil, & non pas par humilité, qui
ont fait profession de la pauureté
pour se faire reuerer des Princes?
Dans la besace de ce fameux Cy-
nique, qui paruit du temps de Lucian,
où l'on croyoit qu'il n'y eust que des
féues & du pain bis, on trouua vne
balle de dets, vne boëtte de senteurs,
& le portrait d'vne femme. Celuy
que vous pensez qui s'en soit fuy au

defert pour vacquer à la contemplation auec moins de diuertiſſement, y
eſt allé peut-eſtre pour faire la fauſſe
mónoye auec plus de ſeureté. Nous
auons ouy parler d'vn Prince qui ſe
retiroit reglémēt toutes les bonnes
feſtes dans les maiſons Religieuſes;
& là tandis qu'on croyoit qu'il exa-
minaſt ſa conſcience, & qu'il fiſt ſes
exercices ſpirituels, on l'a ſurpris ſou-
uēt qu'il faiſoit des dépeſches, &
qu'il donnoit des audiences ſecret-
tes. Ne vous fiez pas à la feinte humilité, ny au mauuais habillemont
d'vn Directeur des conſciences, qui
ſemble ſe preparer touſiours à la
mort: car au dedans il eſt tout veſtu
de pourpre, il a l'ambition de quatre Roys, il a des deſſeins pour vn autre ſiecle. Mais ſur tout défiez-vous
de ces ouuriers d'iniquité, de ces
hommes puiſſans en malice, qui le-

uent au ciel des mains impures, &
ne craignent point de s'approcher
de nos redoutables Mysteres, estant
tous sanglans de leurs parricides.

Ils sont cruels ; ils sont incestueux,
ils sont sacrileges, & ne laissent pas
d'estre deuots. Leur deuotion corrige leurs gestes, & reforme leurs cheueux, mais elle ne touche point à
leurs passions, ny à leurs vices. Ils
mettent toute la vertu à loüer les * *
* * & à dire mal des Huguenots. O
qu'ils feroient de grands exploits en
vn massacre, & qu'ils feroient vail-
lás contre des personnes endormies,
& qu'on auroit conuié à des nopces.
Leur zele, qui selon l'intention du
saint Esprit, les deuroit deuorer, deuore leur prochain, & brusle les villes & les Prouinces. Ils ne gaignent
rien de la frequentation des choses
saintes que le mépris qui naist de la

familiarité, & la couftume de les violer. Ils en deuiennent plus hardis méchans, & non pas plus gens de bien : Ils perdent le fcrupule, & ne quittent pas le mal.

Tellement qu'il eft à croire qu'ils ne vont pas tant à l'Eglife pour obtenir pardó de leurs fautes, que pour demander permiffion de les faire, & auoir autorité de pecher. Et comme quelques-vns des premiers Chreftiens ne faifoient point difficulté de s'enyurer, eftans affis fur le tombeau des Martyrs, ils fe figurét auffi que toute autre méchanceté leur eft permife, pourueu que d'ailleurs ils demeurent dans quelque apparence de pieté.

La plufpart des Grands ont eu de tout temps cette belle deuotion, & quoy que ce foit vn mafque fort vfé, & reconnu d'vn châcun, il ne

laiſſe pas pourtât de ſeruir touſiours,
& d'abuſer encores le Peuple.

Ne connoiſſons-nous pas ceux là
qui meſlét Dieu parmy toutes leurs
paſſions; qui le font entrer dans tous
leurs intereſts, & l'employent à toutes ſortes d'vſages? S'ils vſurpent vn
Royaume, ſur lequel ils n'ont aucun
droit que celuy de la bien-ſeance,
ou de la force, ils diſent que c'eſt
pour empeſcher que les ennemis de
l'Egliſe ne s'en ſaiſiſſent, & pour aller au deuant d'vn mal, qui n'arriue-
ra poſſible iamais. Si leur auarice les
fait trauerſer les Mers, & courir au
bout du Monde, ils publient que
c'eſt le bien des ames qui les y attire,
& le deſir de ſauuer les Infidelles. Et
toutesfois il eſt vray, que la charité
de ces bons Chreſtiens ne va qu'au
païs où le Soleil fait de l'or, & ne s'eſt
point encore tournée vers les der-

nieres parties du Septentrion , où il
y a bien des ames à conuertir , mais
où il n'y a que de la glace & des nei-
ges à gaigner.

Ils ne veulent le salut que des Peuples du Perou & de la Mexique ; &
encore estant arriuez chez eux, ils
leur parlent si peu de nostre Foy &
leur vendét si cherement vn crayon
confus & imparfait qu'ils leur en fi-
gurent , qu'il est aisé à voir que le
pretexte qu'ils prennent n'est pas la
cause de leur voyage. D'abord ils en-
leuent dans leurs vaisseaux toutes les
richesses qui paroissent sur la face de
la Terre , & consomment en suite
des generations entieres à chercher
celles qui sont cachées dans les Mines. De maniere qu'il ne vient pas
vne pistole en l'Europe , qui ne couste la vie d'vn Indien , & qui ne soit
le crime d'vn Catholique.

Cependant on laiſſe crier la vieille Theologie dans les Eſcholes, &
dans les chaires des Predicateurs, où
elle n'eſt écoutée que des enfans &
„ des femmes. Elle dit aſſez, Qu'vn
„ petit mal eſt deffendu, quand il en
„ deuroit naiſtre vn grand bien ; Que
„ ſi le Monde ne ſe peut conſeruer que
„ par vn peché, elle eſt d'auis qu'on le
„ laiſſe perdre ; Que ce n'eſt pas à nous
„ à troubler l'ordre de la Prouidéce, &
„ à nous meſler des affaires ſuperieu-
„ res ; Que Dieu a mis entre nos
„ mains ſes commandemens, & non
„ pas la conduire de l'Vniuers ; & qu'il
„ faut que nous faſſions noſtre deuoir,
„ & que nous luy laiſſions faire ſa
„ charge.

Il eſt venu depuis vne autre
Theologie, plus douce & plus
agreable ; qui ſe ſçait mieux aju-
ſter à l'humeur des Grands ; qui

accommode toutes ses maximes à
leurs intentions, & n'est pas si ru-
stique & si inciuile que la premiere.
La Cour a produit de certains Docteurs, qui ont trouué le moyē d'accorder le vice auec la vertu, & de
joindre ensemble des extremités si
éloignées. On donne aujourd'huy
des expediens à ceux qui ont vo-
lé le bien d'autruy, pour le pouuoir retenir en saine conscience.
On enseigne aux Princes à entreprendre sur la vie des autres Princes,
apres les auoir declarez Heretiques
en leur cabinet. On leur apprend
à abbreger des guerres, dont ils
apprehendent la longueur & la
depence, par des assassinats où
ils ne hazardent que la personne d'vn traistre, & à se défaire
de leurs propres enfans sans aucune forme de procez, pour-

ueu que ce soit du consentement de
leur Confesseur.

Outre cela, comme si nostre Seigneur estoit mercenaire , & qu'il se
laissast corrompre par presens; comme si c'estoit le Iupiter des Payens,
qu'ils appelloient au partage de la
proye & du butin ; Apres vn nombre infiny de crimes , dont ils font
coupables , on ne leur demande ny
larmes , ny restitution , ny peni-
tence ; il suffit qu'ils fassent quelque legere aumosne à l'Eglise. On
compose auec eux de ce qu'ils ont
pris à mille personnes pour vne petite partie , qu'ils donnent à d'autres à qui ils ne doiuent rien ; & on
leur fait accroire que la fondation
d'vn Conuent , ou la dorure d'vne
Chappelle les dispense de toutes les
obligations du Christianisme, & de
toutes les vertus morales.

ARGV-

ARGVMENT.

... la veritable pieté du Prince, il reiette la Theologie
complaisante comme l'art de charmer & d'empoi-
sonner. Sa religion n'est pas secrette & mentale. Il
en rend chaque iour des actes publics, & a soin par
son exemple de l'edification de son peuple. Elle a son
siege en l'entendement, où elle seroit oisiue si elle ne
descendoit dans le cœur, & imparfaite, si de là elle
ne sortoit au dehors par des effets excellens. Il ne la
faut pas seulement considerer à l'Autel & à l'Oratoire où elle traite sans peril auecque Dieu. Elle se
range en bataille, elle paroist à la teste des troupes, elle
met à tous les iours la plus precieuse vie qui soit au
monde. On obtient les victoires de Dieu, mais c'est
en trauaillant & en agissant. Il veut estre prié à la
guerre de cette sorte, & exauce bien plustost les courageux que les lasches. Exeple de la legion foudroyante
sous l'Empereur Marc Aurele, de l'Empereur Theodose en la defaite du Tyran Eugene, du Roy au combat de Rié & en plusieurs autres occasions. Cette deuotion victorieuse a acquis aux Roys de France le superbe titre de tres-Chrestien & le tesmoignage qu'ils a receus de la bouche des souuerains Pontifes. Outre la
vaillance naturelle & la raisonnable, elle en produit
vne troisiesme qui est vne espece de fureur diuine, dont
les Princes orthodoxes ont esté aguës lors qu'ils ont
fait des actions extraordinaires. Par quelle raison on
doit à vn Prince qui aime Dieu, & pourquoy il
doiuent de la soumission qu'ils nous rouuroient du

G

la resistance. Il ne s'engage pas dans vn grand dessein
sur la proposition d'vn Astrologue. Il suit les inspirations de celuy qui est appellé par Isaïe, le Dieu fort, &
le Conseiller, & qui a promis à ceux qui le seruent la
victoire de toutes leurs guerres. Au pis aller, s'il y
faut mourir, il ne redoute point la mort, au delà de
laquelle il voit sa recompense qui l'attend, & vn
meilleur Royaume que celuy qu'il quitte.

CHAPITRE IX.

NOVS auons vn Prince qui
ne se sert point de ces gui-
des en la côduite de sa conscience, & qui puise dans vne meilleure source les maximes auec lesquelles il se gouuerne. Il ne verroit
pas de si mauuais œil des gens qui
viendroient tout exprés pour l'em-
poisonner, que de semblables Docteurs qui voudroient le corrompre
de leur haleine ; & souffriroit plus
patiemment en sa Cour les Iuifs, &
les Magiciens, c'est à dire, les ennemis declarez de la verité, que ces

seruiteurs infideles, qui ne portent
les liurées de Iesus Christ, & ne sont
à ses gages que pour le trahir. Mais
aussi quel besoin a-t'il de la Theologie complaisante, puis qu'il ne fait
rien que ce que la plus seuere luy ordonne? A quoy luy seruiroient les
vendeurs de fard & de plastre, puis
qu'il n'a ny tache à couurir, ny deffaut à déguiser? Et quel goust pren-
droit-il aux cajolleries de trois ou
quatre Sophistes, parmy les remer-
ciemens des peuples, & les loüanges
de la renommée?

Sçachant que nostre Religion
nous ordonne de nous abstenir
du tout apparence de mal, & de
faire ce qui est bon, non seulemét
deuant Dieu, mais aussi deuant les
hommes, il ne se contente pas d'vne
pieté secrette, & de la simple ado-
ration de l'esprit. Il croit estre obli-

gé de donner quelque chofe aux
yeux du monde, & a foin par fon
exemple de l'edification de fon peuple. Les moindres ceremonies qui
regardent le culte diuin luy, font en
tres grande reuerence. Il meſle quelquefois fa voix dans les prieres publiques, & fe fouuient de ces paro-
,, les d'vn Roy comme luy, Ie fuis
,, las de crier: i'en fuis enroüé, les
,, yeux me font défaillis, criant &
,, regardant apres mon Dieu.

Sa deuotion neantmoins a toufiours beaucoup plus de folidité que
de montre, & reſſemble à ces arbres
dont les racines font encore plus longues que les brãches. Elle n'eſt point
corporelle, ny attachée aux obiets
fenfibles. Elle a fon fiege en l'entendement, qui eſt parfaitement éclairé, qui ne croit rien de bas des chofes du ciel, & n'a que de tres faines

& de tres-raisonnables opinions de
cette premiere & excellente cause,
dont la pluspart des hommes font
des iugemens si temeraires. Mais
parce que la qualité dont ie parle seroit comme morte, & de nul visage,
s'elle ne partoit de la plus haute region de l'ame, où se forme le discours
& l'intelligence, & qu'il faut qu'elle
reside egalement en la seconde partie, où naissent les affections, & les
desirs (s'il la sçait faire descendre de
la part dans le cœur) afin que ce qui
estoit lumiere deuiéne feu, & qu'vne
connoissance si noble & si releuée,
qui doit estre fertile en grandes ope-
rations, & sortir au dehors par des
effets admirables, ne finisse point en
elle mesme, & ne s'arreste pas aux
plaisirs oisifs de la simple meditatió.

Ne la considerons donc pas seulement à l'Autel & dans l'Oratoire,

G iij

où elle traite ſans peril auecques
Dieu, & exerce vn commerce pai-
ſible, qui ne peut eſtre troublé de
perſonne : car elle ſe trouue dans les
occaſions de la guerre auſſi bien que
là : elle paroiſt à la teſte de nos troupes : elle va dans les tranchées, & ex-
poſe à toutes les iniures du temps,
& à toutes les embuſches de la fortune la plus precieuſe vie qui ſoit
auiourd'huy au monde. Elle ne s'occupe pas ſeulement à la ſtructure,
ou à l'embelliſſement de quelques
pierres ; mais elle affermit tous les
Autels : elle aſſeure les fondemens
de l'Egliſe : elle la pare des drapeaux
d'Angleterre, & la remplit d'vne infinité de Conuertis qui auoient beſoin pour deuenir bons qu'on leur
oſtaſt la puiſſance de mal faire.

Ce ſont là des effets de ſa deuotió,
qui agit & trauaille ſans relâche, &

qui en agissant & en trauaillant, im-
petre du Dieu des armées, tant sur
terre que sur mer, des victoires pleines de merueilles. Et c'est ainsi, à mõ
aduis, qu'il veut estre prié à la guerre. Il ne refuse rien en ces occasions
aux personnes violentes & laborieu-
ses, & exauce bien plus volontiers
les courageux que les lâches, & ceux
qui vont au deuant de ses graces, &
se preparent pour les receuoir, que
ceux qui les attendent au logis, sans
se mettre en estat de les meriter.

Cette legion de Chrestiens, qui
du temps, & sous les enseignes de
Marc Aurele, fit tomber la foudre
du ciel sur les ennemis, dont elle
merita le nom de LEGION FOV-
DROYANTE, n'obtint pas les
bras croisez vn succez si merueil-
leux : Mais en suite d'vne rude &
opiniastre meslée, & en combattant

G iiij

de toutes les forces. Et depuis lors
que les vents & la gresle s'armerent,
à la priere de l'Empereur Theodose,
cõtre le Tyran Eugene, ce fut vne
priere qu'il fit estant à cheual, apres
auoir faict tout deuoir de bon Capitaine, & s'estre rendu digne de ce
miracle : car autrement d'exiger de
Dieu qu'il fauorise les indignes, &
qu'il donne à la paresse & à la timidité la recompense qui est deuë au
trauail & à la vaillãce, ce seroit vser
de luy indiscretement, & le solli-
citer d'vne iniustice.

Il est donc besoin qu'vn Prince
soit deuot de ceste premiere sorte,
& comme le Roy le fut au combat
de Rié & en la défaite des Anglois.
Il ne sçauroit produire vn acte plus
eminét de pieté ; & s'il est inferieur
à celuy des Martyrs, ce que i'ay bien
de la peine à confesser, ce ne peut

estre que d'vn degré seulement, à cause que dans l'humilité du Chri-stianisme le souffrir est plus estimé que le faire.

Mais quoy que s'en soit, cette deuotion victorieuse est celle qui a acquis à nos Roys le glorieux super-latif de TRES-CHRESTIEN, qui estoit inconnu auāt eux, & qu'il fallut faire exprés, & contre l'vsage de toutes les langues, pour honorer tout ensemble leurs victoires & leur zele. La mesme deuotion a receu ces témoignages de la bouche des sou-uerains Pontifes, Que Dieu se ser-" uoit des Roys de France cōme de " ses principales forces, & d'vn rem " part inexpugnable pour defendre " la Republique Chrestienne; Que " leur Royaume estoit sō Carquois, " & qu'il en tiroit toutes les flèches " qu'il décochoit contre les Tyrans. "

La mesme en fin merite aujour-
d'huy les mesmes Eloges, porte le
Roy à des entreprises si hautes,
qu'elles ne peuuent estre tirées en
exemple, & outre la vaillance qui
est née auec luy, & celle qui s'est
formée par la raison, luy inspire encore vne troisiesme sorte de courage, qui est vne espece de fureur diuine, dont les Princes Orthodoxes
ont esté autresfois agitez, lors que
leur seule presence a mis des armées
en fuite, & que leurs Aduersaires ont
veu quelque chose d'extraordinaire
sur leur visage, à quoy ils n'ont osé
resister.

Comme ce n'est pas tousiours vne
simple exhalaison éleuée de la terre,
qui cause ces estranges & épouuen-
tables feux, qui passent de bien loin
le feu materiel & elementaire : mais
ce sont souuent effets des Demons

qui entrent dans les causes naturelles ; ainsi quelquefois dans les actiós
humaines il descend vn rayon de
Diuinité qui les renforce, & les per-
fectionne ; qui en estend la puissance, & en augmente la vertu presqu'à
l'infiny ; qui attire apres elles l'e-
stonnement , & l'admiration des
peuples.

Et s'il est vray, que l'innocéce que
perdit nostre premier Pere, luy im-
primoit vn caractere d'autorité, que
les bestes sauuages reconnoissoient,
& qui le faisoit reuerer de ce qu'il y
a de plus cruel & de plus redoutable en la Nature ; ie ne m'estonne
point qu'vn homme, qui par sa vertu semble auoir recouuré cette ancienne & originelle iustice, ait de
l'auantage sur les autres hommes, &
que la pluspart du temps il treuue
de la soumission où les méchás treu-

ueroient de la refiftance. Ie ne m'e-
ftonne point qu'ayant l'efprit vuide
de tous les remords, & de toutes les
craintes qui accompagnent le vice,
il foit extremement courageux, &
que ne fentant point de trouble ny
de defordre en foy-mefme qui faffe
diuerfion de fes penfées, il combatte
auec pl⁹ de liberté que les pecheurs,
qui font defia las & haraffez d'vne
guerre interieure & cachée quand
ils marchent contre leurs ennemis.
,, La confcience troublée prefu-
,, me chofes cruelles. La malice eft
,, craintiue, & donnée à l'homme
,, en condamnation. Et partant vn
Prince, qui n'a que de faintes intentions, ne fçauroit auoir que de bonnes efperances. Les entreprifes les
plus hazardeufes n'ont point de difficulté pour luy: Il y va auec vne ferme creance, que ce qui n'eftoit pas

estimé faisable par ses Prédecesseurs
est reservé à sa Pieté, & ne se met
point en peine de l'incertitude de l'a-
uenir, parce qu'il ne s'engage pas sur
la foy d'vn Almanach, & sur les propositions d'vn Astrologue ; mais il
suit les inspiratiõs du Dieu des Chrestiens, qui au mesme lieu où il est
appellé L'ADMIRABLE, LE
DIEV FORT, LE PERE DV
SIECLE ADVENIR, est aussi appellé LE CONSEILLER. Il se repose sur la parole de celuy qui ne
peut mentir, & qui a promis à ceux
qui le seruent, de les assister visi- "
blement de ses Anges ; d'aller luy- "
mesme en persõne leur seruir d'es- "
pée & de bouclier ; de les cacher "
dans son Tabernacle au temps de "
leur aduersité ; & de les sauuer au "
plus secret de sa maison ; d'en- "
uoyer son épouuentement deuant "

» eux, & d'effrayer tout Peuple, vers
» lequel ils arriueront, de repouſſer
» deuant eux les Nations, & de leur
» partager & meſurer la terre pour
» heritage.

Mais au pis aller, quand ces promeſſes temporelles ne ſeroient pas
punctuellement executées, & que
les bons ſuccés ne ſuiuroient pas de
neceſſité la bonne Cauſe: Quand les
Iuſtes ne fleutiroient pas comme
la Palme, & ne s'eſleueroient pas
comme le Cedre du Liban, il eſt touſiours impoſſible qu'vn Prince religieux craigne la mort, au de là de laquelle il void de ſi grandes recom-
penſes qui l'attendent, & qu'il ait du
regret de quitter vn Royaume, qui
eſt enfermé entre les Alpes & les Py-
renées, pour aller prendre poſſeſſion
d'vn autre Royaume qui n'a point
de bornes.

ARGVMENT.

Continuation de la matiere precedente. Où il est
monstré que la pieté du Prince doit estre agissante, &
fertile en bonnes œuures. Sans elles la priere n'est
qu'vn bruit, & les sacrifices que des meurtres. Preuues de cette verité par la parole de Dieu. Il est bon
d'employer beaucoup de ceremonies à celebrer la feste
des Saincts, mais il seroit encore meilleur de mettre
quelque soin à imiter leur vertu. Dieu ne demande
point aux Princes de meilleure deuotion que celle qui
les approche le plus de luy. Ils ne l'imitent pas en co-
refaisans le tonnerre, mais en faisans du bien aux hõ-
mes. Ce n'est pas sa puissance qu'ils se doiuent proposer
à imiter, c'est sa Iustice. Le nostre s'y conforme de telle
sorte, qu'il seroit plus mal-aisé de le destourner de
l'honnesteté, que de mener le Soleil par vne autre route
que la sienne. Il ne se contente pas d'vne innocence
vulgaire. Il cherche la perfection, & quand il y a
lieu de mieux, il estime que le bien est vne espece de
mal. Il pratique les vertus difficiles. Il n'vse pas
tousiours de la liberté de son naturel. Il prend la cause
du public contre ses affections particulieres. Il passe sur
toutes sortes de respects pour obeïr à la souueraine raison. Exemple de celuy en la grace qu'il a faite à vne
infinité de Rebelles, & qu'il n'a pu accorder à Mon-
sieur de Bouteuille. Il se resserre mesmes dans la Iustice ciuile, bien loin d'estendre plus qu'il ne faut l'autorité souueraine. Puis qu'il s'abstient de ce qui est permis, il n'a garde de faire ce qui est defendu. Dieu

qu'il refuse beaucoup de choses à la nature, il n'a gar-
de de tout accorder à la volupté. Il n'aime que les plai-
sirs serieux, qui viennent de la gloire, & se goustent
dans la conscience; qui ne sont pas remedes de l'infir-
mité humaine, mais recompenses de la vertu heroïque.

CHAPITRE X.

LA pieté du Roy se monstre par éminence en ce gene-reux mepris qu'il fait de la plus terrible des choses terribles. Mais cela paroist vniuersellement en toutes sortes de bonnes œuures, qui sont les vrayes & essentielles marques de la discipline Chrestien-ne. Car il est certain que sans elle la foy n'est point recompensée de la felicité; la connoissance des choses ce-lestes ne merite point le ciel; la prie-re n'est qu'vn simple bruit, & les sa-crifices ne sont que des meurtres.

Et de fait, bien que dans l'Exode ils soient nommez plus d'vne fois, la
viande

viande & la nourriture du Seigneur;
Si est ce que pour la raison que i'ay
alleguée, il est escrit en d'autres "
lieux, Que les sacrifices des mé- "
chans sont abominables au Sei- "
gneur; Que celuy qui presente sa- "
crifice de la substance des pauures "
est comme celuy qui sacrifie le Fils "
en la presence du Pere; Que Dieu "
ne reçoit point les mauuais dons, "
& qui luy sont offerts de peché. Il "
proteste luy-mesme aux Fideles, "
Qu'il n'a que faire de la multitude "
de leurs oblations; qu'il est plein ; "
qu'il ne demande ny la gresse, ny "
le sang des bestes; que l'encens luy "
est en abomination; qu'il ne souf- "
frira plus leur nouuelle Lune, ny "
leur Sabbat, ny leurs autres festes: "
Que son ame hait leurs iours des "
Calendes, & leurs solemnitez ; "
qu'elles luy sont à charge; qu'il a "

H

,, peine de les souſtenir, qu'il ne les
,, exaucera point, quand ils multi-
,, plieroient leurs oraiſons, parce
,, que leurs mains ſont pleines de
,, ſang; que quand ils les eſtendront
,, vers luy, il deſtournera ſes yeux
,, en arriere.

Dauantage, comme en la Loy il
ne receuoit point pour offrande ny
le prix du chien, ny le ſalaire de la
paillarde; auſſi en l'Euangile il deſi-
re que l'aumoſne prouienne des choſes qui ſont acquiſes legitimement.
Il veut que la pieté des Chreſtiens
ſoit actiue, leur ſimplicité aduiſée,
& leur ſageſſe bien ſéante; & nous
aduertit en termes exprés, que nous
connoiſtrons les ſiens à leurs fruits,
& qu'on ne cueille point des raiſins
de l'eſpine, ny des figues du chardó.

Penſez vous que ſi la douleur
pouuoit entrer dans le ciel, & ſi les

bien houreux Esprits qui l'habitér,
auoient emporté leurs passions auec
eux ; il ne leur faschast pas de voir
qu'on employe tant de ceremonie à
celebrer leur Feste, & qu'on mette si
peu de soin à imiter leur vertu. Pensez vous aussi que le Saint des Saints
vueille vne meilleure deuotion de
nous, que celle qui nous approche le
plus de luy par l'exercice des choses
honestes ? & qu'il ait vn plus agreable spectacle quand il iette les yeux
icy bas, que de considerer le progrez
que fait le Roy dans le dessein qu'il a
de le suiure ? Car à dire vray, ce n'est
pas en contrefaisant le Tonnerre, ny
en portant le Trident en vne main,
& le Globe de la Terre en l'autre, ny
en commandant qu'on les appelle
Eternels, que les Princes se rédét sé-
blables à luy : Mais c'est en gouuer-
nant sagement leurs Peuples, en de-

H ij

liurât les Foibles de l'oppreſſion des
plus Forts, & en faiſant du bien à
tout le monde. Ce n'eſt pas la puiſſance de Dieu qui eſt imitable aux
hommes, mais c'eſt ſa bonté & ſa
juſtice, dont nous pouuons repreſenter quelques traits & quelques
ombrages ; & que le Roy poſſede
auec vne ſi pleine & ſi liberale communication qu'il en a receuë, qu'il
ne ſeroit pas plus difficile de mener
le Soleil par vne autre route que la
ſienne, & de dérégler les mouuemens des cieux, que de le deſtour-
ner de l'honeſteté.

C'eſt pourquoy, bien qu'on le
voye aſſez ſouuent proſterné deuant
ſon Confeſſeur, & toute ſa Maieſté
humiliée aux pieds d'vn de ſes Sujets, qu'on ne s'imagine pas pour
cela que l'habitude qu'il a à pécher
luy réde plus familiere cette action.

Car humainement parlant, & dans
la rigueur de noſtre juſtice, il ſemble
qu'il n'ait pas perdu ſon innocence.
Il n'a donc pas touſiours beſoin de
la puiſſance du Sacerdoce, mais il
demande quelquefois de la conſolation à la Theologie. Souuent il dé-
laſſe ſon eſprit accablé d'affaires dás
l'entretien d'vn homme de Dieu:
Souuent il reçoit des conſeils qu'il a
des ja preuenus par ſes actions. Il ſe
laue ſouuent pour ſe rafraiſchir, &
non pas pour ſe nettoyer : Il prend
des remedes pour ſe confirmer en
ſanté, & non pas pour ſe guerir; Il
cherche la perfection auec tant d'ardeur & de violence, que quand il y a
lieu de mieux, il eſtime que le bien
eſt vne eſpece de mal.

De là vient qu'il pratique d'ordinaire les vertus difficiles & perilleuſes; qu'il va au deuant des occaſions

H iij

qu'il pourroit attendre, & que pou-
uans demeurer en repos, il prefere les
dangers honestes à vne seureté sans
merite. De là vient qu'il n'vse pas
tousiours de la liberté de son naturel,
qu'il est contraint de cacher la douceur qui luy est propre, sous vne seuerité qu'il emprunte, & qu'auec vn
cœur de Pere il exerce l'office de Iuge; Que quelquefois il a pris la cause du Public contre ses sentimens &
ses affections particulieres, & qu'il à
passé sur toutes sortes de respects,
pour obeïr à la souueraine Raison.
Il Au commencement de la derniere guerre, qu'on peut nommer moitié estrangere, & moitié ciuile, en
vne saison où les gens de seruice n'e-
stoient pas si communs, que la perte
n'en fust remarquable, n'a-t'il pas
souffert que sa Iustice luy ait rauy
des personnes qui luy estoient che-

res, & qu'il euſt rachetées de toutes
les pierreries de ſa Couronne, mais
qu'il n'a pas voulu ſauuer auec vne
parole de foibleſſe? En cette occaſion les ſeruices de trois Conneſta-
bles, le merite du ſang de Montmo-
récy, la valeur du Chef de cette maiſon, de tout temps ſi chere, & ſi neceſſaire à la France, n'ont peu rien
gaigner ſur luy, que le regret de ne
pouuoir rien donner à de ſi puiſſantes conſideratiós. Il a reſiſté aux larmes des Princeſſes, aux prieres de ſa
Cour, à ſa propre volonté ; comme
en d'autres rencontres, où la douceur de la vengeance ſembloit eſtre
légitime, & où il la pouuoit ſaouler
du ſang & du carnage de tout vn
Peuple, il a quitté encore pour l'a-
mour du Public ſes iuſtes reſſenti-
mens, & s'eſt relaſché par le meſme
motif qu'il s'eſtoit roidy : faiſát voir

H iiij

en tout, qu'il ne va qu'à mesure que
la Raison le remuë, & que le Roy est
tellement separé de l'homme, & l'esprit a tellement destruit la matiere,
que les interests de son Estat luy
tiennent auiourd'huy lieu des passions de son ame.

De maniere qu'il n'a garde, à ce
conte-là, d'estendre plus qu'il ne faut
l'Autorité souueraine, puis qu'il se
resserre mesme dans la Iustice ciuile.
Il n'a garde de faire ce qui est defendu, puis qu'il s'abstient de ce qui est
permis. Il n'a garde d'estre indulgét
aux mauuais desirs, & d'accorder
tout à la Volupté, puis qu'il refuse
beaucoup de choses à la necessité &
à la nature. Il n'a garde en vn mot,
d'aimer les plaisirs, qui sont communs aux hommes auecques les bé-
tes, puis qu'il n'en veut pas mesmes
qui luy soient communs auecques

les autres hommes, & ne connoiſt
que ces contentemens ſerieux, qui
naiſſent de la ſatisfaction d'vne bône conſcience, qui viennent de la
gloire d'vne grande action, qui ſont
touſiours frais, & touſiours nouueaux, & que les Loix ne tolerent
pas côme des remedes de l'infirmité humaine, mais que les Sages pro-
poſent pour la recompenſe de la
Vertu heroïque.

ARGVMENT.

De la chaſteté, vertu meſpriſée dans les ſiecles cor-
rompus. Il faut du courage pour eſtre chaſte. Pourquoy
il eſt plus aiſé de reſiſter à la douleur qu'à la volupté.
La continence eſt vn martyre non ſanglant, & vne
perſecution inuiſible. Le Prince merite d'eſtre loüé de
ſa pureté, puis qu'elle fait vne partie de ſa valeur, &
qu'il la doit à la force de ſa raiſon, & non pas à la foi-
bleſſe de ſes paſſions. Les victorieux ſont les plus ſatis-
faits de tous les hommes. Ils meurent plus heureuſe-
ment que ne viuent les effeminés. Leuctres & Man-
tinée ont eſté plus belles que Lays ny que Phryné. La
vertu n'eſt pas mal-heureuſe ſur la roüe, que doit-elle

estre en prosperité? Les obiets que nous embrassons en ce monde s'escoulent entre nos mains. Ils sont corruptibles, & nostre passion l'est aussi. Le Prince met la sienne en d'autres obiets plus nobles, qu'il peut tousjours aimer, & qui seront tousiours aimables. Il esleve ses desirs iusqu'à la premiere beauté. Il est plus capable de purifier la Cour, que la Cour n'est capable de le corrompre. La modestie de son visage estouffe les mauuaises pensées iusques dans l'ame des hommes, & reforme tout ce qui s'approche de luy. Vne si difficile vertu est vn don du ciel, mais c'est aussi vn effet de sa gentille façon de viure. Il n'a iamais eu loisir de faire mal. Il ne donne au vice ny le moyen ny le temps de l'attaquer. Ses diuertissemens mesmes sont austeres, & ses delices viriles. Les autres Souuerains n'agissent pas auec tant de force qu'il en fait voir en se relaschant. Leurs basses & honteuses occupations. Leur repos inquiet, & leur miserable felicité. Les mal-heurs publics que produit leur mauuaise vie. Leurs ordures comparées à sa pureté. Le desir de la gloire ne peut souffrir où il est de moindres desirs. Dans le cœur du Prince cette ardente passion consomme toutes les autres.

CHAPITRE XI.

Ie sçay bien qu'en cét endroit i'estime vne qualité méprisée du monde, & que la pluspart de ceux qui font profession de

la galanterie me reprocherôt, que ie
loue les hômes des vertus des femmes. Mais ie ne m'arreste pas aux
opinions d'vn Siecle si desbauché
que le nostre. Pour aller droit ie vais
contre le fil du torrent & de la corruption presente. Et puis que la parole eternelle dit qu'elle est la verité,
& ne dit pas qu'elle est la coustume,
i'aime mieux parler veritablement
que selon le sentiment de plusieurs,
& me tenir à la Raison abandonnée,
qu'à l'vsage qui est suiuy.

Il est certain que toutes les actiós
hardies ne se font pas à la guerre : Il
faut aussi de la resolution & du courage pour estre chaste, & les belles
choses sont souuent plus à craindre
que les mauuaises. La douleur attaque nostre ame par la partie la plus
forte, où elle rencontre le despit &
la colere qui se defendent ; mais la

Volupté bat l'édroit le plus descou-
uert, & le plus foible, où elle ne trouue que l'amour de nous mesmes, qui
se rend. Et partant cóme il n'est pas
si difficile de tenir bon dans des murailles, que de combattre sur vne
breche, il n'y a pas aussi tant de peine de resister à la douleur qu'à la
volupté.

En quoy la Religion est d'accord
auec la Philosophie, & pource qu'au
iugement du Fils de Dieu, arracher
sa cóuoitise n'est pas moins que s'arracher vn œil, ou se couper vne
main; & que Saint Paul parle d'ordinaire de la crucifier, & dit que nos
affections sont nos membres, on a
crû dans l'Eglise, que la continence
estoit vn martyre non sanglant, &
vne persecution veritablement in-
uisible, mais la plus lógue, la plus opiniastre, & la plus violéte de toutes.

Ie ne craindray dōc point de loüer
le Roy de sa pureté, puis qu'elle fait
vne partie de sa valeur; puis qu'il la
doit à la force de sa raison, non pas
à la foiblesse de ses appetits; & que la
paix de sa conscience ne viét pas de
la langueur & de l'oisiueté de son naturel, mais du trauail & de la victoire de son esprit. Il ne luy est point
hóteux que l'on sçache qu'il est Roy
de soy-mesme, aussi bien que de ses
Peuples; qu'il est absolu au dedans
comme au dehors; qu'il surmonte
toutes sortes d'ennemis; qu'il n'y a
point de combat, soit contre les
Estrangers, soit contre ses Suiets,
soit contre ses passions, où il ne demeure le Maistre.

Or il est sans difficulté, que de
ces actes de valeur naissent des ioyes
si parfaictes, que hors du ciel il ne
s'en reçoit point de semblables, &

que les victorieux sont les plus satis-
faits de tous les hommes. Qu'on vã-
te tant qu'on voudra les plus beaux
yeux qui ayent iamais éclairé le mõde, & le merite de ces superbes creatures qui traisnét aprés elles les Princes captifs. En tout l'Empire de la
Volupté il n'est point de si douce
ioüyssance que celle d'vne ville prise, ou d'vne bataille gaignée. Leuctres & Mantinée ont donné plus de
plaisir à Epaminondas, que Laïs &
Phryné n'en donnerent à tous leurs
Amans : & bien qu'il perdist la vie
en la derniere de ces deux iournées,
& qu'il ne pûst posseder sa gloire
qu'vne demie heure, & dãs les douleurs d'vne blessure mortelle, il mourût pourtant plus heureusement que
ne viuent les effeminez, & n'eust pas
voulu donner vn instãt de ce tẽps là
pour leur longue & inutile vieillesse.

Mais ſi Epicure luy-meſme a eu le
courage de dire que la vertu ne ſeroit pas mal-heureuſe ſur la rouë;
Que le ſouuenir du paſſé l'obligeroit
de confeſſer, qu'elle s'y trouue bien,
& que la douleur qui fait fremir ſes
bourreaux, ne fait que la chatoüiller;
douterons-nous qu'en vn eſtat plus
tranquille, & dans vne pure proſperité, elle ne reſſente des contentemens incomparables, mille fois plus
vifs, plus ſubtils, & plus penetrans,
que tous les effets de ces agreables artifices que l'eſprit a inuentez pour
flater le corps ?

Nous embraſſons en ce monde de
certains obiets qui s'écoulent & fon-
dent entre nos mains; qui ſont perpetuellement menacez de fin, ou de
changement; que nous ſommes aſ-
ſeurez ou de haïr bien toſt, ou de
mépriſer, ou de n'aimer plus. Leur

nature eſtât de commencer à ſe corrompre immediatement apres leur
production, l'affection que nous leur
portons va auſſi de neceſſité en di-
minuant : Et à cauſe que l'infinité ne
luy appartient pas, il faut qu'elle pé-
riſſe par ſon propre accroiſſement ;
que le deſir ſe termine par le dé-
gouſt, & le mouuement par la laſſitude. Et par conſequent admirons
noſtre ſage Prince, qui ſçait mettre
ſa paſſion en des obiets qu'il peut
touſiours aimer, & qui ſeront touſiours aimables : qui ne ſe ſalit point
de la bouë des choſes terreſtres : qui
eſleue ſes deſirs iuſqu'à la plus haute
& la premiere beauté, & les eſloi-
gne du corps & de la matiere, comme de la lie & de l'impureté des
creatures.

La Volupté auec toutes ſes inuentions, & tous ſes attraits, n'eſt pas
capable

capable d'emporter sur luy vn commencement de volonté , ny de luy
plaire mesme en le surprenant. Il pu-
rifiera plustost la Cour par son exemple, que la Cour ne le corrompra par
ses delices. En toute sa vie il n'est pas
sorty vn mot de sa bouche qui puisse
receuoir vn sens deshonneste ; & il
ne luy seroit pas possible non plus de
laisser acheuer vne parole sale à qui-
cõque oseroit la proferer deuãt luy.
La pudeur de sõ visage , & vn agreable meslange de douceur & de seuerité , qui paroissent dans ses yeux , é-
touffent les mauuaises pensées iusques dans l'ame des hommes , & re-
formét d'abord tout ce qui s'approche de luy. Si bien qu'en sa presence
les plus desbauchez ressemblent aux
plus modestes , & son seul regard a
le pouuoir , ou de changer , ou de
suspendre leur inclination.

I

Vne si rare & si difficile vertu est
à la verité vn present du ciel, & vn
priuilege de sa naissance ; mais c'est
aussi vn effet de sa penible façon de
viure, & le fruit de ses continuelles
occupations. Il ne donne point au
vice le moyen ny le temps de l'attaquer. Il n'a iamais eu encore loisir de
faire du mal, & son mauuais Ange
l'a tousiours trouué occupé ailleurs,
quand il a essayé de l'y porter. Que
s'il ne peut pas tousiours estre à la
guerre, ny dans le Conseil, Encores
les esbats & les diuertissemens qu'il
prend, sont austeres & laborieux, &
les delices qu'il gouste, viriles & militaires. La Volupté ne le sçauroit
gaigner par d'autres charmes, ny
l'attirer à elle que par le trauail. Tous
ses exercices seruent à sa principale
profession, ont du rapport ou de la
ressemblance auec le mestier des ar-

mes, & sont ou des images ou des
meditations de la guerre.

La pluspart des Princes que nous
connoistons, & dont nous auons ouy
parler, ne sont pas de cette humeur.
Ils n'agissent pas mesmes auec tant
de force qu'il en fait voir en se relaschant: & le repos dans lequel ils languissent est si hôteux, qu'il vaudroit
mieux pour leur honneur que ce fût
vne pure lethargie. Les vns vieillis-
sent à table, & passent les iours & les
nuits dans les plaisirs de la bonne
chere. Les autres employent le tiers
de leur vie à se frizer les cheueux, &
à se regarder au miroir: & les plus
honnestement occupez mettêt tout
leur temps & tout leur esprit, ou à
faire peindre vne gallerie, ou à tirer
des essences de jasmin, ou à conduire vne fôtaine de quatre lieuës pour
embellir vn parterre, ou à calculer

I ij

le reuenu de leur trafic, ou à escouter
les propofitions d'vn Alchimiſte.

Ils ſont cachez le plus ſouuent au
fonds d'vn Palais, où leur propre
felicité les ennuye : où ils ſe plaignét
de la miſere de leur condition, parce qu'il n'y a plus de nouuelles voluptez à découurir : où au milieu de
leurs threſors & de leurs delices ils
deuiennent pauures & chagrins par
leurs deſirs. Là dedás on les engraiſſe
cóme des victimes qui doiuent eſtre
immolées : On les parfume comme
des corps qu'on veut embaumer :
On leur allume des flambeaux dés
le midy, afin que la pompe de leur
vie ſoit le commencement de l'ap-
pareil de leurs funerailles, & que
quand on paſſe deuant leur porte, on
puiſſe dire auec raiſon : ICY GIST
LE PRINCE TEL.

Que ſi quelquefois le bruit des

victoires du Roy va réueiller leurs
lasches esprits, & si vne si viue lumiere perce l'épaisseur & l'obscurité
de leurs prisons, peut estre qu'ils re-
uiennét vn peu de ce profond assou-
pissement, & qu'ils sentent quelque
legere picqueure de gloire ; mais le
cœur n'en est point entamé, & ces
bons mouuemés ne produisant que
de beaux souhaits, au lieu d'imiter
la vertu d'vn si braue Prince, ils se
contentent de porter enuie à sa fortune. Si quelquefois encore ils osent
souffrir le iour, & s'ils se hazardent
de voir le Soleil, qui leur est estranger & inconnu, ne vous imaginez
pas que ce soit pour entreprendre de
longs voyages, & pour assister en
personne leurs Alliez, qu'ils quittent
les tenebres & la solitude. Ils ne sortent du logis que pour aller faire l'a-
mour à la ville, & pour forcer la cha-

steté qui reſiſte, ou corrompre celle
qui fléchit.

Et au partir de là, quand ils ont
ſaoulé leurs brutales paſſions; qu'ils
ont violé la ſainteté du Mariage, &
deshonnoré les pauures familles, ils
appellent cela ſe joüer, & cherchent
de bős mots pour farder de vilaines
,, actions. N'y en auoit-il pas vn der-
,, nierement qui ſe vantoit d'auoir
,, triomphé de la plus belle partie du
,, monde, parlant des Dames qu'il
,, auoit aimées? Et vn autre ne diſoit-
,, il pas, que pour meriter à meilleur
,, titre le nom de Pere de ſon Peu-
,, ple, il faiſoit le plus d'enfans qu'il
,, pouuoit aux femmes de ſes Suiets?
En ces Cours ſales & desbauchées
les plus ſaintes dignitez ſont bien
ſouuent la recompenſe d'vne nuit
que le Prince aura paſſée agreablement. Rien ne ſe excuſe dans les em-

braſſemens d'vne femme artificieu-
ſe, & qui ſe ſçait ſeruir de ſes charmes : Rien n'eſt impoſſible à ſes bai-
ſers. Les moindres de ſes affeteries
emportent les graces des criminels,
& la condamnation des innocens;
& ce qui n'a peu paſſer au Conſeil, ne
reçoit point de difficulté dans le lict.

Graces à Dieu nous ſommes à
couuert de ce mal-heur, & noſtre
Cour eſt pure de cette taſche, Le deſir de la vraye gloire ne peut ſouffrir où il eſt de plus petites affectiõs;
& dans le cœur du Roy cette ardente paſſion conſomme, à bien dire,
toutes les autres. Agiſſant ſans ceſſe,
cóme il agit, quand pourroit-il ſon-
ger à la volupté & eſtant, comme
il eſt, infiniment laborieux, pourquoy tomberoit-il dans le peché des
oiſifs? Quelques diuertiſſemens qu'õ
luy preſente, iamais il ne deſtourne

tout à fait son esprit de dessus les affaires de son estat. Quelques regards
qu'il enuoye par fois sur d'autres objets, sa veuë est tousiours attachée
là. Quoy qu'il fasse, & à quoy qu'il
s'applique, il ne s'oublie iamais de
regner. Iamais il n'auilit sa Majesté
dans des occupations basses & inde-
centes à sa condition : Toute sa vie
est quasi également serieuse.

ARGVMENT.

*Il ne suffit pas que les plaisirs du Prince ne soient
pas mauuais, il faut qu'ils soient releués. Il n'estudie
point les petites choses. Il reserue toute l'attention de
son esprit pour les grandes. Il n'apporte aux passetéps
publics que ses yeux & sa presence, & ne s'y trouue
que pour ne sembler pas les condamner & paroistre de
mauuaise humeur. Il n'a point pourtant d'auersion
pour les inuentions curieuses, ny n'est ennemy de la
politesse. Rusticité des Princes qui ont hay la Musique,
& mesprisé la Peinture. Le nostre voit dans les Arts
ce qu'il y a de plus delicat & de plus subtil. Il a les
sens qui ont commencé auec l'esprit naturellement
tres-purs. Il a les yeux & les oreilles sçauantes. Il a*

les mains adroites & ingenieuses. Mais il ne s'occupe
pas à toutes les choses qu'il connoist. Il iuge de la profession des autres, & s'acquite de la sienne. Qu'elle
doit estre la science & la Philosophie du Prince. Il
faut qu'elle soit pratique, & se reduise à l'action.
Sous cette science toutes les sciences se reposent, &
toute la societé humaine se maintient. C'estoit-là
science des Lacedemoniens, qui pensoient qu'il n'y
auoit rien qui ne fust compris dans les Loix de Lycur-
gue. C'estoit celle des premiers Romains, qui ont crû
qu'il suffisoit de gouster de la Philosophie, mais qu'il
ne falloit pas s'en saouler. Ils ont bäny à diuerses fois les
Mathematiciens, les Philosophes, les Rhetoriciens.
Arrest donné contre les derniers. Connoissances ab-
straites, dangereuses à la Republique, lors qu'on s'y
adonne auec excés. Les Escholes ont en partie ruiné le
commerce & l'agriculture. Sont cause de la foiblesse
de nostre Estat, & de la lascheté de nostre siecle. Dans
vn grand Royaume on ne leue que de petites armées,
parce qu'il y a vn grand peuple inutile qui ne se sert de
ses mains qu'à escrire, & consomme toute sa cholere
en procés. Dans vne ville prise les speculatifs ne voyent
le danger que quand le feu a gaigné leur cabinet. Ils
contemplent quand il faut agir.

CHAPITRE XII.

N'Ayez pas peur qu'il se ren-
ferme des iournées entie-
res pour ajuster les pieces

d'vne horologe , ou pour difputer
vne partie aux échets. Il ne fçauroit
s'employer à des vaines affaires , ny
eftudier les petites chofes. Il ne veut
point eftre induftrieux inutilement.
Il referue toute l'attention de fon efprit pour chercher les moyens de
paruenir à la grande fin qu'il s'eft
propofée. Les jeux de hazard ne luy
plaifent pas beaucoup dauantage:
foit qu'il luy fafche de s'émouuoir
en des occafions de peu d'importâ-
ce, foit qu'il aime mieux donner que
perdre, ny que gaigner ; foit qu'il ne
defire pas que les moindres parties
de fa vie foient fuiettes à la Fortune.
Pour la lutte , la courfe, & l'efcrime,
que quelques nations ont fi fort pri-
fées , il tient bien que ce peuuent
eftre des plaifirs de Prince , mais il
ne croit pas que ç'en doiuent eftre
les actions, & auroit honte d'eftre

estimé d'vne chose que les Romains
ne vouloient pas faire apprendre à
leurs enfans, & faisoient apprendre
à leurs esclaues, & de receuoir des
loüanges qui luy fussent communes
auec les derniers de tout le peuple.

Il n'apporte donc à semblables
passe-temps que ses yeux & sa presence, & s'y trouue plustost pour ne
sembler pas les condamner, & paroistre de mauuaise humeur dans la
resiouïssance publique, que pour y
prendre du goust, & se laisser toucher à de si legeres voluptez. Ie ne
doute point qu'il n'ait leu auec beaucoup de dédain l'histoire du Roy
René, dernier Comte de Prouence,
qui fut trouué acheuant le crayon
d'vne perdrix par celuy qui luy apporta la nouuelle de la perte de son
Royaume de Sicile; Et ie m'asseure
que si Selim, Empereur des Turcs,

dans vn tableau qu'il fit, & qu'il pu-
blia, n'euſt figuré vne bataille qu'il
auoit gaignée, il ne luy pardonne-
roit pas facilement d'auoir fait ſçauoir au monde qu'il eſtoit Peintre.

Non pas pourtant qu'il ait de l'a-
uerſion pour les choſes curieuſes, &
qu'il ſoit ennemy de la politeſſe, &
des inuentions innocentes, qui ſou-
lagent & adouciſſent les ennuis de
cette vie. Car au contraire il void
diſtinctemét dans les Arts les beautez & les graces qui nous ſont cachées. Il découure dans les ouurages
ce qu'il y a de plus delié & de plus
ſpirituel; ce qui eſt comme ſeparé
du reſte, & qui ne tient point à la
matiere; ce qui échappe aiſément à
vne veuë qui n'eſt pas purgée par
vne ſubtile connoiſſance.

Et à la verité ce n'eſt pas ſans raiſon qu'on s'eſt moqué de la rudeſſe

de ces Princes, dont l'vn trouuoit le
hennissement de son cheual plus
agreable que la Musique, & l'autre
preferoit la senteur des aulx à tous
les artifices des Parfumeurs. Vn Seigneur de Saxe se promenant dãs les
Galleries du Marché de Rome, s'ar-
resta à vne peinture qu'il voyoit admirer d'vn chacun, qui estoit repre-
senté vn grand homme sec, vsé de
vieillesse & de maladies, qui se sou-
stenoit sur vn baston. Mais comme
le Marchand qui pensoit faire sa fortune par la vente de cette rare piece,
luy eust demandé combien il estimoit son Vieillard, il respondit innocemment, qu'il ne l'estimoit point,
& qu'il ne le voudroit pas tout en
vie, quand on le luy voudroit donner pour rien. Et de la memoire de
nos Peres, lors qu'on monstra au Pape Adrian sixiesme le Laocoon du

jardin de Belueder, & d'autres précieux restes de la magnificence Romaine, il cōmanda en cholere qu'on ostast de deuant luy ces Idoles des Payens, & fut sur le point d'en faire faire de la chaux pour rebastir quelques endroits ruinez des murailles de la ville.

En ces mépris incluids & iniurieux à l'Antiquité, il y a ou vne ignorance grossiere & brutale, ou vne seuerité presomptueuse & farouche, & à moins que d'estre Scythe, on ne peut blasmer le Roy d'auoir les sens qui ont le plus de commerce auec l'esprit, naturellement tres-purs, & de s'en estre acquis la derniere perfectiō par l'art & la discipline. On ne le peut blasmer de voir & d'ouïr auecque science, d'auoir les mains adroites & ingenieuses, & de pouuoir figurer sur

vne toile vn combat, ou vn siege
qu'il viendra de faire. Il importe
seulement que le monde sçache qu'il connoist quantité de choses, ausquelles il ne s'occupe pas;
qu'il sçait iuger sainement de la profession des autres, & s'acquiter parfaitement de la sienne ; & qu'il ne
hait point les Muses, & leurs exercices honnestes, mais que la guerre &
les affaires ne luy laissent pas la liberté de s'y adonner.

Il est certain que la principale sciē-
ce des Roys doit auoir pour obiet la
Royauté. Leur Philosophie doit
estre practique, & quitter l'ombre
& les jardins, où l'on passe vne vie
douce & obscure, pour se faire voir
dans la lice, & dans le grand Monde, toute couuerte de sueur & de
poussiere. Elle ne doit point s'occuper à chercher ces inutiles Veritez,

qui ne rendét ceux qui les ont trouuées, ny meilleurs, ny plus heureux
qu'ils estoient. Il faut qu'elle trauaille à l'acquisition des vertus actiues,
& necessaires au móde: Il faut qu'elle opere la felicité de l'Estat, & non
pas le simple contentement de l'esprit: Il faut qu'elle fasse des experien-
ces d'vne chose, dont l'Eschole ne
sçait faire que des discours.

Lors que ie considere que l'Empereur Numerian voulut qu'on mit au
dessous de ses Statuës, A NVMER-
RIAN LE MEILLEVR ORA-
TEVR DE SA COVR. Et que
cét autre ridicule Prince dépescha
des Courriers en tous les lieux de
son obeissance, pour donner aduis
de la victoire qu'il auoit gaignée aux
jeux Olympiques, c'est à sçauoir sur
de mauuais Poëtes, & sur de mauuais
Musiciens; Ie ne puis assez m'estonner de

ner de leur petite ambition, & d'vne
vanité si mal fondée. Ce que sçait le
Roy vaut bien mieux que tout cela,
& son Art est bien plus noble , quoy
qu'il ne l'exerce pas auec tant de pô-
pe & d'ostentation. Il entend la scié-
ce, sous la protection de laquelle toutes les autres se reposent, & toute la
societé des hommes se maintient; la
science dis-ie de gouuerner. Il ne
veut point disputer de la gloire du
langage auec ses subiets, & les Autheurs de son temps; mais il peut debatre de celle de la Vaillance & de la
Iustice auec ses Ancestres , & toute
l'Antiquité.

Les premiers Lacedemoniens, qui
ont esté des demi-Dieux & non pas
des hommes, estoient encore moins
sçauans que luy. Ils n'alloient point
à Athenes acquerir des mots & de la
subtilité, ny ne desireroient confe-

K

rer auec les Egyptiens, pours'éclaircir de leurs doutes , pource qu'ils
croyoient que les Loix de Licurgue
n'auoient rien oublié à dire , & que
les autres cōnoiſſances qui leur pourroient venir d'ailleurs , eſtoient ou
mauuaiſes , où inutiles. Il euſt eſté
difficile de remarquer diſtinctemét
en leurs diſcours les parties de l'orai-
ſon , & de ſeparer l'exorde, de la nar-
ration, & la confirmation, de l'epi-
logue. Ils ne s'expliquoiét quaſi que
par monoſyllabes ; & s'ils euſſent pû
ſe faire entendre, ſans prendre la peine de parler , ils euſſent encore épargné le peu de paroles qu'ils em-
ployoient.

Pour les Romains, qui paroiſtront
ſi ſouuent en cét ouurage, & deuant
& apres leſquels il n'y a eu que des eſ-
ſais, ou des imitations de la ſageſſe
qu'ils ont monſtrée, Il eſt tres-vray

qu'ils ont fait toutes les grádes choses que nous admirons, sans sçauoir
faire de Dilemme, ny de Syllogif-
me. Mais si tost que cette vertu parfaite se relâcha, & qu'ils cultiuerent
auec moins de soin leurs bonnes inclinations naturelles, ils eurent de la
curiosité pour les raretez de dehors.
Ils commencerent à estudier, si tost
qu'ils commencerent à se corrompre, & la Grece a vaincu ses Maistres
par ses vices, & par ses sciences.

C'a tousiours esté pourtant vne
commune opinion parmy eux, qu'il
suffisoit de gouster de la Philosophie, mais qu'il ne falloit pas s'en
faouler; qu'il leur estoit permis de
passer par l'Academie & par le Li-
cée, pourueu qu'ils n'y sejournassent
pas, & que selon les âges & les conditions il pouuoit y auoir de l'intemperance en la recherche des belles

choſes. C'eſt pourquoy quand le
vieux Caton ſe mit ſur la fin de ſes
iours à apprendre vne làgue eſtrangere, on ſe mocqua de luy comme
d'vn homme qui ſe preparoit pour
faire des harangues en l'autre monde, & auoit peut que Minos, qui
eſtoit Grec, n'entendiſt pas le Latin.
Sans doute la vieilleſſe l'auoit changé, & ſon iugement ſe reſſentoit de
l'infirmité de ſon aage, veu meſmes
qu'auparauant il faiſoit profeſſion
ouuerte de hayr les lettres Grecques:
qu'il tenoit Socrate pour vn ſedi-
cieux, & vn charlatan, & auoit eſté
d'aduis, lors que tout le monde couroit apres le Philoſophe Carneadés,
qu'on l'enuoyaſt bien toſt à ſon Eſ-
chole diſputer auec les enfans des
Grecs, & qu'on laiſſaſt ceux des Romains obeïr aux Loix, & aux Magiſtrats de leur pays.

Ces sages & vertueux Magistrats
ont resisté tant qu'ils ont pû à cette
violente passion de la jeunesse: Ils
ont chassé à diverses fois, non seule-
ment les Mathematiciens & les Phi-
losophes, mais aussi les Rhetoriciés,
& voicy sur ce suiet vn de leurs Ar-
rests, dans lequel on void encore res-
pirer la grandeur & la maiesté de la
Republique morte. IL NOVS A
ESTE' RAPPORTE' QVE
CERTAINS HOMMES QVI
SE DISENT LES RHETORI-
CIENS, VEVLENT INTRO-
DVIRE VNE NOVVELLE
SORTE DE DISCIPLINE, ET
QVE LES IEVNES GENS
FONT DES ASSEMBLEES
OV ILS S'AMVSENT TOVT
LE IOVR A LES ESCOVTER.
NOS PERES ONT ORDON-
NE' CE QV'ILS DESIROIENT

K iij

QVE LEVRS ENFANS AP-
PRISSENT. CES NOVVEAV-
TEZ CONTRAIRES A LEVRS
ORDONNANCES, ET A NOS
COVSTVMES, NE NOVS
SONT POINT AGREABLES,
ET NE NOVS SEMBLENT
PAS BONNES.

Asseurément il n'y a point de meilleur moyen d'amollir la vigueur des
courages, que d'occuper les esprits
à des exercices paisibles & sedentai-
res, & l'oisiueté ne peut entrer dans
les Estats bien policez par vne plus
subtile ny plus dangereuse tromperie que celle des lettres. Ce sont ces
personnes oisiues & paresseuses, qui
en partie ont ruiné le commerce, &
l'agriculture ; qui sont cause de la
foiblesse de nostre Estat, & de la
laschété de nostre Siecle. Et si dans
vn grand Royaume on ne peut auiourd'huy leuer que de petites ar-

mées : fi la France n'enuoye plus côme autrefois , des cent mille com-
battans en la Terre Sainte ; ce n'eſt
pas qu'elle ſoit moins peuplée qu'elle n'eſtoit, ny que les femmes ſoient
deuenuës ſteriles , ny qu'on meure
plus qu'on ne faiſoit de ce temps là:
c'eſt que la pluſpart de ceux, dont on
compoſeroit ces puiſſantes & formidables armées , embraſſent vne
profeſſion contraire à celles des armes , & qu'il y a vn grand peuple
inutile, qui conſôme toute ſa cholere en procez & ne ſe ſert de ſes mains
qu'à faire des Eſcritures & des Liures.

Quand toute vne Nation eſt malade de la Dialectique, ou de la Poë-
ſie, & qu'en vn pays on trafique plus
de Sphéres & d'Aſtrolabes, que des
autres choſes neceſſaires , c'eſt vn ſi-
gne tres-aſſeuré de ſa prochaine ruine : Quiconque l'entreprendra , en

viendra aisément à bout, & aura à
faire à des hommes, qui ne se réueil-
leront qu'à l'extremité de leurs pro-
fondes speculations ; qui dans vne
ville prise n'entendront ny le son des
trompettes, ny le bruit des armes,
& ne s'apperceurôt qu'il y a du danger, qu'apres que le feu aura gaigné
leur cabinet, & que leur chambre
sera bruslée.

ARGVMENT.

Explication de la derniere proposition. Vsage de l'e-
stude, & de la science. Si la simple raison d'un hôme est
à estimer, la sciêce l'est bien danātage, qui est la raison
cōmune de plusieurs sages. Mais cōme il y a de bonnes
lettres, il y en a de mauuaises. Plusieurs sortes de ridi-
cules sçauants. Tant s'en faut que ces gens-là fussent
de bons Princes, ils ne seroient pas de tolerables sub-
iets. La Morale & la Politique tres-dignes de la cu-
riosité du Prince. On y peut adiouster l'Histoire, qui est
vne Philosophie populaire, & qui enseigne par les
exemples. Son vtilité & son merite. Par elle toute la
vertu des anciens est nostre, toute leur industrie, & tous

leur esprit. Les conseils qu'elle donne ne peuuent estre
soupçonnés ny d'amour, ny de haine, ny d'interest.
Celuy qui la sçait ne trouue rien d'estrange ny de nouueau. Par les choses passées on apprend les choses à venir. Le Prince s'est tousiours plû à s'en faire entretenir.
On void bien par ses actions qu'il ne prend pas ses exê-
ple parmy nous. Il est si reglé en sa vie domestique, &
si adroit en sa conduite publique, que s'il n'a estudié la
Morale & la Politique., elles luy ont esté reuelées. Les
autres estudes sont steriles, & de nul vsage. Peuuent
estre vtilemens negligées par vn homme de sa condition. Le Gouuernement demande les hommes tous entiers. Il n'y a pas assez du iour & de la nuit pour les
affaires ; il faudroit vn troisiesme temps. La mort surprend tousiours les grands Princes. Ce sont des Artisans qui n'acheuent gueres leur besongne en ce monde.
Le nostre qui veut venir à bout de celle qu'il a entreprise, ne s'amuse point ailleurs. La vie est courte d'elle-
mesme, mais il l'allonge par sa diligence.

CHAPITRE XIII.

CE n'est pas pourtant mon
dessein d'abrutir le monde,
& d'esteindre vne des lu-
mieres de la vie. Ie ne veux point
faire reuenir cette nuit obscure, qui
couuroit la face de la Terre, lors que

les Princes de Valois, & ceux de Medicis furent diuinement enuoyez
pour chaſſer la Barbarie du Siecle
paſſé. Ie ſçay que comme la Nature
iette les ſemences du bien en noſtre
ame ; qu'auſſi ſa maturité depend de
l'eſtude & de l'exercice ; que comme
elle fait quelquefois plus de la moitié des choſes, qu'il faut auſſi que
l'Art les acheue, & que la diſcipline
dreſſe & mette en ordre les vertus
mal-adroites & mal-arrangées. Cette diſcipline ſert pour le moins de
clef, pour ouurir de meilleure heure
l'eſprit : elle le rend capable d'affaires, ſans attédre le ſuccez ennuyeux,
& les longueurs de l'experience, &
luy épargne le grand temps qui luy
ſeroit neceſſaire pour paruenir de
ſoy meſme à la Sageſſe. Et à la verité
ſi le bon ſens, & la ſimple raiſon d'vn
homme ſont extrememét à eſtimer,

ie ne voy pas pourquoy on méprise-
ra la science, qui est comme le sens
recueilly d'vne infinité de testes, &
la raison cómune de plusieurs Sages.

Mais icy aussi bien qu'ailleurs, il
est besoin de distinguer, & de faire
difference de science. Ie n'ay garde
de blâmer les bonnes lettres : Ie sou-
stiens seulement qu'il y en a de mauuaises, qui ne sont que de vains amu-
semens de l'esprit ; des songes & des
visions de gens qui veillent ; des trauaux qui n'aboutissét à rien, & n'apportent ny force, ny embellissemét
à la Patrie. Ie me mocque des sçauás,
qui sont sçauans aux choses qui ne
viennent point en vsage, & n'ignorent rien de ce qui est inutile ; qui
courent iour & nuit apres la quadra-
ture du Cercle, & le mouuement
perpetuel, sans pouuoir attraper ny
l'vn ny l'autre. Ie n'approuue point

les Docteurs, qui n'vsent pas plus
de leur doctrine, que les auares de
leurs richesses; qui s'emplissent tousiours, & ne produisent iamais; qui
consomment leur vie à la recherche
de quelques mots, & à l'intelligence d'vne langue; qui prennent les
moyens pour la fin; & les chemins
pour les villes. Ces gens-là sont fort
mal propres à la vie ciuile. Tant s'en
faut qu'ils fussent de bons Princes,
qu'ils ne seroient pas seulement de
tolerables Subiets. Ce sõt des membres à retrancher de la commune
Societé: ce sont des superfluitez de
la Republique; & pour vser des termes d'vn ancien Grec, ils ne valent
rien qu'à peupler les deserts & les
solitudes.

Nous ne rejettons donc pas absolument la science; mais nous rejettons la leur. Nous ne condamnõs

pas ces Orateurs, qui persuadent la
verité, & font naistre l'amour de la
vertu dans le cœur des hommes (&
peut-estre qu'on croira vn iour que
nous auons quelque interest à les defendre.) Mais nous condamnions
ces Importuns, dont les discours ne
sont que des bruits & des sons qui
frappét l'air, & ne passent pas l'ouye;
qui veulent debiter pour eloquence
vne facilité de mal parler; qui disent
des sottises sagement, & prononcét
bien les mauuaises choses. Nous ne
chassons pas de l'Estat l'estude de la
Sagesse; mais nous receuons principalement dans le Palais deux de ses
parties, dont l'vne regle l'homme
entant qu'il est animal doüé de raison; l'autre le conduit entant qu'il est
né à la societé; l'vne a pour fin la vertu & le bien d'vn seul; l'autre la felicité & le bien public.

A quoy il me semble que les Roys peuuent encore adjouster la lecture de l'Histoire, qui est vne Philosophie plus populaire, & plus agreable que celle qui se recueille dans la secheresse des preceptes, parmy les espines & les aiguillons de la dispute. Par elle toute la vertu des Anciés est nostre, & ils n'ont vescu, à bien dire, que pour nous instruire, ny fait de bonnes actiós que pour nous laisser de bons exemples. Elle donne au Prince l'industrie de ceux qui l'ont precedé, pour la mettre auec la sienne. Elle luy presente des conseils sinceres, qui ne sont point suspects de flaterie, qui ne viennent point de passion, dans lesquels il n'entre point d'interest particulier. Elle luy monstre les issuës par où les Sages sont sortis des passages difficiles, & la voye qu'ils se sont faite, lors qu'ils n'en ont pas treuué.

Celuy qui ne fçait rien de cela, &
qui de tous les temps ne connoift
que le prefent, eft furpris par la nouueauté d'vn accident qu'il n'a point
preueu; fe laiffe abbatre au premier
fouffle de vent contraire, & s'imaginant que le mal doit durer toûjours, n'a iamais le courage de bien
efperer. Celuy au contraire qui femble eftre de tous les pays, auoir vefcu en tous les aages, & affifté à tous
les confeils, & à toutes les affemblées
publiques, tire de là de puiffans fecours pour refifter à l'aduerfité. Pour
le moins il ne trouue rien d'eftrange
ny de nouueau. Il attend la bonne
fortune apres la mauuaife, & iuge à
peu pres d'vne action par vne autre.
Car en effet ce n'eft ny de l'afpect des
côftellations, ny du vol & du chant
des oyfeaux, ny du cœur & des en-
trailles des beftes mortes que ce iu-

gement se forme, mais c'est ordinairement des choses passées qu'on apprend les choses auenir. Et combien que les affaires du monde changent quelquefois de cours, prenant vn autre chemin que le leur accoustumé, & que cela seulement soit vray-semblable, ainsi que disoit Agathô, que beaucoup de choses arriuent côtre la vray-semblance; Toutesfois communément parlant, semblables entreprises produisent semblables éuenemens; & quoy que ce soient differés Acteurs qui paroissent, c'est tousiours le mesme theatre sur lequel on représente, & les mesmes pieces qui se rejoüent.

Il n'y a point de doute qu'vne si vtile connoissance ne soit digne de la curiosité des Grands & qu'elle ne leur puisse seruir en diuerses occasions. Aussi le Roy s'est plû de tout

temps

temps à s'en faire entretenir : Il a
toufiours écouté auec plaifir ceux
qui luy ont rendu conte des chofes
paffées ; & fans chercher de plus particulieres preuues de ce que ie dis, les
merueilles que nous auons veuës de
luy, nous font affez voir qu'il ne préd
pas fes exemples parmy nous, & que
ce ne font pas les hommes de noftre
temps qui luy donnent de la jaloufie.
Dauantage, fa vie domeftique eft fi
exempte de blafme, voire mefme de
foupçon ; fa conduite publique eft fi
pleine d'adreffe & de legitimes artifices ; toutes fes actions font fi con-
formes aux regles, que les Maiftres
des mœurs, & les Docteurs de l'Eftat
nous ont laiffées, que s'il n'auoit appris la Morale & la Politique, il faudroit qu'elles luy fuffent naturelles,
& qu'il euft receu de Dieu vne ame
toute inftituite & toute fçauante.

L

Pour les autres estudes steriles, &
de nul vsage, qui exigét vne violente attention, & vne assiduité serui-
le; qui ont besoin de tout le loisir
d'vn particulier, & de toutes les mi-
nutes des heures, & elles peuuent
estre, à mon aduis, vtilement negligées par vn homme de sa condition,
& ne sont gueres compatibles auec
les fonctions de la Royauté, qui de-
máde aussi les hommes tous entiers;
& de telle sorte, qu'en matiere de
Gouuernement il n'y a souuent pas
assez du iour & de la nuit pour le trauail necessaire, & il faudroit pour
se délasser vn temps qui ne se treuue point.

Les affaires sont en plus grand
nombre que les momens : La mort
la plus tardiue surprend tousiours les
Princes, & laisse leurs ouurages imparfaits : Peu de ces Artisans ache-

uent leur besongne en ce monde. Le
Roy donc, qui veut venir à bout de
celle qu'il a entreprise, ne s'amuse
point ailleurs. Il ne songe qu'à sa
charge & à son deuoir, & l'ordre qui
a esté estably dés le commencement
en la cöstitution des choses, ne pouuant pas estre reformé, il allonge par
artifice vne vie qui d'elle-mesme est
fort courte: Il épargne toutes les
heures qu'ont coustume d'emporter
les occupations mauuaises, & les su-
perfluës, & prend de sa diligence ce
qu'il ne peut obtenir de la liberalité
de la Nature.

Vigilance & actiuité du Prince. Les Roys & les
Royaumes ne peuuent iouyr d'un mesme repos. Le nö-
stre trauaille toussours, se baZarde souuent, expose sa
personne à toutes les iniures des saisons, fait sesGaleries
de Paris en Guyenne, & en Languedoc. Son corps ne
pese point à son esprit, n'a point de peine à suiure les

mouuemens de son courage. Il ne traîsne point apres luy
vn long equipage de desbauche, comme les Princes
Asiatiques. Il ne s'arrise point a tous les obiets agreables, comme Marc Antoine. Il est extraordinairemét
diligent. Il mesnage le temps auec vne grande œconomie. Tous les momens luy sont precieux. Sans cela il
n'auroit que commencé les miracles qu'il a faits, & qui
sont icy plustost marquez que descris. Il ne seroit pas ce
Prince par excellence, qui nous fournit sa vie pour l'in-
struction des autres, & nous dispense de tous nos preceptes. Reformation du passé. Anciennes fautes corrigées. Mauuaises maximes changées. Renouuellement
de l'Estat.

CHAPITRE XIV.

IL y a dix ans qu'il veille
quasi tousiours ; qu'il est
quasi tousiours à cheual ;
qu'il court par tout où l'appelle la
necessire publique: Et d'autant qu'il
sçait bien que les Roys & les Royaumes ne peuuent iouïr d'vn mesme
repos, il est content que les peines
& les dangers soient pour luy, & la
paix & la seureté soient à la France.
Ses cheueux blancs luy sont venus

des nobles & glorieuses inquietudes, qui ont produit la tranquilité
de ses Peuples. Il pleut, & il neige
tous les Hyuers sur la premiere teste
du Monde. Dans les plus violentes
chaleurs de l'Esté, lors que nous em-
ployons tous les moyens imagina-
bles pour chercher le frais, & auoir
de l'ombre, son visage se halle au Soleil de Languedoc, & c'est d'ordinaire en pleine compagnie, & à dix
iournées du Louure qu'il reçoit les
iniures de l'air, & les incommoditez
des saisons. Quelques-vns de ses
Predecesseurs auoient plus de peine
à se remuer, & à passer de leur chambre à leur cabinet, qu'il n'en a d'aller
d'vne extremité du Royaume à l'autre. Il fait ses galleries & ses pourme-
noirs de Paris en Guyenne, ou en
Dauphiné, & il n'y a point de partie
affligée en son Estat, pour esloignée

qu'elle foit, qui luy ayant découuert
fes playes , & donné connoiffance
de fon mal, ne fente incontinent le
foulagement qu'apporte fa prefence
en quelque lieu qu'il fe monftre.

Pour cét effet la Nature luy a dō-
né vn corps qui ne pefe point à fon
efprit , & qui eftant extremement
fouple & vigoureux, n'a pas beaucoup de difficulté à fuiure les mouuemens de fon courage. La continuelle agitation, dans laquelle il fe
nourrit, ne laiffe pas mettre enfemble ce grand amas d'humeur, & cét
excés de chair fuperfluë, qui fe forme par l'oifiueté, & qui bien fouuét
eft à charge à l'ame; Outre qu'il n'eft
pas embarraffé de ce long equipage
de débauche , que traifnent apres
eux les voluptueux, & qu'il ne fait
pas la guerre à la mode des Princes
Afiatiques. On ne voit point des

troupes de femmes, & d'Eunuques,
& vne autre armée de persónes inutiles à la suite de la sienne. Il ne luy
faut point vn nombre incroyable de
chariots, pour porter des luths, des
violons, des miroirs, & des parfums,
comme il en falloit à Marc Antoine, quand il marchoit auec Cleopa-
tre. Le premier obiet agreable qu'il
rencontre en son chemin ne l'oblige
point de s'y arrester, & il ne campe
pas au bord des belles riuieres, au
lieu de les trauerser, ny ne fait dresser
des tentes dans les vallons delicieux,
quand il faut passer les montagnes.
Il est libre de ces empeschemens que
se font, ou que trouuent les effeminez, & qui sont cause d'vne notable
perte de téps, qui doit estre au Prince la plus precieuse de toutes les choses, & de laquelle il peut estre auare
sans perdre le tiltre de Liberal.

L iiij

Si le Roy n'en sçauoit vser auec
beaucoup d'œconomie, & s'il n'e-
stoit excellét dispensateur d'vn bien
si fragile, & de si mauuaise garde, il
n'auroit pas, côme il a fait en moins
de six ans, commencé, poursuiuy,
& terminé vn trauail, qui apparemment deuoit exercer ses Successeurs,
& durer iusqu'à la posterité. Il ne se
seroit pas rendu Maistre chez soy,
& Iuge chez ses voisins, & n'auroit
pas esteint, comme il a fait, la rebellion, desarmé l'erreur, soustenu la
foiblesse, abbaissé la tyrannie. Vn
Prince mediocrement diligét seroit
encore à my-chemin d'vne si penible course, & sous vn autre Roy que
le nostre, nous ferions encore des
vœux pour arriuer au port, dans lequel aujourd'huy nous les rendons.

Ne parlons point laschement de
la prosperité de nos affaires. Ne con-

tredifons point à la voix publique.
N'affoiblissons point la verité par
des exceptions malicieuses, & par
des loüanges conditionées. Auoüós
à tout le moins les obligations que
nous auons au Roy, si nous ne pouuons les reconnoistre. On ne vit iamais vne si grande disposition à la
felicité, que les Politiques cherchét.
Iamais les promesses de l'auenir ne
furent si belles. Nous ne craignons
plus la ruine de nostre Estat, nous en
esperós l'Eternité. Toutes les pieces
de cette superbe Masse, qui a branslé
si long temps, sont maintenant raf-
fermies. Tout est compassé auec vne
admirable iustesse. Pas vne pierre ne
pousse hors de son allignemét. Rien
n'offense les yeux delicats. Voicy la
premiere fois que la Médisance sera
muette. Il n'y a plus de deffaux à découurir, il n'y a presque pas de souhaits à faire.

Ie tiens certes mes yeux pour suspects, & ay de la peine à me croire moy mesme, quand ie considere le present, & qu'il me souuient du passé. Ce n'est plus la France de dernierement, si déchirée, si malade, si caduque. Ce ne sont plus les François, si ennemis de leur patrie, si languissans au seruice de leur Prince, si décriez parmy les Natiós estrangeres. Sous les mesmes visages ie remarque d'autres hommes, & dans le mesme Royaume vn autre Estat. L'ancienne apparence reste, mais l'interieur est renouuellé. Il s'est fait vne reuolution morale, vn changement de l'esprit, vn passage doux & agreable du mal au bien. Le Roy a remis ses Subiets en reputation; a communiqué sa force & sa vigueur à la Republique; a corrigé les fautes du Siecle passé; a chassé tout ensemble la mol-

lesse & la temerité de l'administra-
tion des affaires.

C'est le Sage non moins que le
Iuste, & il ne trompe ny soy, ny les
autres. Il ne se sent point de la corru-
ptió presente, & quasi point de l'infirmité humaine. Il est capable d'arrester vn Estat sur la pête de sa cheute; de reparer les ruines que la longueur du temps y a faites; de raccó-
moder les choses gastées. Il est capable, pour le dire ainsi, de rajeunir
l'Vniuers; & si ce parfait Gouuernement, dont on n'a veu encore que la
peinture, doit enfin s'éclore & paroistre au iour, il sortira sans doute
de son incomparable Sagesse.

ARGVMENT.

Preuue des choses mises en auant. Quels estoient les
maux ausquels le Prince a remedié. Quelles les fautes
qu'il a corrigées. Description morale de la France, &

du gouuernement passé, pour monstrer qu'on ne dit rien
au hazart, & que les Monstres dont on parle, ne sont
pas des fantosmes. La fortune a presque tousiours gou-
uerné en France. Deplorable estat des choses apres la
prison du Roy Iean, & du Roy François ; durant les
guerres des Anglois, & les troubles de la Ligue. Quãd
le souuerain la signa, il signa l'arrest de sa mort & celuy de sa deposition. S'il y eust eu de la prudence en ce
temps là, il n'y eust eu ny Ligue, ny Huguenots. Si
on eust agy de bonne façon, ce qui a esté le chef d'œuure
de nostre Prince, n'eust esté que le iouet de ses predecesseurs. La foiblesse des maistres fut cause de l'audace
des seruiteurs. L'Estat se ressentit des vices du Cabinet.
La peine & la recompense inconnuës en ce Royaume, ou
pour le moins, leur vsage peruerty. Les rebelles ont profité de toutes leurs fautes. Ils n'auoient garde de croire
que la reuolte fust vne chose mauuaise, puis qu'on la
payoit si bien. En ce temps-là on fardoit le malade, à
present on le purge & on le guerit. On se contentoit
de viure, & d'aller vn iour à vn autre ; à present on
veut vaincre & triõpher. La bonté du Souuerain estoit
vne rente aux factieux. Il achetoit tous les iours leur
fidelité, laquelle il n'acqueroit iamais. Traitez infames faits auec eux. Adueu de la Rebellion. Partage
de l'Estat accordé, & pour l'euiter, violement de la foy
publique. Beaucoup d'Estats sont peris à moins que cela:
En la conseruation du nostre la prouidence de Dieu a
combatu perpetuellement contre l'impudence des hommes ; a beny toutes nos folies ; a rendu heureuses toutes
nos cheutes ; nous a conduits iusques icy par miracle,
pour nous laisser enfin entre les mains d'vn Prince qui

nous gouuernera auecque raison, il falloit venir par
beaucoup de degrez à l'eau la Tiste, demander plus
d'vne fois au Ciel vn si necessaire reformateur. Repre-
sentation en petit de ses actions & de ses vertus, qui
finit par la prise de la Rochelle, dans laquelle l'auteur
est interessé, & qui luy a donné suiet d'escrire.

CHAPITRE XV.

Ovs, auons beau nous flat-
ter, & corrompre la fidelité de nostre Histoire, iusques icy nous deuons nostre conseruation plustost à toute autre chose
qu'à nous-mesmes; & si depuis la
naissance de l'Estat, on excepte seulement la vie de deux Princes, & quelques années de celles des autres, il se
peut dire, que la Fortune a gouuer-
né parmy nous souuerainement, &
qu'en la conduite de nos affaires elle
n'a laissé que fort peu de part au sens
& à la raison. On a mis en prouerbe
nostre legereté, nostre inconstance,
nostre folie. On a dit que la France

eſtoit vn vaiſſeau, à qui la tempeſte
ſeruoit de pilote. Nos peres ont conduit leurs guerres ſans diſcipline, &
leurs negotiations ſans ſecret. Leur
façon d'agir eſtoit auſſi peu reglée,
que s'ils euſſent eu deſſein de perdre
en tous les Traictez; & leur vaillance auſſi eſtourdie, que s'ils ſe fuſſent
bandé les yeux pour combatre. Ils
nous ont pourtát laiſſé ce qu'ils gouuernoient ſi mal, & leur eſtat eſt venu iuſques à nous dans cette confu-
ſion, & dans ce deſordre. Toutes les
Maximes receuës vniuerſellement
pour veritables, ſe ſont trouuées
fauſſes en ce qui nous regarde: Tous
les ſignes d'vne mort certaine ont
eſté vains quand ils ont paru ſur
nous: Toute la Sageſſe eſtrangere
s'eſt trompée au iugement qu'elle a
fait de la durée de noſtre Monarchie.
    Apres la priſon de Iean & de Fran-

çois, qui furent l'vne & l'autre des
fruits de leur imprudence, il y auoit
toutes les apparences du monde que
ce Royaume changeroit de Maistre,
& ne seroit plus qu'vne Prouince de
nos ennemis? Toutesfois le voicy
encore sous la puissance de l'heritier
legitime de ces braues prisonniers.
Les Roys d'Angleterre, qui ont re-
gné, & qui ont esté couronnez à Paris, n'y auoient hier qu'vn Ambas-
sadeur, & n'y ont plus auiourd'huy
personne. Il ne leur reste de toutes
les côquestes qu'ils ont faites, qu'vn
nom inutile que nous leur laissons,
pour embellir leurs tiltres, & pour se
consoler de leurs pertes: Et apres tât
de batailles gaignées, ie ne sçay
quoy les a fait fuir, & les a chassez
d'vn païs où ils croyoient estre chez
eux, & où il n'y auoit pl⁹ que trois ou
quatre villes qui fussent Françoises.

L'Espagne ayant quasi eu les mesmes auantages, s'est veuë trompée par le mesme euenement. Nous luy auions ouuert toutes nos portes: Nous auiós receu ses Garnisons dãs nos villes, & ses Ministres dãs nostre Conseil. La pluspart de nos gens, s'ils eussent esté nez à Madrid, ou à Tolede, ne pouuoiét pas estre meilleurs Espagnols qu'ils estoient, & tout le monde couroit en foule & les yeux fermez à la seruitude. Neantmoins cette disposition au changement, & ces auances de la victoire, n'ont de rien seruy à Philippe, ny à son Infante. Nous n'auons pû perdre ce que nous auions donné : Nous n'auons pû tomber sous vne domination estrangere, quoy que nostre cheute fust nostre dessein. Les chaisnes que nous demandions nous ont esté refusées, & nostre Patrie nous a

demeuré,

demeuré, apres l'auoir liurée à nostre
ennemy.

Ailleurs il ne faut qu'une guerre ciuile pour mettre vn Estat en pieces,
& abolir le gouuernement Monar-
chique. Mais qu'auons nous veu autre chose que des guerres ciuiles depuis la mort de Henry second? Et
n'ont elles pas esté si frequentes, qu'
à pû long temps conter les années
par les Traitez de paix qu'il falloit
faire? Nos Roys signerent l'Arrest
de leur mort, ou au moins de leur
deposition, quand ils signerent la
Ligue, & que dés deux factions qui
deschiroient leur Royaume, ils donnerent à celle-cy leurs armes, & leur
autorité, afin de demeurer desarmez
& descouuerts contre les entreprises
de l'vne & de l'autre. S'ils se fussent
gouuernez par la raison, ils n'eussent
iamais fait vne telle faute; & s'il y

M

euſt eu de la prudence en ce temps-
là, il n'y euſt eu ny Ligue, ny Huguenots. Ce dernier Party, qu'il falloit étouffer au berceau, lors qu'il
n'eſtoit qu'à demy formé, & que les
plus debiles mains le pouuoient défaire, a crû auſſi par l'indulgence du
Souuerain, a pris ſa premiere vigueur
du mépris qu'on faiſoit de ſa foibleſſe, & eſt monté enfin à vne ſi prodi-
gieuſe grandeur, qu'il a ſouuent ba-
lancé les forces Royales, & qu'il a
fallu que ſa ruïne ait eſté le Chef-
d'œuure de LOVYS LE IVSTE.

Mais auant que ce genereux Prince fuſt venu au monde pour accom-
plir noſtre ſalut, & arreſter les choſes au poinct où elles doiuét demeurer, combien de fois ces deux puiſſantes factions ont-elles failly leur
coup? A combien peu a-t'il tenu que
nous n'ayons veu vne Republique

de Languedoc? qu'il n'y ait eu des
Eſtats de Guyéne? qu'il ne ſe ſoit fait
dès Ducs de Bourgongne, & des Cô-
tes de Prouence? Et qui pouuoit ré-
pondre à nos Peres, que la Rebelliõ
attédiſt à faire ſes derniers & ſes ex-
tremes efforts, cõtre celuy qui ſoul
eſtoit capable de la deſtruire? Nous
auons touſiours eſté les ouuriers &
les artiſans de nos mal heurs. Nos
enhemis ont eſleué leurs Remparts,
& baſty leurs Forts à l'ombre de nos
Paix & de nos Traitez. Ils ſe ſont
agrandis & maintenus ſous noſtre
protection. Ils ſe ſont échauffez &
nourris en noſtre ſein. La foibleſſe,
& la timidité des Maiſtres a eſté cauſe de l'audace & des entrepriſes des
ſeruiteurs. Tout l'Eſtat s'eſt reſſenty
des victoires & de la laſcheté du Cabinet. Du mépris que le Prince faiſoit de ſa charge, eſt venu celuy qu'õ

a fait de son autorité. Il eust esté
obey, s'il eust sceu regner.

Parmy nous la Peine ny la Recõ-
pense n'ont presque iamais esté con-
nuës. Les Grãds ont tousiours offensé impunément les petits: Les foibles
ont tousiours esté la proye des plus
forts : On a tousiours marché sur
ceux qui se sont humiliez : On a
tousiours méprisé les gens de bien,
pource qu'on n'a point de peine à les
conseruer, ny de crainte de les perdre Aristophon se glorifioit à Athenes, d'auoir esté accusé soixante &
quinze fois, & d'auoir autant de fois
corrompu ses Iuges. Icy les méchans
ont bien plus heureusement reüssi.
Ils n'ont pas seulement ioüy de l'impunité, on leur a donné des recompenses. Ils ont esté recherchez auec
beaucoup de soin, & traitez auec
toute sorte de faueur. Ils ont gaigné
perpetuellemét en l'exercice du mal:

Ils ont profité de toutes leurs fautes.
Celles qui meritoient le plus seuere
chastiment, ont esté le plus cherement payées ; & nous auons veu vn
vieux pecheur, qui monstroit trois
maisons qu'il auoit acquises de l'argent que le Roy luy auoit donné,
pour auoir esté de trois coniuratiõs
contre son dernier. Tellement que
luy & ses compagnons n'auoient
garde de se repentir d'vn si bon crime, ny de trouuer que la Rebellion
fust vne chose mauuaise ; puis qu'ils
en tiroient de si notables commodi-
tez, & qu'elle estoit si liberalement
recompensée.

Ce n'estoit pas regner ; Ce n'e-
stoit pas vaincre ; Ce n'estoit pas
triompher, ce qu'on faisoit en ce
temps là. C'estoit viure seulement,
& aller d'vn iour à vn autre ? L'Estat
des affaires n'estoit ny paix, ny guer-

re, ny tréue ic'estoit vn repos d'assou-
pissement, qu'on procuroit au Peuple par artifice ; & le somme des criminels & des obsedez n'est pas plus
agité, ny plus inquiet que cette tró-
peuse tranquillité. On ne sçauoir
point guerir, on sçauoir seulement
farder les malades, & leur faire le
visage bon. Ceux qui gouuernoient,
vouloient appriuoiser la Rebellion
en la caressant ; Ils la saouloient de
biens-faits & de gratifications. Mais
par là ils la rendoient plus puissante,
& nõ pas meilleure; Ils augmentoiét
sa force, & ne diminuoient point sa
malice. Aucunefois ils luy ostoient
quelques hommes, qui estoient à
vendre, & des auantages qui ne luy
seruoient de rien; & ne voyoient pas
que c'estoit cultiuer le desordre, que
de toucher ainsi legerement à ses
branches & à ses rejettõs, & ne point

mettre le fer à son trôc & à sa racine.

Toutes les hautes entreprises les épouuentoient. Toutes les grandes choses leur paroissoient monstrueuses. Tout ce qui n'estoit pas aisé, ils l'appelloient impossible. Et la peur leur grossissât les objets, & leur multiplians presque à l'infiny châque indiuidu, quand trois mal contens se retiroient de la Cour auecque leur train, ils se figuroient vne armée de Rebelles à la campagne, qui entraisnoit les Villes & les Communautez apres elle, sans trouuer de resistance. En suite dequoy ils ne se mettoient point en deuoir de les chastier, mais ils taschoient de les adoucir, & au lieu de les aller visiter auec des canôs & des soldats, ils leur enuoyoiét des gens de robe longue, chargez d'offres & de conditions, & leur promettoient beaucoup plus qu'ils ne pou-

M iiij

uoient esperer de la victoire.

Ainsi la bonté du Prince estoit vne
rente & vn reuenu certain aux méchás. Il épuisoit ses coffres pour sou-
doyer les Armées des les ennemis, &
payoit tous les iours vne chose qu'il
n'acqueroit iamais. A la moindre
rumeur il descendoit de son Trosne,
pour traiter auecque ses Sujets. D'vn
Souuerain il se faisoit vne personne
priuée, & d'vn Legislateur, vn Aduocat. Par cette bresche l'entre deux
qui le sepâre du Peuple, estoit rompu, & la puissance changée en égali-
té. Les coupables montoient sur le
Tribunal, & deliberoient de leur
propre fait auecque leur Iuge: Ils
nommoient le lieu de la conference,
& on l'acceptoit; Ils choisissoient
pour côferer les personnes en qui ils
auoient plus de confiance, & on leur
donnoit ces personnes agreables. Et

là il ne se parloit ny de grace ny de
pardon. Ces termes eussent esté trop
rudes, & leur eussent fait mal aux
oreilles. Mais le Maistre offensé de-
claroit solennellemét, que tout auoit
esté fait pour le bien de son seruice,
& sçauoit bon gré à ses seruiteurs
infidelles des affrons qu'il auoit receus d'eux.

Finalement le dessein du Cabinet
n'estant que de separer les Alliez, &
de destourner l'orage present : On
leur accordoit plus qu'ils ne demandoient. On estoit prodigue de la foy
publique : On ne ménageoit point
le nom du Roy. Et de cette sorte il se
trouuoit sur le bord de deux extremitez également dangereuses : car
soit qu'il voulust tenir sa parole, en
ruinant ses affaires, soit qu'il les re-
mist en la violant, il estoit tousiours
reduit à vne deplorable élection, ou

de hazarder son Estat, pour estre fidele, ou de manquer à son honneur, pour demeurer Roy.

Ces desordres, & autres semblables, ne deuoient-ils pas perdre la France? & beaucoup d'Estats n'ont-ils pas pery à moins que cela? Elle a pourtât fait mentir tous les Deuins: elle a refuté tous les Politiques : elle a mis des exceptions à toutes les regles generales, & il n'y auroit pas tant dequoy s'étonner, qu'vn corps, dont le temperament fust mauuais, & la constitution déreglée, fust paruenu à vne extreme vieillesse par des blessures, par des excez, & par des débauches, que de considerer douze cens ans que cet Estat a duré contre toutes les apparéces humaines. C'est vn vieux desbauché, qui a fait ce qu'il a pû pour mourir, & qui vit en dépit des Medecins : c'est nostre for-

tune, qui a corrigé tous les defaux
de noftre conduite : c'eft le hazard
qui nous a fauuez, ou pour nommer
noftre bon heur plus Chreftienne-
ment, & quitter les termes de l'vfage corrompu, qui fentent encor le
Paganifme, c'eft Dieu, qui a pris vn
foin particulier de la France abandonnée, & a voulu eftre fon curateur
dans la confufion de fes affaires : c'eft
fa Prouidence qui a perpetuellemét
combatu contre l'imprudence des
hommes : c'eft le ciel qui a fait autât
de miracles qu'ils faifoiét de fautes.

Il ne faut pas neantmoins aimer
le peril, ny perfeuerer dans le mal,
fur l'efperance d'vn fecours miracu-
leux. Ce n'eft pas à dire que Dieu fe
foit obligé par ferment de rendre
heureufes toutes nos cheutes, ny
qu'il veüille benir toutes nos folies,
ny qu'il ne s'ennuye point de don-

ner de bons euenemens à tous nos
mauuais conseils. Il permet à la fin
que les effets suiuent leurs causes, &
que ce qui a troublé long temps l'ordre du monde, & violé la Loy generale, rentre dans le cours ordinaire dont il est sorty, & obeïsse à la
commune necessité qu'il a imposée
aux actions de ses creatures.

Mais en l'estat où nous sommes
auiourd'huy, à la bonne heure nous
prendra l'orage: Nous pouuons passer de cette assistance extraordinaire, que nous ne pouuions pas tousjours nous promettre. Nous ne ten-
terons plus Dieu par vne temeraire
confiance, ny ne dormirons dans le
danger, en nous attendât aux coups
du ciel: quand il n'y auroit plus d'impunité pour nos fautes, nous n'auons
rien à craindre, estant asseurez de ne
plus faillir. Encore n'a-t'il pas esté

inconuenient que les choſes n'arri-
uaſſent pas tout d'vn coup à la plus
haute éleuatió où elles pouuoient iamais m'ôter. Il falloit venir par beaucoup de degrez à LOVYS LE
IVSTE. A ce Prince qui poſſedât
la raiſon en vn degré ſouueraineméт
excellent, deuroit regner de droiⱥ
naturel, ſelon l'opinion d'Ariſtote,
quand il ne regneroit pas de dioiⱥ
diuin, ſelon les principes de noſtre
Foy. Il eſtoit raiſonnable de demander plus d'vne fois au ciel vn ſi neceſſaire Reformateur, qui par vne
adreſſe pleine de force a détourné les
affaires du mauuais cours qu'elles a-
uoient pris, & vaincu la longue ac-
couſtumance que nous auions au deſordre; qui a porté l'autorité Royale
iuſques où elle peut aller ſans tyrannie; qui a puny & recompenſé auec
le choix & la diſcretió requiſe, pour

ne tomber ny dans la cruauté, ny
dans la foiblesse ; qui a apporté la
discipline à la guerre, & le secret au
conseil ; qui a remis nostre Foy en
bône odeur parmy les Natiôs estrâ-
geres ; & fait que ceux qui resiste-
roient à nos forces, se rendent souuent à sa preud'hommie; qui a changé les petites finesses dôt nous nous
seruiôs pour attraper des inferieurs
& des Subiets, en ses grandes & cou-
rageuses maximes, qui donnent la
Loy aux Roys, & aux Republiques;
qui finalement (ce que mon interest
particulier me rend plus considera-
ble que tout le reste) vient d'acheuer
sur le bord de l'Ocean vn ouurage
dont la seule figure, & la seule proposition nous faisoit peur ; & a sçeu
prendre ses mesures si iustes, & le
temps si propre au dessein qu'il me-
ditoit, que plûtost ou plus tard l'execution n'en eust pas esté possible.

ARGVMENT.

Prudence du Prince. Elle paroist principalement à sçauoir bien choisir le temps & prendre le point de l'occasion. De quelle consequence est l'opportunité dans la Politique. Quand elle est venuë, le Prince trauaille sans relasche, & ne fait point de fautes par trop de raison. Le iugement est la plus oisiue partie de l'homme, si le courage ne l'accompagne. Il ne produit que des doutes & de l'irresolution, & ne fait rien pour vouloir tout faire seurement. Le Prince delibere, mais il ne vieillit pas en ses deliberations. Il entre au Conseil, mais il en sort. Il ne s'amuse pas à se combatre soy-mesme, lors qu'il faut aller contre l'ennemy. Dans la violence de la fieure il ne se plaint point de la douleur. Il se plaint seulement des iours & des occasions qu'il perd, & est plus tourmenté par son courage que par son mal. Il va s'acheuer de guerir à la guerre, & employe les restes de sa maladie au salut de son Estat. Les mesmes occasions n'arriuent gueres deux fois aux mesmes personnes. Il faut se haster dans la conduite des choses humaines, parce qu'elles sont soudaines & passageres, Pourquoy Dauid a dit, qu'il tuoit les méchans dés le matin.

CHAPITRE XVI.

LA lumiere de son esprit a paru là principalemét. Pour faire des choses extraordinaires il ne suffit pas de sçauoir bien

employer le temps, il est encores
besoin de le sçauoir bien choisir. La
prudence ciuile non moins que l'A-
strologie iudiciaire, reconnoist de
bónes & de mauuaises heures, selon
lesquelles elle se repose, ou elle trauaille. Toutes les actions des hommes ont leur saison, voire mesmes
les plus vertueuses, qui peuuent estre
faites mal à propos. Et d'autant que
ce qui n'est qu'accident aux choses
naturelles, est esséce aux choses morales, il ne faut qu'vne legere circon-
stance du temps, ou du lieu, pour
gaster vne affaire qui en soy seroit
tres-vtile, & tres raisonnable. Il
importe d'ailleurs pour l'accomplis-
sement de nostre dessein, que l'iniustice de nos ennemis soit à son comble; que la mauuaise influence qui
dominoit, commençât à s'affoiblir,
il n'y ait plus de resistance de la part
du

du Ciel, & que le moment soit venu, auquel il plaise à Dieu de laisser
faire les hommes. Et côme les voya-
geurs qui se leuét au rais de la Lune,
pésant qu'il soit iour, sont côtraints
de se recoucher, ou courent fortune
de s'égarer s'ils se mettét en chemin:
De mesme ceux qui suiuent la simple lueur de l'apparence, & qui entreprennent hors de saison, sont en dã-
ger de ne rien gaigner, ou de se perdre en leurs entreprises. Or si iamais
homme a sceu prendre le poinct de
l'occasion, qui n'est gueres moins
difficile à rencontrer que ce iuste degré de chaleur, que les Chymiques
cherchent en l'operatiõ de leur secret : Si iamais homme a sceu connoistre l'heure de l'executiõ des choses, & se preualoir de l'opportunité,
on me doit auoüer que c'est le Prince de qui ie parle.

N

Si toſt que cette opportunité, ſi
neceſſaire en la Politique, commence à paroiſtre, & qu'il ſent que les affaires ſont meures, il n'en laiſſe point
corrompre le fruit. Il fait valoir les
moindres inſtans ; Il donne chaleur
à la beſongne par ſa preſence ; il ani-
me les ouuriers par ſa mine , par ſa
voix , & par ſes careſſes. Vous vóyez
de quel courage & de quelle force il
agit luy meſme ; auec quelle gayeté
il ſe porte dans le peril ; de quelle aſ-
ſeurance il conſidere la mort , & ſe
prepare à tous les euenemens ; de
quelle ſeuerité de viſage il reiette les
conſeils timides , & la Sageſſe tremblante & mal aſſeurée.

Il eſt certain que dans la conduite des affaires , le courage n'eſt pas
moins neceſſaire au iugement pour
le pouſſer, que le iugement eſt neceſſaire à l'eſprit pour le retenir ; & de

mefme que l'efprit tout feul fait
beaucoup de fautes , & veut remuer
temerairemét le ciel & la terre , auffi
le iugement tout feul n'a point d'a-
ction, & eft la plus oifiue & la plus
fterile partie de l'homme. Il empefche de tomber, mais c'eft en confeil-
lant de ne marcher pas : Il fait éuiter
le mauuais temps , mais c'eft en fai-
fant garder la chambre : Il employe
à mediter les iours & les nuits , & de
ce raifonnement continuel il ne fort
que des foupçons & des doutes , &
vne miferable irrefolution , qui eft
caufe qu'il n'entreprend iamais rien,
pource qu'il ne veut rien entreprendre auec hazard. Or eft-il qu'il fe
trouue du hazard par tout , & qu'il
n'eft point d'affaire fi feure , fur qui
la Fortune n'ait quelque droit, & qui
ne foit fujette pour le moins à vn inconuenient.

N ij

„ Celuy qui regarde toufiours au
„ vent, & qui obſerue toufiours les
„ nuées, ne ſeme, ny ne moiſſonne.
„ Le pareſſeux pour ne point mar-
„ cher, dit que le Lyon eſt dans la
„ voye, & que la Lyonne n'eſt pas
loing de là. Le Roy au côtraire apres
auoir formé ſon deſſein, ne ſe trauaille plus l'eſprit par vn raiſonne-
ment importun, ny ne r'entre en des
conſiderations qui n'ont point de
fin. Il ceſſe de deliberer, quand la
ſaiſon de faire eſt venuë. Il ne réuer-
ſe point ſes premieres opinions par
les ſecondes, ny celles là par d'autres
nouuelles. Il ne s'amuſe point à ſe cô-
batre ſoy-meſme, quand il faut aller contre l'ennemy. Lorsqu'il a entrepris quelque voyage, on ne gai-
gne rien de s'y oppoſer: Il eſt auſſi
ferme en ſes reſolutions ordinaires,
que les hommes le ſont en leurs plus

anciennes habitudes. Les obstacles
qui se presentent ne l'arrestẽt point,
pourueu que la puissance humaine
les puisse vaincre. Ceux-là mesmes
qui viennẽt d'vne cause plus haute,
& de l'absolue necessité, ont bien de
la peine à le retenir ; & s'il est forcé
qu'il cede quelquesfois à la violence
de la douleur, & qu'il se ressente de
l'infirmité de nostre condition, en
cet estar là il est beaucoup plus tour-
mẽté par sõ courage que par sõ mal.
Dans l'ardeur de la fiéure qui le
brusle il ne se plaint que des iours &
des occasions qu'il perd : Il n'est in-
quieté que du reculement de ses affaires : Il veut partir à tous les bõs in-
terualles qui luy viẽnẽt. Au lieu d'attendre en repos l'effet des remedes,
& le recouurement de sa santé, il employe les restes de sa maladie à se rẽ-
dre en son armée : Il va s'acheuer de

guerir à la guerre, & auec vn corps
qui n'a que la moitié de ses forces, il
donne le commencement à la plus
difficile entreprise de nostre Siecle.

Sçachant bien que les mesmes
auantages se presentent rarement
deux fois aux mesmes personnes, il
ne remet point les affaires au lendemain : il ne perd point les bons succez en les differant : il ne dit iamais,
il y en a assez de fait pour vn coup,
& nous acheuerons bien tousiours
le reste. Ce procedé n'est bon que
pour Dieu, qui est patient de la sorte, pource que d'ailleurs il est Eternel, & qui laisse quelquefois durer
les méchans, pource qu'il a vn autre
mōde que celuy-cy pour les chastier.
Mais on ne peut proposer aux hommes vn exemple qu'ils ne peuuent
suiure. Ils ne font pas les occasions,
ils les reçoiuent ; ils ne commandent

pas au téps, ils n'en poſſedent qu'vne petite partie, ie veux dire le preſent, qui eſt vn poinct preſque impercepible, oppoſé à cette vaſte eſtenduë de l'auenir, laquelle n'a point de bornes. Pour arriuer à leur but il eſt neceſſaire qu'ils aillent viſte, & qu'ils partent de bonne heure; Ils doiuent ſe haſter parmy les choſes ſoudaines & paſſageres: Et ce ſage Prince, qui outre les connoiſſances qu'il tiroit de ſon experience, & de ſa raiſon, eſtoit encore éclairé de Dieu, a dit parlant de ſoy-meſme, qu'il tuoit les méchans dés le matin : d'autant, à mon aduis, qu'il ne s'aſſeuroit pas de l'apreſdinée, & qu'il ne ſçauoit ſi ſa bóne fortune dureroit iuſques-là.

ARGVMENT.

Maximes de prudence & de courage pratiquées par le Prince en diuerſes occaſions. Il chaſtie vn Eſtran-

N iiij

ger qui auoit vsurpé son autorité. Par vn coup celebre
il separe ses interests d'auec ceux de l'vsurpateur, &
esclaircit le monde de la verité de son seruice. Ces
exemples sont rares en son Histoire, & il n'y a
point de si mauuais sang qu'il ne soit bien aisé de
mesnager. Il ne donne gueres de loisir aux factieux de
se rendre tout à fait coupables. Lors qu'ils deliberent
par où ils se ietteront dans le danger, il a pourueu à leur
seureté. Il aime mieux vser de la douceur des preseruatifs que de l'extremité des remedes. Excellent temperament entre la peine & l'impunité. Il y a des fautes
qu'on ne peut pas punir quand elles sont faites. Il n'est
pas temps d'agir contre les coupables, quand ils sont
deuenus maistres de leurs iuges. Iusques où peut aller
le soupçon & la defiance du Prince. S'il est possible,
qu'elle n'aille iamais iusques au sang. La detention
d'vne personne suspecte à l'Estat n'est pas vne action de
cruauté. C'est quelquefois empescher les innocens de
faillir, & quelquefois conseruer des gens qui se veulent
perdre. Inconueniens qui naissent de la Iustice scrupuleuse. Elle attend que les rebelles ayent ruiné l'Estat,
afin de proceder contre eux par les formes. Il est besoin
que les vertus viennent au secours les vnes des autres,
& que la prudence soulage la Iustice de beaucoup de
choses. La Prudence regarde l'interest general, pouruoit au bien de la Posterité, se sert de moyens qui ne seroient pas entierement bons, si elle ne les rapportoit à
vne bonne fin. Le Prince void auec douleur la misere
de son peuple, mais il n'a pû s'empescher de l'amaigrir
en le guerissant. Il employe le sien, & n'espargne pas
sa propre personne. Il est bien iuste que nous souffrions

conjointement auec luy, & qu'il n'y ait rien de pareſſeux ny de laſche en ſon Eſtat, pendant qu'il trauaille, & qu'il ſe hazarde. Noſtre conſolation eſt que ce
ne ſont point ſes plaiſirs qui conſomment noſtre ſubſtan-
ce. On n'employe point a faire des feſtes & à roüer des
comedies l'argēt qui ſe leue pour equiper des vaiſſeaux,
& pour entretenir des armées. Si les deſpenſes ont eſté
grandes, elles ont eſté neceſſaires. Si le peuple a payé
beaucoup, ç'a eſté ſa rançon qu'il a payé. La liberté de
noſtre Patrie, & le repos de noſtre poſterité nous deuoient bien couſter quelque choſe.

CHAPITRE XVII.

CE ſont des maximes neceſſaires au fort de l'orage, &
dans les grandes extremi-
tez: Mais on s'en peut meſmes ſeruir
lors qu'on void paroiſtre quelque ſi-
gne de changement de temps, & le
moindre preſage de broüillerie. Le
Roy auſſi ne les reiette pas abſolument en ces ſortes de rencontres,
bien que durant le calme, & en pleine paix il en ait de plus douces, & de
plus humaines. Quelquefois il a oppoſé la force toute preſte à la vio-

lence qui se preparoit. Il a fait de petites guerres pour en éuiter de grandes. Il a peut-estre diminué la France
de deux ou trois testes, dont le repos
public auoit besoin pour son affer-
missement; & sa Clemence n'a pas
tousiours vaincu sa Iustice.

Nous nous souuenons de ce qui
se passa sur le Pont du Louure, & de
cette fatale saison, où n'y ayant quasi
pour luy que luy-mesme, il fut contraint de rappeller à soy la puissance
de condamner, que les Princes ont
commise à autruy, & de reprendre
cette fascheuse partie de l'autorité
Royale, de laquelle ils se font des-
chargez sur leur Parlement. Vn miserable estranger auoit tellement
confondu les choses, & meslé ses interests dans ceux de l'Estat, qu'il n'y
auoit que le Roy seul qui les pût separer, & éclaircir le monde de la ve-

rité de son seruice. Il se resolut donc
de se declarer, & de purger la Cour
de la honteuse dominatiõ qui s'esta-
blissoit sur les ruines de la Royauté,
& qu'il sembloit approuuer par sa
patience. Il conceut ce iour-là le dessein du salut de son Estat, & par la
mort des deux serpens, nous fit esperer la deffaite de l'Hydre que nous
venons de voir aux abbois. Que si celuy qui s'est nommé le plus doux &
le plus debonnaire de tous les hommes; Si le diuin Moyse, estant encore personne priuée, & à ce conte-là
n'ayãt point encore d'autorité, mais
voyant seulement l'affliction de ses
freres, crût estre obligé de les secourir, & de commencer la deliurance
du peuple, par le meurtre d'vn Egyp-
tien, qui frappoit vn Israëlite: Auec
combien plus de raison le Roy, à qui
Dieu a donné le glaiue, & qui seul a

droit de vie & de mort, s'eſt il ſeruy de ce droit pour punir vn Tyran
qui opprimoit ſes vrais & legitimes
ſubiets, qui eſtoit alteré du ſang de
ſes Princes, qui tenoit captiue toute
ſa Cour, qui deuoroit en eſperance
tout ſon Royaume?

Toutesfois la poſterité verra fort
peu de ces exemples dans ſon hiſtoire. Il n'a vſé de l'autorité ſouueraine
que côtre ceux qui la vouloiët vſurper; ny laiſſé tomber la foudre que
ſur ceux qui là luy vouloiët arracher
des mains. Il n'a conſenty au ſuppli-
ce des criminels que quand il n'a re-
ſté que cette voye de finir leurs crimes. Il ne tuë, ny ne prend plaiſir de
voir tuer, non pas meſme les ennemis publics: Mais il taſche tant qu'il
peut d'en faire de bons citoyens, &
de bós ſubiets. Il fait à tout le moins
que les méchans ne ſont point dan-

gereux au public, & fans leur ofter
la vie il leur ofte la force & le venin.
Sa puiffance eft auiourd'huy telle,
que fi trois mutins s'affemblent côtre l'Eftat, il a quatre moyens de les
diffiper; mais fa prudence eft telle de
l'autre cofté, qu'il n'en vient là que
fort rarement, & ne leur donne gueres le loifir de fe rendre tout à fait
coupables. Il les furprend entre la
penfée du crime & l'execution. Ils
croyent auoir negotié fort fecrette-
ment, & il fçait autant de leurs nouuelles que s'il auoit prefidé à leur cô-
feil : ils deliberent encore par où ils
fe ietteront dans le danger, & il a
defia pourueu à leur feureté. Ils veulent leuer la main pour frapper leur
coup, & ils la treuuent faifie : ils s'i-
maginent de partager bien toft le
Royaume, & ils fe voyent reduits à
vne chambre de la Baftille.

Le Roy qui se porte difficilement
à la violence des remedes, s'est seruy
aucunefois de la douceur de ces preseruatifs. Il a trouué cét excellent
temperament entre la peine & l'impunité : Il a pris ce milieu entre la rigueur & l'indulgence. Et sans mentir, il me semble qu'il est fort raisonnable d'aller au deuant de certaines
fautes, qui ne peuuent pas estre punies quád elles sont faites, & de n'attendre pas à corriger le mal, lors que
les criminels sont deuenus maistres
de leurs Iuges. Il est bié vray que par
vne sorte pitié on fauorise tousiours
les particuliers, qui entreprennent
contre les Princes ; d'autant qu'en
toutes sortes de causes le plus puissát
est estimé le plus outrageux, & qu'on
presume que l'iniure vient plustost
de la force que de la foiblesse. Le
peuple ne veut pas croire qu'on a

coniuré contre les Roys, que quand
il voit la coniuration executée, ny
leur adiouster foy que quand ils sont
morts. Ie ne leur conseille pas neantmoins de se laisser tuer, pour iustifier leur deffiance, ny de tomber
dans les pieges qu'on leur prepare,
pour monstrer qu'ils ne craignent
pas à faux. Ils peuuent preuenir le dáger, voire par la mort de ceux qui
leur sont suspects : & c'est vne excu-
sable seuerité : Mais c'est vne bonté
qui ne peut estre assez loüée, & qui
n'est propre qu'au Roy, de faire la
mesme chose, & de ne faire mourir
personne.

Sur vn simple soupçon, sur vne
legere deffiance, sur vn songe qu'aura fait le Prince, pourquoy ne luy sera-t'il pas permis de s'asseurer de ses
subjects factieux, & de se soulager
l'esprit, en leur donnant pour peine

leur propre repos ? Pourquoy mefmes vn fidele feruiteur ne fouffrira-
t'il auec quelque ioye fa detention,
qui donnant lieu à la preuue d'vne
chofe contestée, fera voir plus nettement fa fidelité, conuaincra la ca-
lomnie de fes ennemis, & appaifera
les inquietudes de fon Maiftre?

Ne vaut-il pas bien mieux empefcher les innocens de faillir, qu'e-
ftre reduit à cette trifte neceffité de
condamner des coupables ? En vfer
de la forte n'eft ce pas exercer des
actions de clemence ? N'eft-ce pas
la plufpart du temps conferuer des
gens qui fe veulent perdre ? Si on fe
fuft toufiours feruy d'vn moyen fi
aifé de deftourner des Eftats les mal-
heurs qui les menaçoient, la liberté
d'vn particulier n'euft pas fouuent
efté la ruïne de tout vn Royaume:
Si on fe fuft faifi à propos des autheurs

theurs de nos defordres, outre que
par là on les euft fauuez les premiers,
on euft épargné vn nombre infiny
d'autres vies, & tout le fang qui s'eft
verfé durant les guerres ciuiles: Si les
mauuais véts euffent efté enfermez,
la Mer n'euft point efté agitée : Si les
Roys auoient affez de prudence, ils
n'auroient que faire de Iuftice.

Ie parle de cette punctuelle & fcru-
puleufe Iuftice, qui ne veut point re-
medier aux crimes qui fe forment,
parce que ce ne font pas des crimes
formez, qui veut attendre que les
Rebelles ayent ruiné l'Eftat, afin d'a-
gir contre eux legitimement ; qui
veut que pour obferuer les termes
d'vne Loy on laiffe perir toutes les
Loix. Ce fouuerain droit eft vne fou-
ueraine iniuftice, & ce feroit pecher
contre la raifon de ne pas pecher en
cecy contre les formes. Si les vertus

O

ne se prestoient aide, & ne venoient
au secours les vnes des autres, elles
seroient imparfaites & defectueu-
ses. Il faut que la Prudence soulage
la Iustice de beaucoup de choses;
qu'elle coure où celle-cy, qui va
trop lentement, n'arriueroit iamais;
qu'elle empesche les maux dont la
punition seroit ou impossible, ou
dangereuse. La Iustice s'exerce seulement sur les actions des hommes;
mais la Prudence a droit sur leurs
pensées, & sur leur secret. Elle s'e-
stend bien auant dans l'auenir; elle
regarde l'interest general; elle pouruoit au bien de la posterité; Et pour
cét effet elle est contrainte icy & ailleurs d'employer des moyens que les
Loix n'ordonnent pas, mais que la
necessité iustifie, & qui ne seroient
pas entierement bons, s'ils n'estoiét
rapportez à vne bonne fin.

L'vtilité publique fe fait fouuent
du dommage des particuliers. Le
vent de Nort purge l'air en déraci-
nant des arbres , & en abatant des
maifons. On rachete la vie par l'abftinence, par la douleur, par la perte
mefme de quelque partie, qu'on dô-
ne volontiers pour fauuer le tout.
Bien que le Roy ait conferué la dignité & la reputation de la Couronne en des conjonctures où d'autres
euffent crû beaucoup faire de ne pas
perdre l'Eftat; Bien qu'en l'extremité
mefme du mal il voudroit , s'il luy
eftoit poffible, ne fe feruir d'vn feul
remede qui ne fuft agreable; Bien
qu'en vn mot il foit infiniment fen-
fible à la mifere, & aux plaintes de fó
peuple, il n'a pû neantmoins s'empefcher de l'amaigrir en le guerif-
fant, ny de tirer de fes veines & de
fa fubftance dequoy luy procurer só

salut. Mais on doit souffrir de bon
cœur les courtes peines qui produisent les longues prosperitez. Nous
ne pouuons desirer auec honneur
d'estre déchargez d'vn faix que nous
portons conjointement auec nostre
Maistre, & en des occasions où le
Prince employe tout le sien, & n'é-
pargne pas sa propre personne, il est
bien iuste que les suiets fassent quelque effort de leur costé, & qu'il n'y
ait rien de paresseux ny de lasche en
son Estat pendant qu'il trauaille, &
qu'il se hazarde.

Les Dames Romaines ietterent
autrefois toutes leurs pierreries dans
vn abisme, qui s'ouurit au milieu de
la ville, s'imaginant le fermer par
là; & celles de Carthage en vne pressante necessité se couperent elles-
mesmes les cheueux, & les donnerent au public pour faire des corda-

ges à des machines de guerre. Et si
cela est, ne sommes nous pas bien
delicats de nous plaindre, & bien
iniustes de murmurer? Les François
doiuent-ils auoir plus de passió pour
leur argent, que les Romaines & les
Carthaginoises n'ont eu de soin de
leurs ornemens & de leur beauté? Et
craindrons-nous de deuenir pauures pour sauuer nostre païs, puis
que des femmes ont voulu estre lai-
des pour le mesme effet?

Nous auons pour le moins certe
consolation, que ce ne sont point les
desbauches de nostre Prince qui có-
somment nos peines & nos sueurs,
& que l'entretenemét de ses plaisirs
ne couste rien à personne. L'argent
qui se tire de son Royaume pour
equiper des vaisseaux, & pour nourrir des armées, n'est point diuerty
ailleurs, ny employé à celebrer des

O iij

Nôpces, & à repreſenter des Comedies. Il ne fait pas comme les Gouuerneurs d'Athenes, qui ſelon le calcul d'vn ancien Auteur, ont plus dépenſé à faire joüer la Medée & l'Antigone, les Bacchantes, & les Phoëniſſes, qu'à faire la guerre aux Perſes, & à deffendre la Souueraineté de la Grece. Depuis quelques années les dépenſes ont eſté grandes à la verité, mais elles ont eſté neceſſaires ; le peuple a payé beaucoup, mais ça eſté ſa rançon qu'il a payé ; & nous ne pouuions acheter trop cherement la deliurance de noſtre patrie, que nous voyons libre, ny le repos de noſtre poſterité, à qui nous ne laiſſerons point de faſcheuſe occupation. Le Roy a bien leué des millions en peu de temps ; Mais auſſi en peu de temps il a bien fait des guerres, il a bien défait des partis ; il a bien pris des villes, il a bien nettoyé des Prouinces.

ARGVMENT.

Seconde partie de cét ouurage. Où le Prince est consideré hors de son Estat & chez ses voisins. Agissant
cntre la tyrannie, comme il a agy contre la rébellion.
Il presse viuement la Fortune, & ne laisse point languir sa prosperité. A peine est-il reuenu de la Rochelle,
qu'il sort de Paris pour aller deliurer l'Italie. Il force
le Pas de Suze au cœur de l'Hyuer; fait leuer le Siege
de deuant Cazal; effraye Milan, Naples, &c. du
bruit de ses armes. Il ne veut pas estre heureux pour
soy, n'estant armé que pour ses amis. Sa vaillance n'est
ny auare, ny ambitieuse. Il n'a passé les Alpes, que
pour faire Iustice, & ne trauaille que pour la gloire.
Procedé des Romains bien different de celuy du Prince.
Ils trafiquoient de leurs courtoisies & de leurs bienfaits. En assistant les plus foibles contre les plus forts ils
se rendoient Maistres des vns & des autres. Le Prince
ne cherche autre recompense de ce qu'il fait que l'esclat
qui rejaillit de son action; embrasse l'esloigné comme le
proche; exerce vne puissance qui compatit auec toutes
les formes de gouuernement. Estre protecteur des foibles,
& liberateur des opprimez, c'est estre veritablement
Prince; c'est tenir la place de Dieu sur la terre. Le Soleil
est bien plus beau que les Cométes. Les haures sont bien
plus desirables que les escueils. Les bons Princes sont
bien plus à estimer que les conquerans. Les peuples ont
autrefois consacré la memoire de leurs bien-facteurs,
& adoré la vaillance qui leur a esté vtile. Pour estre

O iiij

Heros il suffisoit d'auoir combatu vn Monstre. Il n'y
en eust iamais vn pareil à la tyrannie dont il s'agit.
Que sera donc celuy qui la combatra?

CHAPITRE XVIII.

E T icy, ie me retrouue sans y
penser au mesme lieu d'où
ie suis party : ie suis retom-
bé dans mon premier discours, ie ne
sçay comment. Il faut admirer encore vne fois la diligence du Roy,
qui à la grandeur des choses qu'il a
faites a presque tousiours adiousté la
grace de les faire promptement. En
cela certes il paroist quelque chose
de plus qu'humain. Il vse de la façon
d'operer la plus releuée, & la plus excellente de toutes : il semble qu'il
agisse en vn instant, & qu'il tienne
desia quelque chose des corps glorieux, à qui l'agilité n'est pas moins
propre que la lumiere. La vitesse de
ses actions trouble la veuë & l'ima-

gination des spectateurs qui le considerent. L'issue d'vn dessein luy est
l'acheminement à vn autre: le changement de trauail luy sert de repos:
ce qu'on pense qui doiue estre sa fin,
n'est qu'vn de ses moyens pour y
arriuer.

Qui ne croyoit qu'il voulust se
délasser apres vn siege de quinze
mois, & que son esprit deust estre sa-
tisfait de la déroute de l'armée An-
gloise, & de la prise de la Rochelle?
N'auoit il pas dequoy s'entretenir
fort long temps de la memoire de
deux si fameuses actions; se nourrir
des fruits qu'il venoit de cueillir, &
posseder à son aise la reputation qu'il
s'estoit acquise? Neantmoins il a
mieux aimé vser de la victoire que
d'en iouïr, & se priuer de la recompense d'auoir bien fait, que perdre
vne seule occasion de bien faire. Le

voila, qui n'eſt pas à demy eſſuyé de
la ſueur de la guerre; qui eſt encore
couuert de la pouſſiere d'Aunix; qui
n'a pas acheué de rendre ſes complimens aux Reynes; le voila, dis-ie,
qui à bien dire n'eſt pas rout à fait
reuenu de la Rochelle, qu'il ſort de
Paris pour aller mettre l'Italie en liberté. Le voila qui preſſe la Fortune
ſans luy donner de relaſche : qui ne
laiſſe point languir ſa proſperité; qui
pourſuit viuement les faueurs du
Ciel, & force les affaires par ſon courage, qu'auparauant il auoit laſſées
par ſa patience.

Sans doute les bons ſuccez ne fi-
niſſent pas auec l'action qui les a pro-
duits : ils durent encore apres qu'ils
ſont arriuez, & laiſſent dans le cœur
des Princes vn aiguillon qui les agi-
te inceſſamment, & les pouſſe hors
de leur Troſne, ſi toſt qu'ils preten-

dent de s'y asseoir. Les desseins qui
ont bien reüssi leur font naistre de
nouuelles pensées, pour entreprédre
de nouuelles choses, & leur donnent
des desirs d'vne seconde reputation,
comme si la premiere estoit desia
toute vsée. Et tout ainsi que la pluspart des amoureux ne regardét plus
leurs maistresses quand elles sont deuenuës leurs femmes ; ceux cy de
mesme méprisent leur anciéne gloire lors qu'ils n'ont plus de peine à la
rechercher. Cette passion dans l'ame
du Roy n'est autre chose qu'vne
emulation de soy mesme ; vne ja-
loüsie de son propre merite; vne obstination de se vouloir tousiours
vaincre, l'esperance de l'auenir com-
batant perpetuellement auecque l'e-
stime du passé, & l'enuie de ce qu'il
veut entreprendre auec ce qu'il a desia entrepris.

Il descend donc des Alpes au cœur,
de l'Hyuer, & par vn combat me-
morable, dont ie reserue les particularitez à vn autre lieu, s'asseurant
du passage, qu'on luy vouloit disputer, & arrachant les clefs d'entre les
mains des portiers, il ouure les prisons à toute vne Nation captiue, &
fait sçauoir à ceux qui se plaignent
des Tyrans, que leur Liberateur est
venu. Au bruit d'vne si grande nouuelle les Espagnols retirét leurs troupes du Montferrat, abandonnent le
trauail de plusieurs mois, & perdent la gloire de cette constance,
que leurs flatteurs opposent si souuent à nostre legereté. C'est en vain
que tant de preparatifs se sont faits,
& qu'il s'est remué tant de terre. La
dépense d'vn long siege demeure
inutile : Ils craignent plus pour Milan, qu'ils n'ont d'esperance pour Ca-

zal. Et comme il n'y a rien de ſi contagieux, ny qui coure ſi viſte, que la
frayeur, l'imagination troublée ſe
figurant d'abord les derniers maux,
& l'extremité des choſes; On tremble deſia iuſques dans les Chaſteaux
de Naples, & la Garniſon de Paler-
me ne trouue pas aſſez large le de-
ſtroit de Mer qui ſepare la Sicile de
l'Italie.

Le Roy cependant ſe contente de
releuer les courages abbatus, & d'apprendre l'humilité aux ſuperbes. Il
ne veut point eſtre heureux pour
ſoy, n'ayant combattu que pour ſes
amis, ny profiter de leur guerre, ſes
armes n'eſtans point mercenaires. Il
laiſſe meſmes pour vn temps repoſer
ſer ſes pretentions, & les droicts de
ſa Couronne, qu'il ne meſle point
auec leurs affaires, afin que l'aſſiſtance qu'il leur rend ſoit purement gra-

tuite, & qu'il ne semble pas qu'il ait
en cecy vn plus proche & plus particulier interest que celuy de leur salut, ny qu'il veüille faire seruir vne
moindre entreprise à vne pl° grãde.

Les Romains n'assistoiét pas leurs
Alliez auec vne semblable franchise, ny n'embrassoient comme luy les
choses honnestes, pour le simple respect de l'honnesteté. Les particuliers
estoient vertueux, mais la Republique estoit iniuste. L'vtilité qu'ils mé-
prisoiét au logis, estoit la fin de leurs
deliberatiõs au Senat, & quoy qu'ils
dõnassent de beaux noms à leurs entreprises, & les colorassent d'vne generosité apparente, elles estoient
pourtant toutes remplies d'interest,
& alloient, ou tout droit, ou par
quelque route détournée à l'accrois-
sement de leur Empire. Dans la cause du peuple qui les appelloit, ils

auoient toufiours leur deffein à part:
Prefque toutes leurs vfurpatiós ont
commencé par la deffenfe du bien
d'autruy, & en fecourant les foibles
côtre les pl° forts, ils ont gaigné vne
moitié de la terre, & vaincu l'autre.

Le Roy ne trafique pas ainfi de fes
courtoifies & de fes bienfaits, & fa
vaillance n'eft ny auare, ny ambi-
tieufe. Apres le feruice de Dieu, & le
bien general de la Chreftienté, qui
font fes premiers obiets, il ne trauai-
le que pour la reputation, & pour la
gloire. Il ne cherche autre recompé-
fe de ce qu'il fait que l'éclat qui rejal-
lit de fon action, & la bonne odeur
qui en demeure. Il n'a efté attiré chés
fes voifins que par la feule confideration de leur befoin, & de fon honneur; & n'a porté fes armes hors de
fon Royaume, que pour fe mettre
en eftat de connoiftre des differens

des Princes auecque fruit ; de receuoir auec autorité les plaintes des affligez ; de conseruer le bon droict à
ceux qui l'ont , & de faire iustice à
tout le monde.

Cela certes s'appelle estre Roy &
tenir la place de Dieu sur la terre.
C'est exercer vne puissance salutaire
à tous les peuples , & qui compatit
auec toutes les formes de gouuernement: c'est embrasser d'vne commune protection ce qui est éloigné, cóme ce qui est proche : c'est donner
en intention de ne point prendre. Et
ne plus ne moins que l'Aigle des Fables porta Ganimede dans le Ciel,
sans égratigner sa peau , ny déchirer
ses habillemens; c'est de mesme faire
sentir aux estrangers le bon heur de
son Empire, sans offenser pour cela
leur liberté , ny toucher aux choses
qui leur sont cheres.

Les

Les Princes qui viuent de cette
forte, font bien dauantage à eftimer
que les Conquérans, & ceux qui afpi-
rent à la Monarchie. Les Havres qui
reçoiuent dans leur fein les vaiffeaux
battus de la tempefte, font bien de
plus riches ornemens des Coftes, &
de plus belles pieces de l'Vniuers,
que ces infames écueils, que les Ma-
riniers ne regardent qu'en tremblât,
& qui n'auroient point de nom, s'il
ne fe faifoit point de naufrage. Il y a
bien plus de plaifir de voir leuer-le
Soleil, tout couronné de rayons, qui
nous apporte la joye auec la lumiere,
que de voir paroiftre les Cometes,
auec leur cheuelure fanglante, qui
nous menacent de mille maux : & fi
les autres corps superieurs auoient
vne volonté, & agiffoient raifon-
nablement, ce feroit, fans doute, de leurs afpects fauorables que
les hommes les loüeroient, & non

P

pas de leurs influences malignes.

La gloire qui s'acquiert en obligeant le public, est la seule gloire qui n'est disputée de personne, parce que chacun y participe, & que l'honneur d'vn homme seul est la felicité de tout le mõde. Aussi les Peuples touchez d'vn si legitime ressentiment ont mis autresfois leurs bienfacteurs au nombre des Dieux, & ont adoré la Vaillance, qui leur a esté vtile. Ceux qui auoient écrazé vn Serpent d'vne grandeur extraordinaire, ou assommé vn Sanglier qui faisoit le dégast autour de leur ville, receuoient des deuoirs religieux de la reconnoissance de leurs Citoyens, & pour estre Heros il suffisoit d'auoir nettoyé le pays de quelque Mõstre. Or ie vous prie, y en eut-il iamais vn plus cruel, & plus redoutable que la tyrannie, qui veut aujour-

d'huy engloutir toute la Republique Chreſtienne , & qui n'eſt pas
ſaoule, depuis cent cinquante ans,
ou enuiron, qu'elle deuore les Eſtats,
& les Souuerains ?

ARGVMENT.

Sincere proteſtation que fait l'Auteur de la reue-
rente qu'il porte aux Princes de la maiſon d'Auſtriche, Leur éloge veritable. Le mal qu'il apprehende
pour ſa Patrie vient de leur fortune, & non pas de
leur perſonne. Deſſein de la Monarchie vniuerſelle conceu ſous Ferdinand, eſclos ſous Charles, nourry depuis
& entretenu par le Conſeil d'Eſpagne. On blaſme les
dangereuſes maximes de ce Conſeil, & non pas les
droites intentions des Princes. Il exerce en quelque façon vne Souueraineté ſeparée de la leur, & combat
perpetuellement leur bon naturel. Deſcription morale
du Monſtre qui menace toute la republique chreſtiéne.
Le degaſt qu'il a fait en Italie & en Allemagne.
Quelles ſont ſes careſſes & ſes faueurs. Sa bonne voloté
eſt vn amour d'adultere. Il ne recherche que pour iouir,
& n'offre que pour corrompre. Il donne & emprunte.
Il a des penſionnaires & des creanciers à meſme fin. Il
opprime preſque ſous les Princes , ou de ſon amitié, ou
de ſa haine. Image de ſa cruauté, & de ſon orgueil.

CHAPITRE XIX.

N'Accusons point en cecy le
sang d'Austriche, ny les
actions particulieres d'au-
cun de ses Princes. Ils sont tous extremement bien nez : ils apportent
tous au monde de grandes semences
de vertu, qu'ils cultiuent auec de
grands soins La Bonté, le Courage,
& la Sagesse sont les vrayes marques
de cette Race, & plus belles incom-
parablement, que la figure d'vne espée au bras droit, ou l'impression
d'vne lance sur la cuisse. Il n'y eut iamais d'ames plus nobles, ny plus
Royales; Il ne se peut voir de meilleures, ny de plus douces inclinations que les leurs, & le mal que i'apprehende est de leur Fortune, & non
pas de leur Personne.

Outre que ie fais profession de re-

uerer en general les Puiſſances ſou-
ueraines , ie ſçay le reſpect qui eſt
deu au merite & à la dignité d'vne
Maiſon, dont l'Empereur n'eſt que
le Cadet, & l'Eſpagne n'eſt qu'vne
portion. Ie n'ignore pas la ſainĉteté
de nos Alliances : ie voy bien d'où
nous eſt venuë noſtre bonne Reyne.
Mais ie veux croire qu'elle ne treu-
uera pas mauuais ce que la neceſſité
de mon diſcours exige de moy , &
ce que ie ſuis contraint de dire de
l'ambition d'vn Peuple qui ne luy
eſt plus rien. Elle n'a point tant de
paſſion pour le Royaume où elle eſt
née , que pour celuy où elle commande : Et s'il eſt vray, ſelon la ma-
xime dés Iuriſconſultes, qu'en quelque façon les femmes ſont la fin des
maiſons d'où elles ſortent & le commencement de celles où elles entrét,
le nom que porte cette ſage & gene-

reuse Princesse, quoy que tres-au-
gusto, & tres-glorieux, mais qui ne
sçauroit passer d'elle à vn autre, ne
luy peut estre de beaucoup si cher,
que l'esperance de la belle posterité,
qu'elle promet à cette Courône. Les
interests qu'elle a quittez il y a long
temps ne peuuent diuiser auiour-
d'huy ses affections, ny mettre du
trouble dans son esprit; & ce qu'elle
a receu d'Espagne ne luy est point,
ie m'asseure, en telle consideration,
que ce qu'elle doit donner à la Frâce.

Nous honorons serieusement, &
d'vne particuliere deuotion les personnes qui luy appartiennent : elles
nous sont doublement sacrées, &
par leur caractere, & par sa proximité. Mais veritablement le dessein de
la Monarchie vniuerselle, qui a esté
conceu sous le Roy Ferdinand, qui
s'est éclos sous l'Empereur Charles,

& que le Conseil d'Espagne a toûjours nourry depuis ce temps là , ne
peut estre consideré sans horreur &
sans indignation par vn homme qui
ayme sa Patrie.

Ie ne pretens de blasmer que ce
Conseil, duquel ils ont coustume de
dire, que leurs Princes sont mortels,
mais que leur conduite est eternelle.
Ce Conseil, que les Roys trouuent, &
qu'ils ne font pas; qu'ils reçoiuent de
pere en fils, auquel ils n'osét toucher,
non plus qu'aux fondemens de l'E-
stat, & qui exerce en quelque sorte
vne Souueraineté separée de la leur,
laquelle ils souffrent par la seule reuerence de la coustume. Ie blasme
donc ce Conseil, qui suit de dangereuses maximes, & non pas eux, qui
n'ont que de droites intentions. I'accuse ce Conseil, qui combat contre
le bon naturel du Prince; qui veut

commander à fon propre Maiftre,
& c'eft le Monftre de qui ie parle.

Voyez, s'il vous plaift, auec quelle
ardeur il fe iette fur fa proye, & comme il s'efforce de mettre en pieces
les plus nobles parties de l'Europe?
L'Italie feigne en diuers lieux des
atteintes qu'elle en a receuës ; Elle
n'eft à couuert de fes coups qu'en vn
petit coin de terre ferme, & encores
ce qu'elle a de fain de ce cofté-là, eft
fi pefant de vieilleffe, qu'à peine fe
peut-il remuer pour deffendre le de-
meurant. Il ne refte rien d'entier ny
de reconnoiffable en Allemagne,
que la mer & les montagnes ; parce
qu'il n'a pû changer la face de la Nature. Ce n'eft plus cette Prouince fi
libre, & fi puiffante autresfois : il la
fait gemir fous les fers & fous les far-
deaux dont il la charge, il a caffé tous
fes priuileges ; il a violé toutes fes

franchises ; il l'a abbatuë par ses propres forces ; ce ne font plus ses membres qu'il tourmente maintenant, ce
ne font que ses blessures.

S'il flate quelque Republique, parmy le grand nombre de celles qu'il
menace, & qu'il persecute, la bonne
volonté qu'il luy monstre est vn
amour d'adultere ; il ne la recherche
que pour en iouïr, & ne luy fait des
offres & des promesses que pour luy
oster finalement l'honneur, & la disposition de soy-mesme. Ses confe-
derations sont semblables à celles de
Naaz Ammonite, qui répondit aux
hommes de Iabés en Galaad, qui luy
demandoient d'entrer en alliance
auec luy, I'y consens, pourueu que "
i'arrache à chacun de vous l'œil "
droit, & que ie vous mette en op- "
probre deuant tout Israël. "

Si ses caresses ne tuënt pas tousjours, elles debilitent & corrompent. S'il n'étouffe en embraſſant, il ſalit & gaſte le corps qu'il touche. Les endroits qu'il ne ronge pas de ſes morſures, il les infecte de ſon haleine ; Et bien qu'il épargne en apparence les Genois, & ceux de Luques, ils ne ſçauroient dire pourtant qu'il leur laiſſe leur liberté pure & nette, & ſans aucune tache de ſeruitude.

Il donne à ceux-cy, il emprunte de ceux là, afin que les vns & les autres dépendent de luy ; Afin que des péſiōnaires & des creáciers luy gardent vn païs où il n'a point de ſuiets : afin qu'il regne par des familles intereſſées, ne pouuant le faire par des Colonies & des Garniſons. Cette Toyſon, qu'on eſtime tant, eſt vn joug qu'il impoſe aux petits Princes, qui ne s'apperçoiuent pas qu'il

les dompte par là, en les honorant,
& qu'vne telle focieté leur donne vn
Maiftre, & non pas vn compagnon.
Il veut en fin ou tout détruire, ou
tout pofleder, & tant delà les Alpes,
que delà le Rhin, il opprime quaſi
tous les Souuerains, ou de fon amitié, ou de fa haine.

On ne voit autour de luy que des
Sceptres briſez, que des Couronnes
rompuës, que des Tribunaux abbatus, que des Enſeignes de Seigneurie
& de Iuriſdiction déchirées, que des
teſtes de Roys morts, que des dé-
poüilles de ceux qui viuent encore.
On n'entend autour de luy que des
plaintes & des gemiſſemens d'affligez, que des commandemens ſuperbes & outrageux, que des brauades adjouſtées à la cruauté, que des
reproches faits à la miſere, que des
voix qui font retétir de tous coſtez,

MALHEVR ET DESESPOIR
AVX VAINCVS.

ARGVMENT.

Le Monstre se veut fonder en raison, & cherche
des titres de sa tyrannie. Ce qu'il faict dire à l'Empereur Charles sur le suiet du Roy François. Les noms qu'il
donne à Philippe II. dans vne inscription qui se voit
en Lombardie. Il ne fait la paix que pour tromper ceux
qu'il n'a pû vaincre. Desquels sont pleines les boutiques qu'il ouvre, quand il a fermé ses Arsenacs. Partie dece qu'il a fait, & de ce qu'il a voulu faire. Il ne
traite pas mieux les siens que les estrangers. Tesmoin
Dom Charles. Dom Iean d'Austriche, les Princes de
Parme, toute la maison d'Arragon. Il prend le pré-
texte de la Religion, & veut passer pour protecteur de
l'Eglise. Toutesfois il devient son persecuteur à la premiere occasion qu'il n'en a pas tout le contentement
qu'il en desire. Il à favorisé les commencemens de Luther, & receu entre ses bras l'heresie naissante. Il est
cause du schisme d'Angleterre, & de la perte de Henry
VIII. Il embarqua l'Eglise dans vne affaire douteuse,
& puis l'abandonna au besoin, s'alliant avecque l'excommunié. Au mesme temps qu'il ordonne des Pro-
cessions à Madrit pour l'exaltation du Saint Siege, il
entre dans Rome avec vne armée Lutherienne. Il prend
prisonnier le Pape, & donne en proye aux profanes les
choses sacrées. Maximes de tyrannie dont il faict leçon.

CHAPITRE XX.

A Fin d'oster à sa Tyrannie l'amertume de la nouueau-té, il ressuscite des anciens Oracles qu'il interprete à son auantage : Il allegue pour droit & pour tiltre de son ambition, Que le Sei-"
gneur de tout le Monde doit sortir"
d'Espagne, & qu'il y a plus de"
quinze cens ans que la promesse"
luy en est faite : en vertu dequoy"
il voulut faire accroire par Ferdinád Cortez à Motesume Roy de Mexi-que, Que l'Empereur estoit son"
naturel Seigneur, celuy qu'il de-"
uoit attendre & reconnoistre com-"
me Souuerain Monarque de l'V-"
niuers, son Aisné, & le legitime"
heritier de ses Predecesseurs en"
toutes les Indes.   "

A la persuasion de ce Monstre, le mesme Empereur, si sage d'ailleurs,

& si vertueux, se vantoit ordinairement parmy ses familiers, de rendre
le Roy François, le plus pauure Gentil-homme de son Royaume. Il les
rebroüilloit le mesme iour qu'ils s'e-
stoient raccommodez. Les plus modestes paroles qu'il faisoit proferer
à Charles en ce temps là estoient
,, celles-cy ; Il n'y a point d'autre
,, moyé de mettre fin aux calamitez
,, publiques ; sinon que François soit
,, outre ce qu'il est, Empereur, &
,, Roy des Espagnes en ma place, ou
,, moy en la sienne, Roy de France,
,, outre ce que ie suis.

Il a graué cette orgueilleuse in-
scription sur le frontispice d'vn Pa-
lais qui se void en Lombardie. A
PHILIPPE II. ROY DES
ROYS, ESPAGNOL, AFRI-
QVAIN, INDIEN, BELGIQVE,
MAISTRE DEBONNAIRE

DE TOVTES NATIONS,
ESLEV DE DIEV POVR REV-
NIR TOVS LES EMPIRES
SEPAREZ. Et apres cela, douterons-nous encore de ses intentions?
Il me semble que nous n'en sçauriós
demander de plus expresse, ny de
plus authentique declaration: Nous
n'auons que faire d'interroger des
espions, ny de dechiffrer des lettres
qui nous éclaircissent de só dessein,
puis que les pierres parlent, & qu'il
est imprimé dans le marbre.

Il ne fait point la guerre pour l'hó-
neur de la victoire, & pour recouurer les choses perduës: Ce n'est que
pour acquerir iniustement, & pour
l'esperáce du butin. Il ne la termine
pas non plus pour donner du repos
aux Prouinces trauaillées : Ce n'est
que pour desarmer ses ennemis, &
pour tróper ceux qu'il n'a peu vain-

cre. Et de fait, si toſt qu'il a retiré ſes
forces, & fermé les magazins de ſes
armes, il ſe ſert de la ruſe, & ouure
des boutiques toutes pleines de
mauuaiſes & cruelles inuentions, de
pernicieux & funeſtes artifices.

Là dedans ſont en reſerue les paroles à double ſens, les promeſſes
captieuſes, les ſermens qu'on veut
violer, les fauſſes paix, & les amitiez
infideles. Toutes les pommes de diſ-
corde ſe prennét là. Il y a des artiſans
qui trauaillét iour & nuit à faire des
hameçons & des pieges: ils'y trouue
des filets ſi deliez, que les plus habiles s'y peuuent prendre. De là viennent les billets & les caracteres qui
enſorcellent le peuple, qui eneruent
le courage, & peruertiſſent la fidelité des grands Capitaines. De là ſont
ſortis les couteaux qui ont commis
les Parricides; le poiſon qui a eſté
meſlé

meflé parmy les maladies des fils de
France; l'or qu'on a iertté dans noftre
Confeil, l'aliment dont la Ligue s'eft
entrerenuë; le remede qui donne encore vn peu de mouuement, & ra-
maffe quelques reftes de vie dans le
languiffant & miferable Corps de la
faction Huguenotte.

Faire pendre fix mille hommes
en vne apres dinée contre le droit de
la guerre, & dire que c'eft chaftier
cinq ou fix feditieux; Bannir tout vn
peuple du pays de fa naiffance? en
fuffoquer vn autre fous la terre; charger vn vaiffeau de chaines pour les
Anglois qui fe fuffent fauuez de l'efpée, fi l'armément de mer qui partit
de Lifbonne l'an mil cinq cens qua-
tre-vingts huict, euft eu le fuccez
qu'on fe figuroit; entreprédre d'emporter d'vn feul coup toute la Mai-
fon d'Angleterre, & d'enueloper

Q

dans vne commune ruine les Catholiques & les Proteſtans, c'eſt vne
partie des actions & des penſées de
ce Monſtre, c'eſt ce qu'il a fait, & ce
qu'il a voulu faire.

Mais ne penſez pas qu'il en veüille
ſeulement aux eſtrangers, & qu'il
traite mieux les Domeſtiques. Il
n'eſt pas plus doux chez ſoy qu'ailleurs, & ne s'appriuoiſe auecque perſonne. Ne s'eſt-il pas défait par diuers moyens de tout le ſang d'Arragon? N'a-il pas immolé vn fils vnique aux ſoupçons & à la deffiance de
ſon Pere? N'a-il pas bien reconnu les
ſeruices & la fidelité d'Alexādre Far-
neze, Duc de Parme? N'a-t'il pas
crû le recompenſer, s'il le traittoit vn
peu plus doucement qu'il ne fiſt ſon
Ayeul Pierre Louys, qui fût aſſaſſiné
à Blaiſance? Dom Iean d'Auſtriche
a-t'il eſté impunément vertueux?
Ne fuſt ce pas vn crime à ce pauure

Prince, d'auoir bien fait, & d'auoir
pû faire mal ? Dequoy le iugea-t'il
coupable, que de sa grande reputation ? Ne croit-on pas qu'il l'empes-
cha de vieillir, parce qu'il appre-
henda le progrez d'vn si beau commencement ; parce qu'il s'imagina
qu'il auoit des qualitez trop dignes
de commander pour les employer
tousiours à l'obeissance ?

Il proteste neantmoins, quoy qu'il
fasse, qu'il ne fait rien qu'à la plus
grande gloire de Dieu, & veut qu'on
treuue bonnes ses cruautez, comme
s'il les auoit entreprises par inspiration diuine, & pour le bien general
du monde. A l'ouyr parler, s'il ne retenoit la Religion icy bas, elle s'en
seroit reuolée au Ciel ; s'il ne souste-
noit l'Eglise, elle seroit tombée il y
a long temps, & Iesus-Christ ne regne que par l'assistance qu'il luy pre-

ſte. Toutesfois il eſt certain, que ſi ſa
Religion ne luy eſtoit vtile, elle luy
ſeroit moins qu'indifferete, qu'il eſt
perſecuteur de l'Egliſe, quand elle re-
fuſe d'eſtre miniſtre de ſes paſſions,
& qu'il a touſiours ſeruy Ieſus-Chriſt
infidellement.

Perſonne ne peut ignorer les ſu-
procheties & les trahiſons qu'il luy a
faites, outre les actes viſibles d'hoſtilité, qu'il a exercez iuſques dans le
ſiege de ſon Empire, iuſques dans le
Sanctuaire. Oſeroit-il nier qu'il n'ait
eſté cauſe par ſa negligence malicieuſe de la reuolte du Septentrion,
& qu'il ne ſoit coupable des premieres fautes de Luther ? C'eſt luy qui
donna courage à ce petit moyne, qui
ne ſe fuſt jamais hazardé de choquer
le Pape, s'il euſt crû qu'il euſt eſté en
bonne intelligéce auec l'Empereur.
C'eſt luy qui receut entre ſes bras
l'hereſie naiſſante, & qui fauoriſa ſes

commencemens, afin de diuiser les
forces ſpirituelles du Saint Siege, &
les forces temporelles d'Allemagne,
& qu'apres les auoir affoiblies toutes deux, il euſt moins de peine à les
vſurper.

On a deſeſperé Henry huictieſ-
me à ſon occaſion, & par les pour-
ſuites & les importunitez de ſes
Agens. Pour le contenter, la rigueur
de l'Egliſe alla auſſi viſte que la paſſion d'Eſpagne. Elle employa les derniers remedes dans l'apprehenſion
d'vne maladie, & coupa ce qui n'e-
ſtoit pas encore gaſté. Et au partir
de là le temps s'eſtant changé, & ſa
vengeance eſtant ſatisfaite, ſans ſe
ſoucier de l'intereſt de l'Egliſe, qui
auoit épouſé le ſien, ny du danger
où il la laiſſoit, dans lequel il l'auoit
precipitée, il ne fit point de difficulté de contracter vne tres-eſtroite alliance auec ce Roy, qu'il venoit de

rendre Schifmatique, & qui fumoit encore, s'il faut ainfi parler, de l'Anatheme qu'on auoit ietté fur luy.

Mais ce qui eft au delà de toute creance, & qui m'oblige d'auoir cópaffion des pauures hommes, qui n'ofent s'imaginer que le mal foit mal, de peur de faire des iugemens temeraires, c'eft qu'au mefme téps qu'il ordonnoit des Proceffions en Efpagne pour l'exaltation de cette fainte Eglife, il entroit dans Rome auec vne armée Lutherienne; il prenoit prifonnier le Pape Clement, & expofoit à l'auarice & à la rifée des Heretiques la pompe & la magnificence de l'Efpoufe du Fils de Dieu, les prefens des Roys & des Nations, les Reliques des bien-heureux Martyrs, les corps de Saint Pierre & de Saint Paul, & generalement toutes les chofes que nous reuerós, & pour

qui les demós mesmes ont quelque
sorte, ou de respect, ou de crainte.

Deuant le monde il se couure tout
de pretextes specieux, & ses habillemens sont tous semez de noms de
Iesus, & de Croix peintes : Mais ce
n'est qu'vn personnage qu'il represente. Dans les assemblées il fait sonner haut le salut de l'ame, & l'vtilité
publique : Mais il s'en mocque en
particulier, & dit à l'oreille de ses Fauoris ; Qu'il faut tout rapporter à "
soy-mesme ; que pour s'esleuer il "
est permis de marcher sur le corps "
de son propre pere; que le vray n'est "
pas meilleur de soy que le faux, & "
que nous deuons mesurer la valeur "
de l'vn & de l'autre, par l'vtilité qui "
nous en reuient; qu'vne bône con- "
science est extremement incom- "
mode à vn homme qui a de grãds "
desseins; que les auãtages de la Re- "

Q iiij

,, ligion sont pour les Princes, & ses
,, scrupules pour leurs Subiets , que
,, la Vertu peut quelquefois estre
,, dommageable, mais que l'appa-
,, rence en est tousiours necessaire;
,, que l'iniustice porte veritablemét
,, vn nom odieux , mais que les in-
,, iustes s'en trouuent bien; qu'au có-
,, traire la probité se contente d'estre
,, loüée, & de profiter à ceux qui ne
,, l'ont pas, estant inutile à celuy qui
,, la possede.

ARGVMENT.

obligation qu'a la Chrestienté au Prince, de s'oppo-
ser à la tyrannie qui la menace ; de la guarantir des
entreprises du Monstre ; de s'offrir pour luy faire
raison de toutes les iniures qu'elle a receuës. Il est l'at-
tendu des Nations, & le conseruateur de la liberté
publique Il fait de nouueaux destins aux mal-heu-
reux. Il defend les bonnes causes abandonnées. L'An-
tiquité eust adoré vn semblable Prince. Que ne dirions-
nous de celuy qui eust empesché les Conquestes d'Ale-
xandre, ou renfermé les Romains en Italie ? Il en fal-

... arresté l'inondation des Vandales ... diuine ... intelligence entre les Princes iustes, & des ... la gloire immortelle ... la memoire de sa posterité, les autres sont en execration à tous les siecles. La haine publique ne pouuant plus rien sur leur personne, s'exerce sur leur reputation, s'ils sont morts de Dieu : c'est pour estre les bourreaux de sa Iustice. Il les hait si fort, qu'il ne les maudit pas seulement, mais ceux aussi qui ont communication auec eux. L'Antechrist sera enuoyé de la mesme sorte. Ce sera le plus illustre de tous les usurpateurs. Au prix de luy, Cesar n'estoit qu'un petit larron. Mais c'est une fort mauuaise gloire, que de se glorifier du mal qu'on fait. Les rats, les grenoüilles, & les hanetons ont desolé les Empires aussi bien que les Espagnols. Les choses muettes mesmes, & inanimées ont la force de destruire, a exemples remarquables de cela. Il est beaucoup plus difficile de profiter que de nuire, d'entretenir la durée des corps perissables, que d'auancer leur ruine. Dieu en conseruant le monde continuë en quelque façon de le creer. Et le Prince, appuyant les Estats esbranlez, & maintenant leurs anciennes loix, fait la mesme chose que s'il estoit leur fondateur, & qu'il les establist de nouueau.

CHAPITRE XXI.

ELLES & semblables maximes sortant d'une bouche qui impute, & ce prodige

estant encore plus laid, & plus épou-
uétable que ie ne le sçaurois figurer,
il faut auoüer que la Chrestienté est
infinimêt obligée au Roy, des soins
continuels qu'il se donne, pour la
guarantir de ses embusches, & pour
rompre autant d'entreprises qu'il en
peut faire au preiudice de la commune liberté. Elle a dequoy se consoler de la mort du feu Roy, en la
personne d'vn si digne Successeur,
& dequoy ne se souuenir plus de ses
pertes, en la possession d'vn si grand
bien. Elle a le Prince qu'elle reclame
dans sa douleur depuis tant d'années, & qu'il luy falloit lors qu'on
vsurpoit la Nauarre, lors qu'on
rauissoit le Portugal, lors qu'on re-
duisoit les Royaumes en Prouinces.

Il a desia essuyé les larmes de la
Republique desolée, & fermé quel-
ques-vnes de ses playes : mais pour

peu qu'elle se vueille aider, & apporter de correspondance au dessein
qu'il a , il luy fera bien tost raison de
toutes les iniures qu'elle a receuës. Il
l'a mise en estat de ne rien craindre,
& si elle ne manque à soy-mesme,
de tout esperer. Il ne tiendra pas à
luy qu'il ne luy redonne sa premiere
beauté, apres luy auoir rendu sa premiere forme; qu'il ne distingue ses
differentes parties, dont on veut faire vn amas confus & monstrueux, &
qu'il ne remette en leur iuste place
les limites de ses Estats , qui ont esté
démarquées durant les desordres de
la France. Quelque violent que soit
le mal qui l'attaque, elle ne manque-
ra plus de remede : en quelque lieu
qu'il s'esleue des Monstres, elle est af-
seurée d'vn Liberateur , & quelque
puissance qui la menace, elle en a
vne autre qui la defendra.

Et pour nous, qui auõs veu leuer sur
noſtre teſte vne ſi belle lumiere; qui
l'auons adorée dés le poinct de ſon
apparition, & qui touchons de plus
pres à ce braue Prince que les eſtrangers, ayant l'honneur d'auoir vne cõ-
mune Patrie auecque luy; Nous deuons, certes, eſtre bien glorieux de
ce qu'vn François eſt auiourd'huy
neceſſaire à toute l'Europe; de ce
qu'il eſt l'attendu & le deſiré de tous
les Peuples; de ce qu'il fait de nouueaux deſtins aux Innocés mal-heureux; de ce qu'il entreprend auec
ſuccez les bonnes cauſes abandonnées; de ce qu'il eſt loüé de tous ceux
qui ont l'vſage de la parole; de ce
qu'il eſt autant admiré des Sages, que
les autres Princes le sõt du vulgaire.

Si du temps que les Grecs, ou que
les Romains rauageoient le monde,
& que les Royaumes entiers pleu-

roient leurs victoires , & portoient
le deüil de leurs conqueſtes , il ſe fuſt
trouué quelqu'vn de cette humeur-
là , qui euſt arreſté l'impétuoſité de
leur ambition, & euſt eu aſſez de force & de courage , pour venger les
Nations offenſées : Combien à voſtre aduis luy euſt-on preſenté de ſa-
crifices ? En quelle partie de la terre
ne luy euſt-on eſleué des Autels?
Quel rang n'euſt-il eu entre les demy Dieux de chaque païs ? & encore maintenant que noſtre Religion
ne nous permet pas vne ſi liberale
reconnoiſſance , quelles loüanges
neantmoins ne donnerions-nous à
celuy-là qui auroit chaſſé Alexandre
dans ſa Macedoine , ou repouſſé les
Romains iuſques ſur le riuage de
leur Tybre ?

Lors que les Gots , les Vandales ,
les Gepides , les Alains , les Huns , les

Quades, les Herules, & ces autres
ennemis du genre humain, quitte-
rent leur miserable Patrie, & couru-
rent diuerses contrées de l'Vniuers,
pour chercher de plus heureuses de-
meures, & vn Ciel moins fascheux
que celuy de leur naissance. Lors
qu'auec des visages extraordinaires,
vne parole non articulée, & des
peaux de bestes sauuages, qui les
cachoient iusques aux yeux, ils por-
terent de tous costez la mort & la
seruitude, & qu'il se fist vn changement presque vniuersel de Loix, de
Coustumes, de Gouuernement, &
de Langage: Si Dieu eust suscité vn
Prince comme le nostre, qui eust
pû fermer à ces gens du Nort l'entrée des Gaules & de l'Italie, & les
eust renuoyez habiter leurs fo-
rests, & souffrir les rigueurs de leur
Hyuer eternel; S'il y eust eu vn

Louys le Iuste, pour oppoſer aux
Genſerics, & aux Alarics, pour cha-
ſtier Attila & Totila, & ſemblables
vſurpateurs, qu'on ne ſçauroit nommer ſans ſe faire mal à la bouche, &
bleſſer les oreilles Françoiſes ; la vertu de ce genereux defenſeur de la Liberté ſeroit auiourd'huy en veneraon-
tion par tout où il s'aſſemble des hômes, & où l'on obſerue quelque forme de Police. Il ne nous reſteroit rié
de luy, que la pieté publique ne con-
ſacraſt, & ne miſt au nombre des
choſes Saintes. Son triomphe dureroit encores, & ſe continuëroit par
l'equitable poſterité dans la ſucceſ-
ſion de tous les âges.

Au contraire la haine qu'on porte aux Tyrans ne finit iamais : Apres
les auoir accompagnez durant leur
vie, elle les pourſuit dás la ſepulture,
& ne les laiſſe pas iouyr en ſeureté de

ce commun Asyle, des miserables.
Leur prosperité, qui n'a esté bastie
que de sang, de morts, & de ruines, est
vn obiet funeste & mal encontreux
à toute la generation des hommen
Nous leur voulons mal dans les Histoires: Nous sommes de toutes les
côiurations qu'elles nous racontent
auoir esté faites cohtre leur personne, & lisant le progrez de leur bon-
heur, nous nous hastons tant qu'il
est possible de venir à leur fin, pour
les voir perir auecque plaisir. Bref, il
n'y a gueres de damnez plus tour-
mentez qu'eux; car les peines qu'ils
souffrent en l'autre vie, sont au-
gmentées en quelque façon par les
maledictions qu'ils reçoiuent en
ce monde; & tandis que leur ame
brusle dans les abysmes, le phantos-
me qui en est demeuré icy, n'est pas
exempt de supplice, & nous exerços
pour

pour le moins noſtre vengeance ſur leur reputation, & ſur leur memoire.

Qu'ils accuſent tant qu'ils voudront le ciel, pour taſcher de ſe iuſtifier. Qu'ils diſent tant qu'il leur plaira, pour autoriſer leur puiſſance, qu'elle vient d'enhaut; qu'ils ſont établis de la main de l'Eternel, & aſſiſtez particulierement de ſa grace. Dieu s'en peut ſeruir à la verité: mais il ne les aime pas. S'il nous les enuoye, il nous les enuoye en ſon courroux, & au iour de ſa fureur. Ce ſont les maux, dont ſes Propheres nous ont menacez: ce ſont les effets de ſa Prouidence irritée: ce ſont les bourreaux de ſa Iuſtice.

Le glaiue du Tout-puiſſant eſt entre les mains de ſes ennemis, au Pſeaume dix ſeptieſme. Il fut predit à Eſaü, que Saint Paul nous baille pour l'idée & l'exemple des reprou-

R

uez, qu'il viuroit par son espée. Ma-
„ lediction sur Assur „ s'écrie le Sei-
„ gneur par Esaye : Il est la verge de
„ ma fureur : Il est mon baston: Mon
„ indignation est en sa main. Male-
„ diction sur ceux qui descendent
„ en Egypte, pour auoir aide. L'E-
„ gyptien est homme, & non pas
„ Dieu, & leurs cheuaux sont chair,
„ & non pas esprit. Où nous pouuons voir en passant, que non seulement il deteste les Tyrans, mais
encore les Peuples, qui ont commu-
nicatiõ auec eux, & qui se rangent à
leur party : non seulement il condáne
la violence, mais aussi la lascheté.

L'Antechrist, qui est appellé l'hõme de peché, & le fils de perdition
sera bien enuoyé de la mesme sorte
que ces iniustes Victorieux. Il vuerá,
il vsurpera, il enuahira encore plus,
qu'ils n'ont faict. Les Conquerans

dont on parle, n'ont esté que de
petits larrons, & des criminels ordinaires à l'égard de luy. Il doit
s'enrichir de la dépoüille de l'Vniuers, & recueillir la succession de
tous les siecles. S'il y a de nouuelles Mines à découurir, elles luy sont
reseruées. L'Ocean n'aura d'ambre,
ny de perles que pour luy. Tous les
Souuerains seront ses Subjets, & de
tous les Estats il n'en sera qu'vn. Ce
sera cette Beste, que Saint Iean vid
monter de la Mer, Qui auoit sept «
testes, & dix cornes, & sur ses cor- «
nes dix diadémes, & sur ses testes «
des noms de blaspheme. Le Dra- «
gon qui traisnoit de sa queuë la «
troisiéme partie des estoilles, & «
qui les ietta en bas, luy resignera «
son pouuoir, & contraindra toutes «
les Creatures de se prosterner de- «
uant elle. Il luy sera donné de faire «

,, la guerre contre les Saints, & de les
,, vaincre. Il luy sera donné puissan-
,, ce sur toute Lignée, sur toute Lan-
,, gue, & sur toute Nation.

,, Mais afin que les Ambitieux, qui
renoncent bien aux esperances du
Paradis pour de moindres interests,
& vendent leur ame à beaucoup
meilleur marché, ne tirent point a-
uantage de ceste comparaison, qui
flattera peut-estre leur vanité, & ne
se glorifient pas des miseres & des
calamitez, dont ils peuuent estre
cause; Ils doiuent sçauoir que les plus
sales & les plus imparfaits des ani-
maux ont chassé autresfois des peuples hors de leur païs, ont rendu de-
sertes des Isles extremement fertiles,
& que les grenoüilles, les rats, & les
hannetons ont esté employez, aussi
bien qu'eux, à desoler les Empires,
& à persecuter tatost les coupables,
& tantost les innocens.

Les choses mortes mesmes, & inanimées ne mâquent point de force,
quâd il n'est questiô que de destruire, & de ruiner. Les vents, les pluyes,
les secheresses sont biê plus redoutables que les Espagnols. Il ne faut qyê
huict iours de maladie, pour faire
d'vn grand Royaume, vne grande
solitude. Vne mauvaise exhalaison,
qui s'épâdra d'Oriêt en Occidêt, est
capable d'affamer le monde par vne
generale sterilité, & Spinola auec
toute sa sciêce, & toutes les forces de
sô maistre aura biê de la peine à mettre la cherté dans vne place assiegée.

L'an de grace 170. quelqu'vn ayât
ouuert par mégarde vne casserte
d'or qui estoit au Temple d'Apollô
en Babylone, il en sortit vne haleine
pestilente, qui le suffoqua à l'heure
mesme, infecta la Ville & la Prouince, & courut en suitte vne si longue

R iij

estenduë de païs, que prés de la moitié du genre humain en mourut, &
la plus belle portion de l'Vniuers en
fut dépeuplée. De telle sorte que la
guerre des Marcomans suruenāt en
ce temps-là, tout l'Empire Romain
ne pût fournir assez de gens pour faire le corps d'vne iuste armée, & il fallut enrooller les Esclaues, les Gladia-
teurs, & les autres criminels, à faute
de legitimes soldats. Sous le regne
de l'Empereur Tybere, vn tremblement de terre engloutit dix-sept villes d'Asie en moins de vingt-quatre
heures; & d'autres accidens ont emporté d'autres fameuses Citez qui ne
se trouuent plus que dans l'ancienne
Geographie.

　　I'ay veu des pointes de clochers
au fond des eaux; l'ay veu flotter des
nauires sur des villes de Zelande; l'ay
eu pitié de la grādeur des choses hu-

maines à l'aspect de ce triste & miserable spectacle. Et en effet, qui est
l'homme si enchanté de la Cour, &
si esbahy du bruit & du tumulte que
fait la Fortune des Roys, qui ne méprise la foiblesse des plus puissans, &
ne se mocque des trois ans & demy,
qui furent employez à conquerir vn
morceau de sable, & à prendre le
lieu où auoit esté Ostende, s'il se
donne le loisir de considerer qu'vn
trou mal bouché de la leuée peut
noyer en vne nuit les Pays-bas.

Il est sans mentir bien plus difficile de profiter que de nuire ; de sauuer les hommes, que de les perdre ;
d'entretenir la durée des corps perissables, & qui peuuent finir à tous les
momens, que d'auancer de quelques
heures leur destruction. Et s'il est certain, comme la Theologie nous l'enseigne, que la Sagesse eternelle en

conſeruant le monde, continuë en
quelque ſorte de le créer, par vne
ſemblable raiſon le Roy qui a reſolu d'appuyer les Eſtats esbranlez,
d'y remettre les Seigneurs legitimes, & d'en maintenir les anciennes Loix, ne fera pas moins qu'ont
fait les Legiſlateurs, qui ont aſſem-
blé premierement les hommes er-
rans; qui ont tracé le plan des Communautez, & ietté les fondemens
de la Police.

ARGVMENT.

Il ne tient qu'au Prince qu'il ne conquere, & qu'il
n'aſſeure ſes conqueſtes. Il a toutes les qualitez neceſſaires pour cela. Sa reputation n'a point de bornes. Son
Royaume ne peut s'eſpuiſer d'hommes ny d'argent. Il
eſt hardy. Il eſt patient. Il eſt ieune. Eſtranges effets de
ſa hardieſſe, qui neantmoins n'euſt rien fait ſans ſa
patience. Celle-cy eſt abſolument neceſſaire pour venir à
bout des grandes choſes. Ses diuers effets & proprietez.
C'eſt vne vertu qui nous eſt nouuelle; qui eſtoit incon-
nuë à nos peres; dont les ſeptentrionaux ne ſont pas

capables; que le Prince a pratiquée tres-utilement &
qu'il accorde auec la promptitude, par laquelle il acheue
tout ce qu'il commande. Othon fut vaincu, pour n'a-
uoir pas eu la patience de vaincre. Considerations sur
les circonstances de sa mort. Il y en a qui sçauent perir,
mais qui ne sçauent pas endurer, qui ne peuuent laisser arriuer les euenemens, qui preferent vne condition
mauuaise à vne condition incertaine. Dauid dit de soy,
qu'il a patiemmens attendu l'Eternel. Il douta neantmoins, bien qu'il fust asseuré du dessein de Dieu par
vne connoissance infaillible & s'est escrié, Seigneur,
as-tu oublié ta promesse? Quel est donc celuy qui apporte vne fermeté & vne perseuerance inuincible en
des entreprises, dont l'Oracle ne garantit point le succez; que Dieu approuue seulement, sans promettre de
les faire reüssir. Quelle affaire ne termineroit vn Prince,
qui n'auroit iamais senty ny de langueur, ny de dégoust, ny
d'impatience?

CHAPITRE XXII.

Il ne voyoit rien au delà de
cette vie, & s'il n'y auoit
point de Iuge là haut, deuant lequel il deust vn iour compa-
roistre, il pourroit aussi bien que les
autres s'agrandir des miseres de la
Chrestienté, & auec le temps il ne

luy feroit pas impoſſible de paruenir
à la Monarchie. Il pourroit ſe proua-
loir des occaſions qui luy rient, de
quelque coſté qu'il ſe tourne, cultiuer les ſenreces de diuiſion, qui ſont
nées chez nos Voiſins, ecouter les
Peuples qui le ſollicitét, & receuoir
ceux qui ſe voudroient donner. Les
qualitez neceſſaires pour conquerir,
& pour aſſeurer ſes conqueſtes, ne
luy manquent point. Il eſt dans la
force d'vne belle & fleuriſſante ieu-
neſſe : Il s'eſt acquis vne reputation
incroyable : Il a vne hardieſſe, qui
ne s'eſtonne de rien ; vne patience,
qui acheue tout ; vn Royaume, qui
ne peut s'appauurir, ny ſe depeu-
pler.

Ie n'ay point icy reſolu de loüer
la France, cette riche & agreable
partie de la Terre, que le Ciel fauori-
ſe de ſes plus doux & plus amoureux

regards, & fur laquelle il épend les
meilleures influences de fes Aftres. Ie
ne veux rien dire de particulier de la
reputation du Roy. On fçait affez
que par elle fon Royaume n'a point
de Frontiere ; que par elle il regne
dans l'efprit des Subjets des autres, &
que l'eftime que les eftrangers font
de luy, eft caufe qu'ils meprifét leurs
Princes. Ie ne parleray point no plus
de fa hardieffe, qui l'a fouuent obligé d'attaquer fes ennemis, quoy
qu'ils fuffent les plus forts en nobre,
& qu'ils euffent l'auantage du lieu
pour combatre ; qui l'a porté à commencer de groffes guerres auec fon
fimple Regiment des Gardes, qui
luy a fait entreprendre vne affaire
que le Roy fon Pere auoit apprehen-
dée, & où fes Predeceffeurs ayant
employé tous leurs efforts, n'auoient
monftré que leur impuiffance.

Que ſi en la vie de Saint Epipha-
ne, Eueſque de Pauie, écrite par ſon
ſucceſſeur en la meſme dignité, il eſt
fait métion comme d'vn demy-mi-
racle, de ce qu'il oſa paſſer les Alpes
au mois de Mars, pour aller trouuer
à Lyon le Roy des Bourguignós, de
la part du Roy des Gots, & ſi l'Autheur appelle cela, mépriſer la mort,
combatre la violence du temps, &
ne point craindre les iniures du Ciel
irrité : Qu'eſt ce que le Roy vient
preſentement de faire auec vne armée ? N'a-t'il pas vaincu au mois de
Feurier, dans des precipices, & ſur
de la glace? N'a-t'il pas pris vne Ville, que l'Hyuer, les montagnes, &
les hommes deffendoient ?

Pour le trauail qu'il a baſty dans
la Mer, & au milieu des vagues é-
meuës, ie n'ay garde d'y toucher. La
modeſtie du ſtile oratoire ne côuiét

pas à vne actió si estrange, si inöuïe,
& si peu croyable. Les seuls Poëtes
ont droit sur cette matiere. Elle appartient à leur langage artificiel, &
comme ils le nomment, Heroïque,
elle est digne de leur entousiasme, &
de leurs descriptions pompeuses &
figurées. Ce seroit entrer dans leur
profession, & passer les barrieres qui
nous separent, que de vouloir reciter la captiuité de l'Ocean, la puissance de flots retenuë, la place des
Elemés remuée, l'Empire des Vents
& de la Fortune, qui a changé de
Maistre, & ne reconnoist plus que
LOVYS LE IVSTE. Iamais verité ne ressembla mieux au mensonge que celle-cy: & nous doutons encore si ç'a esté ou vn songe, ou vn en-
chantement, ou vne histoire.

Tant y a que nous deuons auoüer
que le Roy est hardy, iusqu'à entre-

prendre des chofes qui font fans
exemple, qui rauiffent en admiration ceux qui les ont veües, & paroiffent aux autres de fi dure, & de fi
difficile creance, qu'ils ont bien de
la peine à ne les eftimer pas fabuleufes. Mais nous deuons auoüer par
mefme moyẽ, que fa hardieffe n'euft
rien fait fans fa patience, & que celle cy, qui n'eft point contraire à la
promptitude, de laquelle nous parlions tantoft, a recompenfé fes peines, & couronné fon ouurage, a mis
les affaires en leur derniere perfectió,
a fondé vne eternelle paix fur vne
entiere victoire.

On euft peu voir autrement de
grands commencemens, des preparatifs formidables, force guerres de-
clarées, quantité d'Edicts de feu &
de fang. Mais ces commencemens
n'euffent efté que des dépences per-

duës; Ces preparatifs n'euſſent pas
fait plus de mal que des machines de Theatre, que des Dragons,
& des Cerberes de toile peinte; Ces
Edicts euſſét eſté reuoquez par d'autres Edicts contraires; Ces guerres
euſſent finy par vn accommode-
ment honteux. Le premier ſuccez
qui ne fuſt pas arriué à noſtre ſou-
hait, nous euſt fait maudire toute la
beſongne. A la moindre difficulté
qui ſe fuſt preſentée contre noſtre
attente, nous euſſions tourné la teſte
du coſté de Paris, & regretté le
Cours, & les Tuilleries. Vn bon Cô-
ſeil euſt eſté blaſmé, non pour eſtre
ſuiuy d'vn mauuais euenemét, mais
pour ne produire pas vn effet aſſez
ſoudain, & ſi la victoire ne fuſt venuë iuſtement au poinct que nous
la voulions, nous euſſions laiſſé là
les affaires auancées, & deſeſperé

d'vne chose demy-faite.

La patience est donc absolument necessaire, pour executer les hautes & importantes entreprises; pour s'auácer tout droit vers le but, sans s'arrester de costé ny d'autre par les chemins; pour faire ce qui a esté resolu, & se mocquer des bruits que l'õ fait courir; pour preferer la gloire durable, & la solidité des effets à vne courte reputation, & à la vanité de l'apparence; pour ne s'esmouuoir ny des murmures des siens, ny des brauades de l'Ennemy; pour venir à bout de son opiniastreté, apres auoir consumé sa force; pour vaincre finalement ce qui se veut & se sçait deffendre.

Mais que sert-il de le dissimuler? Cette vertu, que le Roy met aujourd'huy en vsage, nous est aussi nouuelle, qu'elle estoit incognuë à nos Peres.

Peres. La Voix publique nous reproche le vice contraire, & toute l'Antiquité les en a blasmez. Car bien que tantost ils jurassent solemnellement de ne desceindre jamais leurs baudriers, qu'ils n'eussent monté au Capitole, & que tantost ils promissent à leur Dieu, de luy consacrer les armes des Romains, & de luy presenter vn Carcan fait de leur butin. Bien qu'encore depuis viuans sous les loix Chrestiennes, ils s'obligeassent par serment de prendre des Villes, & qu'ils fissent vœu de ne se deshabiller ou point, & de ne boire ny de ne manger, qu'elles ne fussent à eux, ce qu'ils appelloient, IVRER ET VOVER VN SIEGE: Neantmoins le plus souuét ils rompoient leur vœu, & vibloient leur serment; Et si quelquefois ils ont

S

emporté les places qu'ils affiegeoiét,
ç'a pluftoft efté par impetuofité que
par raifon ; pluftoft en perdant des
hommes qu'en mefnageant le téps,
& plus à caufe que la fcience de les
fortifier eftoit ignorée, que pource
qu'ils les fçeuffent bien attaquer.

Quant à moy ie ne fçaurois loüer
cette valeur fortuite, & defordon-
née. Il n'eft pas difficile d'eftre courageux pour vn temps, mais il eft
difficile de l'eftre toufiours ; & l'éga-
lité a efté eftimée à tel point par
certains Sages, qu'ils ont crû mefmes, que c'eftoit quelque chofe de
plus excellent, de perfeuerer dans le
mal, que de n'eftre pas affeuré en la
Vertu. Il y a vne infinité de gens qui
feroient de bonnes actions, pouruei
qu'elles ne duraffét qu'vn iour, mais
il n'y en a gueres qui foient capables
de conduire vn long deffein ; Il n'y

en a gueres de si ardens dont l'émotion ne passe, & qui ayent des sou-
gues cōtinuës; Il n'y en a quasi point
qui n'ayment mieux entreprendre
plusieurs affaires, & changer souuét
d'occupation, que de s'attacher à vn
objet , & de continuer le mesme
trauail.

La pluspart des Septentrionaux
agissent ainsi, & n'ont que des trans-
ports, & des mouuemens soudains.
Ils n'vsent point de leur discours, ny
ne se seruét de leur raisō à la guerre,
mais recueillans toute leur vigueur
ensemble , & jettans dehors toute
leur bile, ils font d'abord vn extreme effort, apres lequel trouuant plus
de resistance qu'ils n'en attendoiét,
& le propre de la violence estant de
durer fort peu, si la raison & le discours n'y sont pour la maintenir, cōme ils ont esté plus qu'hommes au

comencemét, ils deuiennent moins
que femmes dans la suite de leur
action. & comme s'ils sortoiét d'vn
accez de fieure, ils languissent apres
auoit esté agitez. Ils fuient d'ordinaire, s'ils ne font fuir, & se rendent,
s'ils ne prennent. Au moins veulent-
ils hazarder leur fortune ; & leurs esperances tout à la fois, & demandét
vn assaut general, où vne bataille,
pour n'auoir rien à faire lé lédemain.
Ils ne songent point à vaincre: Ils ne
songent qu'à finir la guerre, & à sortir des incommoditez presentes,
voire par leur desfaite, voire par leur
mort.

Ce braue Gaulois le reconnoist
bien dans les Commentaires de son
Ennemy, où respondant aux obje-
ctions de ses Accusateurs, il auoüe
qu'il n'a voulu laisser la charge de
l'armée à personne; de peur que ce-

luy à qui il l'euſt laiſſée , preſſé de
l'importunité de la multitude, n'euſt
eſté contraint de combattre; à quoy
il voyoit que tous enclinoient, pour
n'auoir pas aſſez de courage , & pour
ne pouuoir endurer les fatigues de la
guerre. Et en vn autre endroit des
meſmes Eſcrits , on peut voir que
c'eſt ſouuent laſcheté , & non hardieſſe , de vouloir tout remettre à la
deciſion d'vne bataille , & qu'il ſe
trouue beaucoup plus de gens qui ſe
preſentent de leur bon gré à la mort,
que de ceux qui ſouffrent virilement
la douleur.

L'Empereur Othon fût vaincu,
parce qu'il n'eut pas la patience d'e
vaincre. Il ſe tua par delicateſſe , &
aima mieux promptement perir,
que de ſe donner de la peine quelque
temps. Sans monſtrer de peur , ny ſe
mettre en fuitte , il ne laiſſa pas d'e-

ſtre deſerteur de ſon Party, & fugitif
de ſon Armée. Il ne manquoit ny de
conſeil , ny de forces : Il auoit les
plus belles troupes , & les plus deſi-
reuſes de bien faire qu'õ euſt iamais
veuë; Et neantmoins pour vne jour-
née qui ne leur fut pas heureuſe, il
abandonna la victoire à vn Ennemy , qui en toutes choſes luy eſtoit
inferieur, & quitta la partie , à cauſe qu'il ne gaigna pas du premier
coup. Il renonça à l'Empire , à l'honneur, & à la vie , pour ne pouuoir
plus ſupporter la doute & l'incertitude de l'auenir, & le ſoin de penſer
tous les jours à ſes affaires luy ſem-
bla ſi faſcheux, que pour eſtre de loiſir en quelque façon , il reſolut de
s'oſter du Monde.

 Nous voyons par là que la mol-
leſſe, auſſi bien que la neceſſité, porte les hommes à deſirer les choſes ex-

tremes, & que non seulement les
Vaillans & les Desesperés, méprisent
la mort, mais aussi les dégoustez &
ceux qui s'ennuyent. Le soupçon du
mal touche les esprits infirmes, plus
violemment, que le mal mesme. Ils
croyent faire beaucoup de se garantir de l'agitation par la cheute, &
preferent vne condition mauuaise à
vne condition incertaine. Il leur est
impossible de laisser arriuer les éuenemens, & d'attendre la maturité
des choses. Ils voudroient haster le
cours de la Prouidence, & auacer ses
effets. Ils voudroient coduire à leur
plaisir ses mouuemens & ses perio-
des. Ils voudroient la mener, & non
pas la suiure : & que ce fust leur Prouidence, & non pas celle de Dieu.

Les Sages font autrement, & Dauid se rend ce tesmoignage à soy-
mesme, Qu'il a patiemment at-

,, dendu l'Eternel, lequel ne l'a point
,, trompé. Et neantmoins cette impatience est si naturelle à l'homme,
& si mal aisée à surmonter, qu'il co-
fusse que les succez, qu'on luy auoit
fait esperer, ont lassé plusieurs fois
ses esperances, que son esprit s'est
égaré dans la consideration de l'aduenir, & sa foy affoiblie par la longueur d'vn téps qui ne venoit point,
que souuent il luy est échappé des
murmures, iusques à douter de la
vérité de son Onction, & de la pa-
,, role de Samuel, en disant, Tout
,, homme est méteur, Iusques à dire
,, à Dieu mesme, Dors tu Seigneur?
,, As-tu oublié ta promesse? Veux-tu
,, faussier ton Serment?

　　Or puis qu'vn Prince, qui estoit
asseuré du dessein de Dieu par des re-
uelations expresses, & par vne co-
gnoissance infaillible, voyant que

les effets des choses promises alloiét
vn peu plus lentement qu'il n'eust
desiré, s'est ennuyé d'esperer, & a eu
des doutes, & vn commencement
d'impatience. Quelles loüanges dó-
nerons-nous au Roy, qui ne sçachât
point si les actions qu'il entreprend
doiuent estre heureuses, mais sçachant seulement qu'elles sont iustes;
ne sçachant point si Dieu les recom-
pensera en ce Monde, mais sçachant
seulement qu'il les approuue, y apporte vne fermeté & vne perseueráce
inuincible, n'en peut estre de-
stourné, ny par la lógueur du temps,
ny par la grandeur de la despence,
ny par le nombre des Aduersaires
qui croissent, ny par le deffaut des
amis qui manquent, ny par la dureté
de la matiere qu'il rencontre, ny par
la repugnance des Ouuriers qu'il
met en besongne.

ARGVMENT

Le Prince est en l'âge des grandes pensées, & des grandes actions. La ieunesse est le temps d'entreprendre & de conquerir. La prudence vient d'une plus noble cause que du deffaut de la chaleur naturelle. Les vieillards sont moins favorisez de Dieu que les ieunes gens. Selon la Theologie des Iuifs, ceux-là font des songes, ceux-cy ont des visions. Le Prince est guidé par une autre lumiere que celle de la raison ordinaire. Il ne discourt pas à nostre mode, & semble plus agir par inspiration, que par conseil. Sa ieunesse ne manque pas mesme des auantages qui s'acquierent en vieillissant. La fortune l'a enseigné par abregé, & luy a donné une experience racourcie. Son regne est l'image de plusieurs siecles. Il a crû parmy les resistances & les contradictions. Son enfance a esté attaquée par tous les endroits, s'est guarantie des espions, des traistres, & des ennemis declarez. Par là il a appris de meilleure heure à estre secret, à estre habile, à estre vaillant. Il a desia fait tout ce qu'il faut faire pour conquerir. Et quand ce ne seroit qu'il va à la guerre, & que les Conquerans de ce siecle n'y vont pas, il seroit bien estrange, que la presence d'un grand Prince ne fist plus d'effet, que celle d'un simple Lieutenant.

CHAPITRE XXIII.

Ien n'est impossible à un Prince qui sçait attendre & perseuerer de cette fa-

çon : Mais particulierement quand
il eſt jeune , & que non ſeulement il
a deuant luy vn grand temps à employer, mais qu'auſſi il peut changer de vertu , ſelon la diuerſité des
occaſions, & ſe ſeruir de la promptitude , où la patience ne ſeroit pas
bonne. L'âge , où eſt aujourd'huy
le Roy , eſt l'âge de bien entreprendre , & de bien faire , eſt la plenitu-
de , & la perfection de l'homme , la
vigueur & la ſolidité de la vie. Les
Enfans ne ſont pas encore venus , &
les vieillards ſont paſſez ; Les vns
ſont des fleurs, & les autres des écor-
ces; Ceux là ne ſçauent pas les choſes du Monde , ceux-cy les ont ou-
bliées. On ne vieillit point impunément , & ſans vne notable dimi-
nution de ſoy meſme : Il en couſte
d'ordinaire toute la force , & vne
partie de la Raiſon. Vn homme ne

peut pas estre deux fois, & nous auōs
tort de nommer meur, ce qui est
pourry, & de croire que les bons
cōseils ne puissent venir que du deffaut de la chaleur naturelle. Ce seroit donner à la Prudence vne origine bien honteuse, que de la faire naistre de l'infirmité. Ce seroit estre in-
grat enuers Dieu, de rapporter au
temps, & aux autres causes inferieu-
res, la grace que nous ne tenons que
de luy.

Aussi le plus ancien & le mieux
instruit des Philosophes, ayant proposé comme vne creance generale,
,, Que le bon sens est la possession
,, des Anciens, & que la multitude
,, des années enseigne la Sagesse. Il
conclud qu'il a esté autrefois de cette opinion, mais que depuis il a re-
,, connu, Que les Anciens n'enten-
,, dent pas tousiours le jugement, &

que les Vieillards ne sont pas tous- 9c
jours les Sages. Que c'est l'inspira- 9c
tion du Tout-puissant, qui donne 9c
l'intelligence, & que l'Esprit est de 9c
l'homme, & non pas de l'aage. Et 9c
vn Rabin, qui n'est pas de petite autorité parmy les Iuifs, expliquant ce
texte de l'Escriture Sainte, Vos jeu-
nes gens auront des visions, & vos 9c
Vieillards feront des Songes, infe- 9c
re de ces paroles, que les Ieunes sont
admis plus prés de Dieu que les
Vieux, & qu'ils ont vne plus particuliere communication de ses secrets, d'autant que la connoissance
qui se tire de la vision est plus nette
& plus distincte, que n'est celle qui
procede du Songe.

S'il en faut croire ceux qui ont
l'honneur d'approcher du Roy, &
de considerer l'interieur de sa vie, &
la source de ses actions, il est si heu-

reux en ce qu'il conçoit , & iuge si
certainement des choses les moins
certaines, qu'il paroist bien qu'il ne
les void pas à nostre mode , & qu'il
est guidé par vne plus pure lumiere,
que celle de la raison ordinaire. La
pluspart des grandes resolutiós qu'il
a prises luy ont esté enuoyées du
Ciel. La pluspart de ses conseils partent d'vne Prudence superieure , &
sont plustost des inspirations venuës
immediatement de Dieu , que des
propositions faites par les hommes.
Il trouue souuent la verité sans prendre la peine de la chercher, & le plus
subit mouuement de sa pensee est
d'ordinaire si raisonnable & si con-
cluant , que le discours qui vient
apres, ne fait qu'approuuer ce premier acte , sans y rien adiouster de
nouueau.

Ie sçay bien qu'il y a vne misera-

ble Science, que les hommes appre-
nent par leurs fautes, & par leur
mal-heur, & qu'on peut deuenir
Medecin à force d'estre malade.
Mais encore cet auantage du Naufrage, qui ne se gagne que par la perte de la plus chere & de la plus precieuse partie della vie, ne manque
point à la ieunesse du Roy, & la Fortune luy a assemblé tant d'euenemens
diuers, & luy a faict voir en foule vn
si grand nombre d'affaires, que vous
diriez qu'elle a vn dessein de luy do-
ner vne experience raccourcie, & de
l'enseigner par abbregé. Iamais elle
ne fut plus empressée, ny ne remua
dauantage, que sous son regne. Elle
ne luy a rien caché de tout ce qu'elle
peut produire d'estrange. Elle a mis
au jour iusqu'à la derniere de ses ma-
lices. Elle ne s'est pas reseruée vn
seul coup, qu'elle n'ait frappé. Elle
n'a

luy a monstré en moins de dix neuf
ans l'Image de plusieurs Siecles.

Il s'est passé autrefois des saisons
entieres, où il semble que le monde
n'ait fait que dormir, & qu'il y ait eu
comme vne suspension generale de
toutes les fonctions de la vie actiue.
C'est vn espace vuide dâs la memoire des choses: La Renômée n'en rend
qu'vn fort foible témoignage: Les
Liures ne nous en apprênêt point de
nouuelles. Il n'y a point d'Histoire
de ce têps là, ou pour le plus elle n'est
occupée qu'à décrire les festins & les
danses du Carnaual, qu'à representer
l'ordre d'vne Ceremonie, ou la magnificence d'vn Tournois, qu'à ré-
citer l'entrée de quelque Roy en sa
ville Capitale, ou les solemnitez
de son mariage.

Nous ne sommes pas naîs en ces
saisons molles & oysiues: Le Regne
du

du Roy n'est pas de ceux-là. Il est remarquable tant par ses propres orages, que par les changemens & les
reuolutiós, qui sont arriuées en toute l'Europe. Ce n'a esté que brouillerie, & que tumulte, que diuisions ciuiles & domestiques; que reuolte,
ou que meditation de reuolte. On
n'a iamais desarmé tout de bon, ny
fait d'accord qui n'ait esté rompu
dés le lendemain. Le Bien public &
la reformation de l'Estat, ont failly
à ruiner le Public & l'Estat trois ou
quatre fois. La Royauté a esté attaquée de tous les costez, & par
toutes sortes de machines. Il a fallu
la venger des outrages de ceux qui
la mesprisoient, & la tirer d'entre les
mains de ceux qui abusoient d'elle:
Il a fallu punir ses Amans, & ses Ennemis, la deffendre au dedans contre les mauuais Conseillers, & au de-

T

hors contre les Rebelles ; acheter les
auares , honorer les ambitieux , &
vaincre en fin les vns & les autres.

Le Roy a esté nourry dans ce beau
calme : Il a crû parmy ces resiſtâces,
& ces contradictions. Ce ſont les eſ-
bats de ſon enfance, & les diuertiſſemens qu'on luy a donnez depuis la
mort du feu Roy ſō Pere Ce ſont les
fleurs qu'il a trouuées dās le chemin
qu'il a fait ; les ombrages & les repo-
ſoirs qui luy ont eſté dreſſez ſur le
paſſage. Toutesfois auoüons la verité, vn ſi rude & ſi faſcheux exercice ne luy a point eſté inutile. La tempeſte luy a enſeigné l'Art de naui-
ger : L'aduerſité luy a fait des leçons,
qui luy ſeruiront toute ſa vie : Il n'a
point perdu ſon temps dans vne ſi
triſte échole. Les peines ſont bien
plus inſtructiues, que les plaiſirs : Il
vaut bien mieux que des Aduerſai-

res ayent exercé sa vertu, que si des
Flateurs l'auoient corrompuë. Il a
bien tiré plus de profit de cette grande varieté de mal-heurs, qu'il n'eust
eu de contentement en vne longue
paix, dont les jours sont tous semblables.

Au moins en a-t'il appris de meilleure heure à estre secret, ayant eu
d'abord à combattre contre vne infinité de Traistres, & d'Espiós, & à se
guarantir de tous les artifices d'vn
mauuais temps. Il a acquis en perfection cette qualité, qui fait que l'hó-
me est le vray possesseur de soy-mesme, & qu'il ne se met point en la
puissance d'autruy par vne liberté
inconsiderée; qu'il tient son esprit
fermé aux embusches, & aux entreprises des meschans, qu'il ne le dispense que par mesure, & discrette-
ment, & ne laisse voir aucune mar-

T ij

que exterieure de ses intentions à
ceux qui les doiuent ignorer. Il a
pratiqué encore auant la raison, &
dans l'innocence de ses premieres
années, les autres vertus de la vieillesse, & en vn aage où l'on ne commence que de remarquer les bonnes
inclinations, nous auons admiré de
parfaites habitudes.

Nous auons veu vn Enfant sage,
vn Enfant judicieux, vn Enfant également bien instruit des affaires de
la paix & de la guerre. Nous auons
veu vn Enfant jaloux de son autorité, vn Enfant riual & émulateur de
la gloire d'vn grand Roy son Pere,
vn Enfant Pere luy mesme de la Patrie. Nous auons veu des conjuratiós
esteintes, des Tyrans exterminez,
des Villes forcées, des Armées rom-
pües par vn Enfant. Que diray-je dauantage ? Il a fait de fort bonne heu-

re tout ce qu'il faut faire pour conquerir, & si on changeoit de Theâ-
tre à ses actions, il auroit conquis les
Prouinces qu'il a conseruées. Il a esté
victorieux en ce Royaume, & le sera ailleurs quand il luy plaira. Il ne
peut rien trouuer difficile, ayant mis
les François à la raison.

Et certes quand ce ne seroit qu'on
le void à la teste de ses Armées, qu'il
range luy mesme ses Soldats en bataille, qu'il ordonné des logemens,
qu'il se fait apporter les Cartes pour
voir les lieux qu'il est expedient de
prendre, ou d'abandonner : Quand
ce ne seroit que c'est luy qui baille
quasi tous les ordres, qui faict les
principaux commandemens ; qui
prend connoissance des moindres
fonctions de chaque charge, il faudroit que les choses se destournassent
du cours ordinaire, & n'allassent pas

par où elles doiuent aller, s'il ne reüf-
fiffoit mieux que les Princes qui ré-
gnent à leur aife entre les bras d'vne
Femme, ou d'vne Maiftreffe, & qui
ne voyant leurs affaires que dans les
dépefches de leurs Lieutenans, attendent ordinairement les fuccez à
trois cens lieuës de la guerre.

ARGVMENT.

*Le Prince peut tout , mais il ne veut que ce qu'il
doit. Il ne permet rien à fon courage contre le fentiment
de fa confcience. Il mefprife les hommes, mais il craint
Dieu. Combien cette crainte eft à eftimer. Elle peut
tomber dans l'efprit d'vn homme parfaitement courageux: c'eft la crainte des fages , & des vaillans. Le
Prince en fait profeffion; n'accepteroit pas la Monarchie vniuerfelle auec vn peché mortel; aymeroit mieux
tout perdre que fa probité.*

CHAPITRE XXIV.

Out cela neantmoins ne
doit faire peur à qui que ce
foit. Toute cette foule de

vertus ne veut opprimer personne.
Il a la conscience si delicate, qu'elle
ne peut rien souffrir qui luy pese, &
qui s'eloigne tant soit peu de la parfaite equité: Il faut qu'elle soit premierement satisfaite, auant qu'il
contente son courage, & qu'elle approuue le dessein qu'il a, auant qu'il
forme de resolution, Il ne dit point
aux Casuistes, trouuez moy des raisons pour faillir, & persuadez-moy
que ie suis innocent, quoy que ie me
sente coupable. Le repos de son ame
ne s'establit pas par de si faciles
moyens, ny ne dépend de la subtilité
d'vn Docteur. Il est Iuge des œuures
d'autruy, mais il est Tyran, pour le
dire ainsi, des siennes propres, & ne
se fait iamais la grace, qu'on peut
quelquefois receuoir de luy. En l'affaire la plus auätageuse qui luy sçauroit estre proposée, s'il estoit asseuré

T iiij

du bon heur de l'euenement, & qu'il
ne fuſt pas certain de la bonté de la
cauſe, il s'arreſteroit tout court ſur
cette difficulté, & refuſeroit coura-
geuſement les Sceptres & les Couronnes, ſi on les luy preſentoit, ie
ne dis pas auec vn peché mortel,
qu'il fuſt obligé de commettre, mais
auec vne action douteuſe, & qui eût
beſoin d'explication, qu'il luy falluſt
entreprendre.

　　Il ne craint point les oppoſitions
des Princes, les Ligues des Republiques, les forces de pluſieurs Royaumes, aſſemblées contre la juſtice de
ſes Armes. Il ne craint point les iniures des ſaiſons, les difficultez des
lieux, & vne infinité de differens
dangers qui menacent ſa perſonne à
la guerre : Mais veritablement il
craint Dieu ; & quand il y auroit autant de Mondes en effet, que quel-

ques Philosophes en ont basty en
leur fantasie, pour les auoir tous il ne
voudroit pas l'auoir offensé vne seule fois.

Cette crainte ne tient rien de la
lascheté, & de la mollesse: Elle peut
tomber dans l'esprit d'vn homme
parfaitement courageux; Elle n'est
point contraire à la vraye vaillance,
Ce n'est point foiblesse de cœur,
c'est force d'entendement; Ce n'est
point vne passion, c'est vne vertu,
de laquelle les Peres ont parlé, lors
qu'ils ont dit, qu'en l'ame du Chrestien la crainte doit estre la gardienne de l'Innocence; & l'Apostre deuant eux, quand il a exhorté les Phi-
lippiens, à s'employer à leur salut auec
crainte & tremblement. De cette
crainte ont esté saisis les Saints Pa-
triarches, ces hommes hardis & magnanimes, ces hommes qui luttoient

auecque les Anges ; qui ſçauoient
qu'ils deuoient eſtre les Anceſtres
du Sauueur du monde ; qui eſtoient
les amis, les hoſtes, & les familiers
de Dieu. Et neantmoins la priuauté
qu'ils auoient auecque luy , ne leur
oſtoit pas la peur, & cet eſtroit commerce ne les empeſchoit pas de redouter ſa Souueraine Iuſtice.

l'ay ſouuent admiré dans les Liures de Moyſe ces eſtráges façós de
„ parler, Le Dieu d'Abrahá, le Dieu
„ d'Iſaac, & la frayeur de Iacob. Et
„ Iacob iura par la frayeur d'Iſaacſó
Pere, c'eſt à dire , par le Dieu de ſon
Pere. Le lieu meſmes, où Dieu s'ap-
parut à l'vn d'eux, a le nom d'Eſpou-
„ uentable. Pour vray , l'Eternel eſt
„ en ce lieu! Il eut crainte, & s'écria,
„ Ce lieu eſt Eſpouuétable. Ailleurs,
„ Celuy qui eſt terrible , qui oſte le
„ cœur aux Princes, & qui eſt eſpou-

uenable aux Roys de la Terre, "
c'est Dieu, en vn mot. Et Saint Paul "
dit de Moyse, qu'il fut espouuen- "
té, & qu'il trembla, tant estoit ter- "
rible ce qui luy apparoissoit. Tel- "
lement qu'il est parlé de Peur presque par tout où il est parlé de Diuinité: Et ces admirables Personnages
qui se presentoient auec vne mine
asseurée à la fureur des Peuples é-
meus, qui brauoient l'orgüeil des
Roys, & mesprisoient la puissance
des Demons, apprehendoient si fort
de déplaire à Dieu, que Dieu est simplement nommé leur Frayeur.

Le Roy est donc timide de cette
sorte: Il a la crainte des Sages & des
Courageux: Il tremble en la presence du Seigneur. Ses Maximes n'offensent iamais les deuoirs de la Charité: Sa prudence Politique n'est
point contraire à la simplicité des

Chreſtiens: Il a mis la probité dans
le Troſne ; & ſe reſſouuenant qu'il
eſt compagnon de ſes Subjets au ſeruice d'vn plus grand Maiſtre, & que
le ſoin de ſon ſalut eſt la plus impor-
tante de ſes affaires, il void bien que
de droit de Seruiteur le plus obligé
doit eſtre le plus fidele, & que ce luy
ſeroit vn miſerable auātage de pouuoir pecher Souuerainement, de n'o-
beyr ny aux Loix, ny à la Raiſon,
pour faire paroiſtre ſon independan-
dance; de remplir de ſes conqueſtes
les Annales, & les Hiſtoires, & d'e-
ſtre effacé du Liure de Vie.

ARGVMENT.

*Diſcours de la probité. Exeuſe de l'Auteur, de ce
qu'il eſt rouſſiours contrainte de toucher aux playes &
aux maladies de ſon pays; de ce qu'en ſuiuant ſon Heros victorieux, il s'amuſe aux Monſtres qu'il a vaincus, ou qui luy reſtent à vaincre. Ce ſont des accidens
de ſa matiere, & non pas des choix de ſon eſprit. Ce*

... est pas ... moire ... mais c'est avoir
rencontré un mauvais temps. Toutesfois il n'y en eut
iamais de fort bon peuple sujet dont il s'agit. A Spar-
te ... estimé ... que ne
... quelque de bien ... dont il est ...
... La sagesse & la vaillance sans la probité ... de
... vertus, à mieux dire ce ne sont point des
... certes ... estre appellées ... qu'improprement. Definition de la finesse. Nostre Prince
n'est pas de la race des Othomans. Il est petit fils de saint
... par des maximes Chrestiennes. Il ne
... point de prudence, qui ne soit accompagnée de
probité. Confirmation de son opinion par la parole de
... Payth. La gai-
son s'estend plus loin de la Politique que dans la morale, mais cet espace ne doit pas estre infini. La loyauté
... fondement de tout le commerce. Ceux qui sont ...
... langage ... la Religion,
s'unissent par la bonne foy. On peut plus aisément traiter auec les muets, qu'auec les menteurs. La confiance
... perdue, on ne peut plus nuire ni profiter à personne. Et partant il faut estre bon par interest, quand
on ne le seroit pas par inclination. Dans les anciennes
comedies les Maistres protestent qu'ils haïssent la fuite
plus que la mort. Il n'y a que les valets qui se meslent
des fourbes & des intrigues. Tite Liue repris par Seneque, pour auoir loué ... esprit d'vn meschant. Euripide ... en ... cause d'vn vers qui semble
fauoriser le pariure.

CHAPITRE XXV.

IE ne puis cacher en ce lieu ma iuste douleur. Il est bien fascheux de crier sans cesse contre le Temps & contre les mœurs, de rencontrer tousiours en son chemin le Vice ennemy de la Vertu, que l'on cherche, & de ne pouuoir loüer le Roy qu'en blasmāt les autres hōmes. Mais quel moyen de parler d'Hercule, si on ne parle des Monstres? de considerer vn victorieux sans ennemis? de traiter de la guerison & du renouellement des choses, sans dire quelles sont, & quelles ont esté leurs maladies? Il m'est insupportable de voir que cette probité que j'estime tant, n'a jomais esté assez estimée, & que l'iniustice hardie, ou ingenieuse, a toüsiours eu de l'approbatiō & des Par-

eſans. La Republique du Monde la
moins corrompue autoriſoit le mal,
pourueu qu'il ſe fiſt auec vn peu de
ſubtilité.   En   Lacedemone   on
ne puniſſoit pas ceux qui déro-
boient , mais ceux qui ne ſçauoient
pas bien dérober , & c'eſtoit pour
auoir eſté pareſſeux qu'ils eſtoient
condamnez , & non pas pour auoir
eſté iniuſtes. Il me ſouuient d'auoir
veu en quelque lieu cette plaiſante
definitiō de l'Ambaſſadeur. L'Am   "
baſſadeur eſt vn homme graue, en   "
uoyé au loin , afin de mentir pour   "
la Republique. On tient commu   "
mément que d'vn mauuais Subjet il
ſe peut faire vn bon Prince. Et Ciceron s'eſt offenſé comme d'vne iniure qui bleſſoit ſa reputation & ſon
honneur , de ce que Brutus l'auoit
appellé homme de bien. Il en fait ſes
plaintes à Atticus leur cōmun amy,

par vne lettre qu'il luy écrit : Il té-
moigne qu'il ne peut digerer la dureté de cette parole ; Et à son aduis,
si Catilina l'eust voulu loüer , il ne
l'eust pas loüé plus maigrement.

Pour cette fois il me sera permis
de biasmer vne personne, que d'ailleurs ie respecte infiniment , & qui
me seroit sacrée & inuiolable en
toute autre occasion que celle-cy. Il
n'y a point de loüange que ie prise
tant que celle que Ciceron méprise
si fort, & i'estime les Bons beaucoup
plus que les Sages , ny que les Vaillans. Sans la Bonté ceux-là sont des
Serpens, & ceux-cy des Loups : La
Sagesse n'est qu'vn venin subtil, &
vne corruption penetrante. La Vaillance n'est qu'vne faim enragée, &
vne alteration du sang humain. Les
Sages, s'ils sont subjets, trahissent le
Prince, & vendent l'Estat; les Vaillās
entre-

entreprennent sur sa personne, & se
mettent en sa place; Les vns le tiennent en perpetuel soupçon, & les
autres en perpetuelle crainte. S'ils
sont Princes, il n'y a iamais de seureté en leur Cour, ny de paix en leur
Royaume. Ils inquietent leurs Voisins, & trauaillent encore plus leurs
Subjets. La guerre ne finit, ny par les
Traitez, ny par la Victoire. Ils ne
tiennent leur parole que iusqu'à la
premiere occasion de la violer, & ne
se reposent que par la seule impuissance de se mouuoir. Enfin ces rares
qualitez que le Monde admire, ressemblent à ces belles lumieres, qui
brillent en l'air, & qui font la peste
sur la Terre. Ce sont des vertus mauuaises, &
pernicieuses à la Republique, ou
plustost ce ne sont point des vertus:
Et sans doute il faut s'arrester à ces

V

„ Oracle d'infaillible verité, Que la
„ Sageſſe n'entre point dás vne ame
„ malicieuſe. Et bien qu'il ſoit dit
„ ailleurs, Que les Fils de ce Siecle
ſont plus ſages que les Fils de la Lumiere, Et qu'on liſe dás l'Euágile de
S. Luc, que l'Oeconome d'iniquité a
fait beaucoup de choſes prûdem-
ment : Neantmoins eſtant tres certain, que la Prudence humaine eſt
folie deuát Dieu, & qu'il n'y a point
de Sageſſe ſans ſa crainte, non plus
que d'edifice ſans fondement ; Il eſt
à croire qu'en ces endroits-là noſtre
Seigneur a voulu begayer auec ſes
enfans, & s'accommoder au langage
populaire. Car comme quelquefois
nous appellons blancs ceux qui ſont
paſlés, & prenons l'enfleure pour
l'embonpoint ; ſouuent auſſi nous
donnons à certains vices les noms
des vertus qui leur ſont voiſines,

Mais puis que les Empiriques ne
sont point receus dans le corps des
Medecins, & que les Philosophes
n'ont iamais pû souffrir les Sophistes, contre lesquels ils se portêt auec
tant d'aigreur dans tous leurs écrits;
Soyons, pour le moins aussi difficiles
qu'eux. Puis que nous faisons le portrait d'vn Prince qui n'est pas de la
Race des Othomans, mais qui est
petit Fils de Saint Louys: puis que le
Roy se conserue pur au milieu de la
corruption, & qu'il regne par des
maximes Chrestiennes, opposons
nous courageusement aux mauuaises opinions, nous sommes asseurez
qu'il ne les suit pas: Arrestons-nous
vn peu à côbattre le vice de la Cour
& des grands Seigneurs, auquel il
n'a point de part: Ne craignons pas
qu'il nous sçache mauuais gré si
nous n'admettons point les Pipeurs

V ij

parmy les Habiles, & si nous n'appellons point vertu la finesse. Que ce soit, si on veut, vn Art de tromper, vne méchanceté instruite & disciplinée, vn amas de regles & de preceptes, pour paruenir à vne mauuaise fin : Que ce soit Esprit, que ce soit Science, que ce soit Experience : Mais ne faisons pas cette iniure à la Sagesse, de la faire habiter au milieu des vices, & ne la confinons pas dans la conscience d'vn méchant homme.

Voicy en quels termes elle parle de soy-mesme dans le Liure qui por-
,, te son nom, Celle qui sçait le passé,
,, & iuge de l'aduenir ; qui connoist
,, la subtilité des paroles, & les solu-
,, tions des argumens ; qui voit les
,, signes & les prodiges auant qu'ils
,, soient arriuez, & les euenemens
,, des Temps & des Siecles, Celle-là

mesme est vne vapeur de Dieu, & "
vne pure influence de la clarté du "
Tout-puissant: Et partât il ne peut "
y auoir en elle rien de souillé. Et vn
peu plus bas, Elle est la Splendeur "
de la lumiere eternelle, L'image de "
la bonté de Dieu, & le miroir sans "
tache de sa Majesté. Et ailleurs il "
dit, Que la crainte du Seigneur est "
la mesme Sapience, & que se reti- "
rer du mal est intelligence. Et ail- "
leurs, Que l'ame du Saint homme "
annonce la verité, & voit plus que "
sept Guettes, qu'on a posées sur "
vne montagne. "

Les Payens n'ont pas esté generalement de contraire aduis. Encore
qu'ils ne fussent point éclairez de la
Foy, & qu'ils ne marchassent que de
nuit, ils ont trouué quelquefois la
Verité aux flambeaux. Parmy eux
ceux qui ont eu de plus droites opi-

niõs, & qui ont iugé des chofes plus
fainemét, n'ont gueres feparé la Prudence de la Probité : Et quoy qu'ils
ayent crû que la Raifon euft fon
eftéduë plus libre & moins indeter-
minée en la Politique qu'en la Morale, ils n'ont pas crû pourtant, que
cét efpace deuft eftre infiny, & que
tout ce qui eft mauuais & defendu
dans les Familles, fuft bon & legitime dans l'Eftat. Ils ont dit que les
Dieux euffent bien plus obligé les
hommes de ne leur point donner
cette Raifon, que de la leur auoir
donnée pour incommoder le Monde, & pour fe tourmenter eux-mefmes : que ce rayon de Diuinité, ce
vifte mouuement de la penfée, cette pointe qui perce & penetre tout,
leur eftoit vn prefent funefte, & vne
liberalité ruineufe, s'ils ne s'en fer-
uoient qu'au dommage, & à la perte

ſauuay, & ſçeu qu'ils ont de com-
muny auec les Dieux, les rendoit plus
farouches, & plus miſerables que les
beſtes.

Ils ont creu auſſi bien que nous
que la Loyauté eſt le fondement de
toute negotiation, & de tout commerce, Que nous ne tenons que par
là les vns aux autres, Que ceux qui
ſont diuiſez par la diſtance des lieux,
par la difference de la langue, par la
diuerſité de la religion, s'vniſſent
par le moyen de la bonne foy, Qu'on
peut traiter auec les muets, mais
qu'on ne ſçauroit traiter auec des
faſſdes, & que le ſilence eſt plus
ſociable que le menſonge. Ils ont
tenu qu'on ne gaignoit rien à mentir, ſinon de n'eſtre pas crû quand
on diſoit vray, nous laiſſant tirer de
là cette conſequence, qu'il faut eſtre
homme de bien par neceſſité & par

V iiij

intereſt, quand on ne le ſeroit pas
d'inclination, ny de volonté ; puis
que le mal eſt auſſi peu vtile que peu
honneſte ; puis que la premiere trô-
perie exclud d'ordinaire la ſeconde,
& que la confiance eſtant vne fois
perduë, il n'eſt plus poſſible de nuire, ny de profiter à perſonne.

Dans les anciennes Fables, qu'on
repreſentoit par l'autorité du Ma-
giſtrat, pour l'inſtruction du Peuple, & qui ſont encore les vrais miroirs de la vie humaine, nous voyós
que les Princes & les Heros prote-
ſtent hautement, qu'ils haiſſent la
feinte plus que la mort, & qu'il n'y
a point moyen qu'ils ſe puiſſent reſoudre à tromper : là où ce ſont les
valets, & d'autres gens de neant, qui
ſont employez à tramer les trahiſons, & qui font les fourbes & les intrigues. Et bien qu'en ſemblables

actiõs il faille de l'esprit & de la subtilité; neantmoins à cause que la
tromperie est vne tacite confession
de foiblesse, qui fait en cachettes ce
qu'elle n'ose faire à découuert; ils
ont estimé qu'il n'estoit pas de la
bien-seance de l'attribuer aux grãds
courages. De sorte que Tite-Liue
est repris aigrement par Seneque,
pour auoir dit de quelque Broüillon
de son Siecle; Qu'il n'auoit pas
l'Esprit moins grand que méchãt.
Estant impossible au iugement de
ce Philosophe, que ces deux qualitez puissent subsister en mesme su-
iect, & grand & mauuais luy sem-
blant aussi contraire, que grand &
petit.

Mais cela n'est rien au prix de ce
qui arriua à Euripide, pour ce vers
qu'il auoit fait dire à Hippolite en
quelqu'vne de ses Tragedies.

I'ay iuré de la lãgue, & nõ pas de l'esprit.
Car dés le lendemain de la represen-
tation il receut vn adiournement
personnel, & fut poursuiuy par toutes les rigueurs de la Iustice, comme
ayant voulu corrompre les mœurs
des Grecs, & enseigner au Peuple à
se parjurer. Ce n'est pas qu'il ne fust
permis aux Poëtes Tragiques de faire auancer de mauuaises maximes
aux méchans, lors qu'ils les produisoient sur la Scene : mais parce
qu'Hippolite estoit reconnu pour
vn homme parfaitement vertueux,
on s'imagina qu'Euripide auoit
voulu autoriser le mensonge par
l'exemple d'vne personne si graue,
& si estimée, & persuader aux spectateurs, en faisant couler ce vice
parmy plusieurs qualitez loüables,
que l'Infidelité n'estoit pas incom-
patible auec la Sagesse.

ARGVMENT.

Opinion d'Aristote touchant la Prudence. Il la
distingue d'auec la subtilité d'esprit, & tient qu'on
ne peut estre prudent qu'on ne soit homme de bien. Les
autres Philosophes n'ont pas esté de contraire aduis.
Principalement les derniers Platoniciens. Ils content
sept sortes de separations, par lesquelles l'ame se de-
stache du corps, & se rend capable de la connoissance
de l'auenir. La derniere de ces separations est vne pureté parfaite d'esprit & de cœur, & vne entiere victoire des mauuaises passions. A quoy s'accordent les
Philosophes Chrestiens, & croyent que Dieu a tousjours en soin d'illuminer les chastes & les vertueux.
La prudence du Prince vient de ce destachement admirable de l'ame & du corps; quoy qu'on la pût rapporter aux plus nobles des autres abstractios. La sagesse
malicieuse n'est gueres meilleure que la Magie; ne
reüssit gueres mieux que l'imprudence. Pour troubler
le repos d'autruy, il faut premierement perdre le sien.
Les fins ruinent les Estats par leurs finesses, & les esprits
communs les maintiennent par les regles generales.
Effets de la fausse prudence en la personne de Tybere,
& de la veritable en celle de Louys le Iuste.

CHAPITRE XXVI.

Ristote fait mention de ce
procez criminel, & afin
que les Trompeurs de no-

ftre temps fçachent, que c'eft à tort
qu'ils pretendent en prudence, eftât
dépourueus des autres vertus, qui fe
voyent toutes éminemment en la
perfonne du Roy, il n'y aura point
de mal de leur monftrer leur condâ-
nation dâs les écrits de ce fage Gou-
uerneur d'Alexandre, dont le témoignage eft d'autant plus receuable,
qu'il ne croyoit qu'ê la feule raifon,
n'ayant aucune connoiffance reue-
lée, & que d'ailleurs il auoit vefcu
en vne Cour extremement corrompuë, & fous vn Prince auffi fin pour
le moins, & auffi artificieux, que le
pouuoient eftre le Duc de Valenti-
nois, & le Roy Loüys XI.

Outre qu'il diftingue la Prudence d'âuec la Subtilité d'efprit, en ce
que celle-cy fe porte indifferemmêt
au bien & au mal, où la Prudence eft
conftante & inuariable en la recher-

che du bien , & qu'il a faict vn Chapitre exprés au septiesme liure de
son Ethique , par lequel il prouue
qu'il n'est pas possible d'estre Prudét
& Incontinent tout ensemble: Il remarque de plus en vn autre lieu,
qu'en desassemblant le mot cöposé,
dont les Grecs expriment la Temperance, on trouuera qu'il veut dire
en son origine, Gardienne & Con-
seruatrice de la Prudence. D'autant
que la Temperáce conserue la santé
du iugement, & luy acquiert cette
gaillarde & viue disposition, par laquelle sans se troubler , & sans se
méprendre, il reconnoist ce qui sert,
& qui nuit au souuerain Bien. Non
pas que pour cela l'Intemperance
corrompe toute sorte de iugement:
car il est tres-certain qu'elle ne cor-
rompt pas celuy qui considere les
choses qui gisent en speculation,

mais seulement celuy qui a pour obiet les choses practiques. Côme pour
estre Intemperant on ne laisse pas de
bien iuger s'il est vray ou non,qu'vn
Triangle ait trois angles égaux à
deux droits , & que deux lignes pa-
ralelles continuées à l'infiny , ne se
puissent ioindre: Mais on ne iuge pas
bien s'il se faut venger d'vne iniure
receuë, ou la pardonner, ny s'il faut
garder Helene , ou la rendre à son
Mary ; à cause que pour bien iuger si
vne chose est faisable, ou non , il est
necessaire d'en bien connoistre la
fin. Or celuy qui est intemperant,&
dont le plaisir,ou la douleur a desia
gasté la faculté judicatrice , ne peut
pas discerner cette fin dás l'éblouïs-
sement continuel que luy causent
ses mauuaises passions.

　　La vraye Prudence est donc vne
habitude qui rend l'entendement

propre à reconnoistre & à pratiquer
les choses qui seruét à estre heureux.
Ce que ne fait pas (continuë le mesme Philosophe) cette autre habitude que nous appellons Art ; pource que sa fonction ne consiste qu'à
operer conformément aux Regles
& aux Ordonnances de la Raison , & non pas à faire des choses
qui soient moralement bonnes , &
qui contribuent à la Felicité. Tellement qu'on peut bien estre bon
Artisan , & n'estre pas homme de
bien pour cela; mais on ne peut estre
prudent que l'on ne soit quant &
quant homme de bien: d'autant que
l'on ne peut estre prudent , si on ne
pratique les choses qui sont moralement bonnes. Dauantage il vaut
mieux faillir volontairemét en quelque Art, que d'y faillir par ignorance: Et au contraire il vaut mieux fail-

lir ignoramment contre les regles
de la Prudence, que d'y faillir vo-
lontairement, veu que les choses où
s'attachent les Arts, ne sont pas mo-
ralemét bonnes, où celles-là le sont,
ausquelles s'attache la Prudence: &
partant on ne peut faillir volontai-
rement contre les regles qu'elle pref-
crit, que l'on ne commette quelque
action vicieuse, puis que l'on n'y
peut faillir que l'on ne s'attache aux
choses qui sont moralement mauuaises.

Ces maximes & autres semblables
se trouuent dans les Liures des Philosophes, qui ont le plus esté de la
Cour, & qui se sont le plus appro-
chez des Grands. Les autres Familles n'ont pas tenu de contraires opinions, & pas vne n'a approuué la
Prudence malicieuse. Mais les derniers Platoniciens, qui sont de ces
foux

foux qui reuiennent aucunefois en
leur bon fens, & qui ont des inter-
ualles affez raifonnables, meritent
qu'on les écouté en cette occafion.
Auffi bien contre vn Mal fi public
que celuy-cy, il faut armer toutes
fortes d'ennemis, & luy oppofer
tout ce qui le peut combattre.

Apres auoir longuement extra-
uagué fur plufieurs façons de diuination (que pour cette heure ie
veux eftimer, eftre vn effet de la
Prudence heroïque.) Ils en propo-
fent en fin vne qui n'eft pas à rejetter, & qui fait grandement à noftre
fujet. Il y a à leur côté outre la mort,
fept fortes de Separations, par lefquelles l'ame fe détache du corps, &
s'éleue fi haut au deffus du mortel
& du periffable, qu'en cet eftat-là
elle ne connoift pas feulemét ce qui
eft éloigné d'elle, mais auffi ce qui

X

n'est pas encore arriué. Elle n'assiste
pas seulement à la naissance & aux
euenemens des choses, mais aussi à
leur conception & à leurs projets.

La premiere de ces Separations
arriue en dormant, principalement
aux hommes sobres, qui par vne
abstinence ordinaire rabatent les
nuages qui se leuent de la partie in-
ferieure, empeschent que rien de
trouble & de contagieux ne monte
à l'esprit, & voyent dans leur imagination, comme dans la glace d'vn
miroir bien net, les objets que les
autres ne peuuent voir dans la leur,
qui est toute ternie & toute effacée
des vapeurs & de la fumée des viandes. La seconde se fait par l'entier as-
soupissement des esprits, & par cette defaillance de cœur & de respira-
tion, où tombent les personnes éua-
nouïes. Doù sont venuës les extases

de Socrate, qui demeuroit quelquefois sans mouuement depuis le leuer
iusqu'au coucher du Soleil ; celles de
Platon, qui ayant coustume de mediter de la sorte, mourut finalement
dans cet essay de la mort : & celles
d'vn certain Enatche, qui ayant rendu l'ame à ce qu'on croyoit, reuint
tout d'vn coup à soy, & asseura qu'il
se portoit bien, mais que Nichan-
das, le plus fameux Athlete de ce
temps-là mourroit infailliblement
vn tel iour ; ce qui arriua à poinct
nommé.

Vne si pure & si subtile connoissance se forme de plus de l'abondan-
do de l'humeur melancholique, qui
est d'autant plus propre à receuoir
les inspirations diuines, & à s'épren-
dre du feu celeste, que les matieres
arides & déliées sont plus combusti-
bles que les autres. Mais elle se pro-

X ij

duit bien plus parfaitement, disent-
ils, de la iuste proportion des hu-
meurs, & de cette admirable harmo-
nie interieure, dans laquelle l'esprit,
ne plus ne moins que le Magistrat
dans vne Communauté bien vnie,
& où tout le monde est bien d'accord, ne trouue aucun empesche-
ment en ses fonctions, & vse sans
reserue & sans restriction de la puissáce qu'il a receuë de son Souuerain.

La cinquiesme separation, si ie ne
me trompe, vient du repos & de la
paix de la solitude, où l'esprit échappé de la captiuité des villes, & dé-
chargé des affaires pesantes & tu-
multueuses de la vie, regarde le ciel
plus à découuert, & communique
plus familierement auecque Dieu.
Ils croyét qu'en cette paisible échole, & si fauorable à la contemplation, Zoroastre estudia les vingt ans

qu'il disparut, & apprit la science de
predire, qu'il auoit laissee dans ses
liures de la Diuination, qui se font
perdus. Et c'est aussi de la sorte qu'il
faut entendre les dix années que fut
caché Pythagore, & les cinquante
que dormit Epimenidés, pendant
lesquelles leur ame n'ayant point de
commerce auecque leurs sens, vac-
quoit à vne tres-parfaite façon de
philosopher, & iouissoit desia du
priuilege de son immortalité, & des
libertez de l'autre vie.

Les Platoniciens ne finissent pas
encore leurs Separations, & de celle-là ils passent à la sixiesme, qui procede de l'admiration, & d'vne reli-
gieuse horreur, qui remplit les personnes agitées de quelque Diuinité;
telles qu'estoient les femmes qu'on
nommoit Pythies, qui tiroient de
subintelligence des choses futures:

X iij

car tranfportées qu'elles eftoient de
leur Dieu, venant à mettre le pied
dans fa grotte, & à penfer auec vne
violente attention à fa prefence, &
à fes myfteres, elles eftoient faifies
d'vn fi grand eftonnement, & poffe-
dées d'vne fi eftrange fuperftition,
qu'à l'heure mefme leur ame fe dé-
prenant de leur corps, & rompant
tous fes liens, fe portoit iufqu'à la
plus haute connoiffance des Efprits
fimples, & agiffoit fur naturellemét
par l'effort de cette fiéure diuine.

Icy nos Platoniciens ceffent de
refuer, & leur derniere façon de connoiftre l'auenir eft toute pour nous,
à fçauoir vne entiere victoire des
mauuaifes paffions, vne abftinence
perpetuelle des voluptez defendues,
vne inuiolable pudicité d'efprit &
de corps: eftant bien croyable à leur
aduis, que Dieu, qui eft la pureté

mefme, prend plaifir de faire fa demeure dans le cœur des chaftes, qu'il
y allume vne lumiere qui perce les
tenebres de l'auenir, & qu'il ne leur
cele rien de fes entreprifes. A quoy
auffi les SS. Peres femblent s'accorder, particulierement S. Hierofme,
qui tient que les Sybilles, quoy que
d'ailleurs infideles, & eftrangeres du
peuple de Dieu, receurent neantmoins de luy le don de Prophetie en
honneur de leur virginité, & pour
recompenfe téporelle de leur vertu.
Ie ne me veux point preualoir des
opinions que ie ne croy pas, ny rapporter la prudence du Roy, ou à fa
fobrieté, eftant tres vray qu'il ne
vit quafi que du feul efprit, & que
par le moyen de la Temperance la
partie fuperieure de fon ame iouyt
d'vne perpetuelle ferenité, ou à fes
éloignemens de la ville, dont la
X iiij

Chasse est bien souuent le pretexte,
dans lesquels d'vne veuë tranquille,
& d'vn iugement desinteressé, il có-
sidere les choses en la pureté de leur
estre, que nous ne regardons qu'à
trauers des passions qui nous trou-
blent, & dans la côtagion du Monde qui les altere. Ie ne la veux point
non plus attribuer à cette qualité si
propre à la contemplation, & qui
s'attache inseparablement aux obiets qu'elle a embrassez; à ce temperament si estimé par les Philosophes, qui ne luy communique rien
de pesant, & qui le puisse pancher
vers la terre. Car en effet comme il
y a vne melancholie terrestre, qui
n'enuoye que de noires & d'épaisses
vapeurs au cerueau, & ne le remplit
que de fantosme; qui enseuelit l'a-
me dans la matiere, & luy cause ou
des songes perpetuels, ou vn assou-

piſſement ordinaire; Il y a auſſi vne
melancholie bien cuite & bien épu-
rée, qui iette vn feu qui ne bruſle ny
ne fume, & à laquelle ſe peut rapporter le dire de cét Ancien, que la
lumiere ſeche eſt la plus viue & la
plus reſplendiſſante lumiere. Il y a
vne ſubtile & ingenieuſe triſteſſe,
qui a eſté chercher la verité iuſques
dans le Ciel, & iuſqu'au fonds des
abyſmes; qui a inuenté les Arts &
les Diſciplines; qui a formé toutes
les ſtatuës de Phidias, & produit
tous les Liures d'Ariſtote; qui a porté Ceſar à vſurper la liberté de ſon
pays, & Brutus à deliurer ſon pays
de la puiſſance de Ceſar; qui en vn
mot eſt la belle maladie de l'ame, &
le plus commun temperament des
Heros, des Saints, & des autres hommes extraordinaires. Ce n'eſt pas
pourtant de là que ie tire la prudéce

du Roy. Ie la fais bien venir d'vne
plus noble & d'vne plus claire four-
ce. Ie croy auec les Philofophes
Chreftiens, que de tout temps Dieu
a eu vn foin tres-particulier d'illuminer les chaftes & les vertueux, & que
l'Efpoufe ne fe plaift pas dauantage
parmy les Lys, que la Sapience eternelle qui la gouuerne, fe repofe volontiers fur les ames pures & innocentes.

Toute autre Sageffe qui vient
d'ailleurs eft illegitime & dangereufe: tous les autres feux, quelques purs
& brillans qu'ils femblét eftre, trompent les hommes en les éclairant, &
les conduifent dans des riuieres ou
des precipices. Il voudroit prefque
autant confulter les Demons, & s'é-
querir de l'aduenir par le moyen de
la Magie, que d'auoir de la preuoyá-
ce fans probité. N'eft-ce pas conuer-

tir les remedes en poisons, que d'v-
ser de la Raison pour pecher? Que
sert-il d'estre subtil à faire des here-
sies, si elles sont pires que l'ignorance? Que sert-il de sçauoir broüiller,
s'il faut premierement perdre son repos pour troubler celuy d'autruy?
Que sert-il d'auoir autant de finesse
que Ludouic Sforce, & d'estre habile à ruiner son Estat, qu'vn esprit
ordinaire eust pû conseruer par des
regles faciles & generales?

   On ne me persuadera jamais, que
l'argent vif vaille plus que l'or, ny
que l'imagination turbulente & ef-
frayée soit vne plus seure guide dâs
les affaires, que le jugement tranquille & bien resolu, ny que la prudence de Tibere fust meilleure que
celle de LOVYS LE IVSTE.
L'vne n'estoit occupée qu'à rasseuret
ce Vieillard qui auoit toûjours peur

Elle abandonna le soin des affaires
& le gouuernement de l'Empire,
pour vacquer à la garde d'vn homme seul. Elle rauit Germanicus à
toute la Terre : Elle fist mourir vn
Prince Estranger, qui estoit venu à
Rome sur la foy publique. L'autre
n'a pour objet que le bien vniuersel,
& la cōmune Felicité ; ne s'employe
qu'à maintenir les choses du Monde en bon estat, & à faire regner la
Iustice ; ne veut autre auantage de
ses Victoires, que celuy que donne
la reputation au dehors, & la bonne
conscience au dedans.

ARGVMENT.

*La vertu du Prince ne trauaille que pour la com-
mune felicité ; est l'appuy des foibles, & le refuge des
persecutez, sa iustice à la direction de sa vaillance. Celle-cy renuerseroit tout, si celle-là ne soûtenoit tout. Il
sçait que Dieu ne trouue pas bon qu'on trouble l'œconomie de l'Vniuers, de laquelle il est l'auteur ; que le-*

fus-Chrift a condamné par son exemple l'apparence mesmes de l'usurpation. Mahomet a fait tout le contraire. Il nomme poltrons ceux que noftre Seigneur appelle Iuftes; note d'infamie les Princes qui se contentent du leur; autorise la violence par l'exprés commandement de Dieu, pretend auoir receu de luy le droit de sous les Royaumes de la Terre. Ceux qui tiennent ces maximes parmy nous sót des Turcs desguisez en Chreftiens. Te fiction du Chriftianisme, qui met en mesme rang les choses iniuftes & les impoßibles. Examen de cefte sentence du Poëte tragique, que pour regner il eft permis de violer la iuftice.

CHAPITRE XXVII.

A deffus s'appuyent les foibles, & se repofent les trauaille. Ses Voifins factieux, qui auroient sujet de viure en continuelle inquietude, se fient plus en cecy pour leur seureté, qu'au nóbre des gens de guerre qu'ils peuuent mettre sur pied, & aux alliances dont ils tafchét de se fortifier. Cette admirable Vertu, qui les effrayoit d'abord, leur sert de rempart contre

elle mesme; Ils la content entre les
auantages qu'ils pensent auoir, & se
conseruent moins par leurs armes,
que par la probité de leur Ennemy.
Sa Iustice a la direction & la conduite de sa Vaillance; celle-cy pourroit
tout renuerser, si celle-là ne souste-
noit tout: sans ce contrepoids personne ne seroit asseuré de sa condition. Le Christianisme, dont il fait
vne serieuse profession, limite la
portée de son courage; dompte en
son esprit la fierté qui naist auec les
Heros, & enchaisne par maniere de
dire son ambition & sa hardiesse,
qui sans doute feroient vn merueil-
leux progrez, si elles agissoiét en leur
pleine liberté & de toute l'estenduë
de leur puissance. Il ne touche point
au bien d'autruy, sçachát que Dieu
l'a pris en sa particuliere protection
par vn des commandemens du De-

calogue. Il ne rauit point, viuât sous
des Loix qui ne luy permettent pas
seulement de desirer: il n'a garde de
faire des actions tyranniques, puis
qu'il ne croit pas qu'il soit loisible
de conceuoir des souhaits injustes.
Et à parler sainement, il y a bien
apparence que ce n'est pas l'intétion
de Dieu qu'il y ait de Monarque
vniuersel que luy seul, ny que d'autres mains que les siennes portent la
Machine qu'il a bastie. Il ne trouue
point bon qu'on entreprenne de
changer l'ordre qu'il a establi parmy les hommes ; que les derniers
venus disputét les places qu'il a desia
données, & trouble l'œconomie de
l'Vniuers, de laquelle il est l'auteur.
Les dominations violentes ne luy
plaisent point. Il aime mieux que les
siens souffrent l'iniustice que s'ils la
faisoient, & est si éloigné de leur

permettre de viure de proye, qu'il
leur conseille de viure d'aumosne. Il
ne nous recommande que la Paix,
l'Amour, & la Charité. Il n'a point
enuoyé le Saint Esprit en forme
d'Aigle, mais en forme de Colombe, & son Fils vnique, qui est venu
pour renouueller le Monde, & pour
enterrer tout à la fois la Synagogue,
& abbattre l'Infidelité, a si fort estimé la Puissance legitime, qu'ayant
à se dire Roy, & à faire des choses
estranges, il a voulu naistre du sang
Royal, & n'a point méprisé les
voyes ordinaires, afin que son Empire ne parust pas vne Vsurpation,
& qu'il pust deffendre mesme par
raison humaine le tiltre qu'il se
donnoit.

Ie ne m'estonne point que les
Princes qui ne veulent pas reconnoistre la Diuinité de Iesus-Christ,
s'éloi-

s'éloignent de son Exemple, & ne
s'assujettissent point à vne Loy, laquelle ils n'ont pas receuë. Les Ma-
hometans pensent meriter quand
ils tuent les Estragers, & leur cruauté
est vn des principes de leur Religiõ.
Ils ne font point scrupule de conquerir; parce qu'en cela ils ne font
rien, à quoy leur Prophete ne les ex-
horte, & que c'est aux Persecuteurs
& non pas aux Martyrs à qui il promet vne meilleure vie apres celle-cy.

　　Ce Pipeur, qui n'a visé en sa Religion qu'à la grandeur temporelle,
& aux biens presens, & qui a songé
plustost à aguerrir des soldats qu'à
sauuer des ames, chasse de son Paradis toutes les personnes pacifiques,
& nomme poltrons ceux que nostre
Seigneur appelle Iustes. Que nul, "
dit-il, ne tourne le dos, si ce n'est "

,, pour prendre son auantage ,, sur
,, peine d'écourir la diuine indigna-
,, tion : Car il faut que les braues
,, Champios de Dieu & de son Pro-
,, phete demeurent fermes à la ren-
,, contre de deux Armées , & en ce
,, faisant ils obtiendront pardon ge-
, neral de toutes leurs fautes. En vn
,, autre endroit ; Auriez-vous bien
,, opinion que l'entrée du Ciel vous
, fust ouuerte , si premieremét vous
,, n'auiez fait preuue de magnani-
,, mes & vaillans Guerriers ? Non,
,, non , mes Amis , asseurez-vous
,, que Dieu n'aime que les vaillans;
,, que celuy-là est bien heureux qui
,, meurt à la guerre , & que si vous y
,, finissez vos jours , vostre mort sera
,, si dignement recompensée , que
,, vous voudrez reuiure encore vne
,, fois , pour y estre encore vne fois
tuez. Et vn peu auparauant il auto-

rife fa tyrannie par l'exprez commandement de Dieu, qu'il intro-
duit, luy parlant en cette forte, Et
toy mon Prophete, va t'en com- "
battre & vaincre les Incredules; "
pille-les, faccage-les, traite-les "
aüec des verges de fer, afin qu'ils "
te craignent : Car tout eft au Pro- "
phete & à fes fideles foldats. "

De forte que par là s'imaginans
que le Monde eft leur heritage, &
que l'entiere poffeffion leur en appartient, ils croyent qu'ils n'vfurpêt
jamais fur autruy, mais qu'ils re-
prennent feulement ce qui a efté
vfurpé fur eux ; qu'ils ne font injure
à perfonne, mais qu'ils ceffent feulement de la receuoir ; qu'il leur eft
permis de rentrer dans leur bien par
les voyes qui leur femblent les plus
courtes & les plus commodes ; qu'il
n'eft rien de plus legitimemét à eux

que ce que Dieu mesme leur a adjugé,
& qu'ils peuuēt vser du droit que leur
Legiflateur leur a laiffé fur tous les
Royaumes de la Terre. Car c'eft encore vne de leurs vifions, qu'au for-
tir du ventre de fa mere vn Ange
luy apporta trois clefs, faites de trois
groffes perles ; dont l'vne eftoit la
clef des Loix, l'autre la clef de Prophetie , & la troifiefme celle de Victoire, defquelles fe faififfant, il fe
faifit de la poffeffion de toutes ces
chofes. Mais à dire le vray, la derniere a fait valoit les deux autres,
& s'il n'euft vaincu , il n'euft efté
ny creu, ny fuiuy.

Tout le deffein de fa Religion fe
rapporte à la victoire: Ses Propheties
ne fōt fauorables qu'aux Cōquerās:
La plufpart de fes Loix font des Ordonnances militaires : Il ne recon-

noiſt pour ſiens que les Violens &
les Iniuſtes. Et afin de les pouſſer encore plus fortemēt à la deſolatiō des
Royaumes, il ne ſuffit pas à cet Im-
poſteur aduiſé, de leur declarer qu'ils
peuuent conquèrir en ſaine cōſcien-
ce, mais de plus il les note de quelque ſorte d'infamie, lors qu'ils ſe cō-
tentent du leur, & qu'ils veulent demeurer en paix. D'où viēt qu'il n'eſt
pas permis aux Princes Ottomans
de fonder d'Hoſpital, ny de faire de
Moſquée, qu'auparauant ils n'ayent
fait quelque conqueſte, à laquelle il
eſt neceſſaire qu'ils aſſiſtent en perſonne. C'eſt pourquoy le Moufty,
& les autres Interpretes inferieurs,
de leurs prophanes ceremonies em-
ployerent tout leur credit auprès du
Sultan Acmet, qui n'auoit iamais
eſté à la guerre, pour empeſcher la
ſtructure du Temple qu'il vouloit

baftir, qui à cette occafion fuft fur-
nommée des gens de la Loy, *La
Mofquée Incredule* ; parce qu'il s'e-
ftoit opiniaftré de l'acheuer contre
l'autorité de leurs Traditions, & les
remonftrances qu'ils luy auoient
faites.

Ie ne trouue donc point eftrange
que les Turcs enuahiffent les Terres
de leurs Voifins, fur cette fauffe per-
fuafion qu'ils ont de faire des actes
de Pieté, & s'y fentant obligez felon
leur Loy, tant par l'honneur que par
la confcience. Mais puis que Iefus-
Chrift n'a rien de cómun auec Mahomet, & que le Pape & le Moufty
tiennent des maximes qui font di-
rectement oppofées, ie ne puis có-
prendre comme les Chreftiés croyát
en l'Euangile fuiuent l'Alcoran : Ie
ne fçaurois deuiner les raifons qu'ils
peuuent auoir de s'acharner fi cruel-

lement ſur la vie & ſur la liberté de
leurs freres , & ne ſçay point en quel
temps, ny par l'entremiſe de quel
Ange ils ont obtenu diſpenſe de
leurs premieres Loix , & permiſſion
de violer la Iuſtice.

En noſtre Religion la Raiſon &
l'Equité doiuent eſtre les bornes de
la volonté des Roys , côme les Fleu-
ues & les Montagnes ſont celles de
leurs Royaumes. Ils doiuent mettre
en meſme rang les choſes injuſtes &
les impoſſibles : Et puis que ce n'eſt
point vne imperfection en Dieu de
ne pouuoir pas pecher, ce ne peut
eſtre auſſi en eux vn deffaut de Puiſ-
ſáce de ne point faire de mal. Quelle
apparence y a-t'il que les petites fautes ſoient punies , & que les grandes
ſoient honorées; que l'enormité de
l'action ſoit celle qui autoriſe le crime , & qui iuſtifie le criminel, &

qu'vn pauure homme qui cherche
fur Mer à gaigner fa vie auec vne
barque, foit Corfaire, & mal voulu
d'vn chacun, & qu'vn autre qui fait
le mefme meftier auec vne puiffante
flotte, foit Empereur & loüé de tout
le monde.

Il n'y a certes point d'apparence,
Et nous deuons abfolument rejetter
la fentence du Poëte tragique, fi fouuent chantée fur les Theatres, & fi
familiere à vn celebre Tyran, Qu'en
matiere d'Eftat & pour commander, il eft loifible de violer le droit,
& qu'il le faut obferuer en autre chofe. Apres auoir fait reflexion fur cette belle fentence, & l'auoir regar-
dée vn peu de prez, ie n'y ay pas veu
beaucoup de fens, & l'ay trouuée encore plus abfurde que dangereufe.
Car s'il eft vray, ainfi qu'ils tenoient
en ce temps-là, que les autres mé-

chancetez sont comprises dans la
Tyrannie, côme les moindres nom-
bres dans le plus grand, & qu'elle est
la ruine & la dissolution du corps
Politique, Comment est-il possible
de conseruer vne partie de la Iustice, & de la destruire toute entiere?
d'admettre le comble & le dernier
degré du mal, & d'en exclure les
Principes & les Elemens? de penser
retenir la vie au bout d'vn doigt, le
corps estant desia mort, & tombé
en pieces? Quicóque parle de la sorte, asseurément ne s'entend pas, &
n'est pas d'accord auecque soy-mesme. Il semble deffendre quelque
chose en apparence, mais il permet
tout en effet, & dit, quoy que ce ne
soit pas son intétion de le dire, qu'il
faut bien se donner garde d'estre se-
parément parjure, sacrilege, & par-
ricide; mais que legitimement on

peut eſtre tous les trois enſemble, &
deuenir ainſi innocent par l'excez &
le nombre de ſes crimes.

ARGVMENT.

Raiſons ſur leſquelles les Grecs ſe pouuoient fonder
en leurs conqueſtes. Opinion receuë vniuerſellement
parmy eux, que la guerre eſtoit permiſe contre les Bar-
bares. Deux differentes ſortes de Barbares. Les Ro-
mains auſſi bien que les Grecs ont eu pour fin la gran-
deur de leur Empire. Ils ont neantmoins eſté quelque-
fois tentez de la belle paſſion de noſtre Prince, ont pris
les armes pour la liberté des autres. Arreſt que donna
la Republique d'Athenes pour la deffence de la Grece
contre le Roy Philippe. Declaration des Romains contre
vn autre Philippe, pour la liberté de la meſme Grece.
Ils ne ſe mocquoient pas ouuertement du droict & de
l'equité. Ils faiſoient profeſſion de n'approuuer que les
guerres ou iuſtes, ou neceſſaires, ou honneſtes.

CHAPITRE XXVIII.

LEs anciens Idolatres, qui
n'auoient que de legeres
doutes, & de ſimples ſoupçons de la vraye Vertu, & qui par

confequét n'eſtoiét pas tenus à vne
probité ſi parfaite que la noſtre, ont
condamné ces paroles tyranniques
auant nous. Ils eſſayoient pour le
moins de ſe fonder en raiſon, quand
ils attaquoient les Peuples, & ne di-
ſoient pas cruëment que la fin de
leurs conqueſtes fuſt de conquerir.
C'eſtoit vne opinion receuë generalement parmy les Grecs, que la guerre eſtoit permiſe contre les Barbares, dont il y auoit de deux ſortes, &
qu'ils ſeparoiét d'ordinaire en deux
principales claſſes. Car bien que leur
vanité eſtendit ce mot à tous ceux
qui ne parloient pas leur langue, &
qui ne ſe gouuernoient pas ſelon
leurs couſtumes, ſi eſt-ce que luy
donnant quelquefois vne ſignifica-
tion plus eſtroite & plus limitée, &
le rétreignant à moins de perſonnes, ils entendoient ſeulement par

là ou les Medes, ou les Perses, qui
auoient tous les jours affaire à eux,
ou les dernieres Nations du Monde,
qui viuoient sans Loix & sans Discipline, dans l'ignorance & l'infirmité de la Nature, qui n'est point
aydée de l'institution.

Or il est bien vray qu'ils n'auoiét
pas beaucoup de sujet d'aimer les
premiers; puis que c'estoient les Ennemis immortels de leur nom & de
leur patrie, qui y estoient entrez à
diuerses fois l'épée nuë, & le flam-
beau à la main; qui auoient vn dessein constant & perpetuel de s'en
rendre maistres, & qui desiroient à
toute force que le Roy de Perse fust
adoré par des Prestres Grecs, & seruy par des Esclaues de Lacedemone.
Aussi vne si haute insolence les pic-
quoit si viuement, & la haine qu'ils
leur portoient estoit telle, qu'en tou-

tes leurs Affemblées , auant que de
rien mettre en deliberation,ils mau-
diffoient publiquement celuy qui
feroit d'auis qu'on fift amitié , ou alliance auec eux. Et en leurs plus folé-
nelles feftes le Heraut auoit charge
expreffe de les declarer excómuniés,
ne plus ne moins que les homicides
& les facrileges , & de deffendre à
tous les Eftrangers,en confideration
de ceux-cy , l'vfage des chofes Saintes , & la participation de leurs My-
ftetes.

Pour les autres Barbares , de qui ie
parle , ils en auoient fi mauuaife opinion , & les eftimoient fi peu , qu'à
peine vouloient-ils croire qu'ils fuffent tout à fait hommes , & qu'ils
euffent l'ame entierement raifonna-
ble. Dequoy ie ne m'eftonne pas neantmoins , puis que de noftre memoire dans les Efcoles d'Efpagne on

a difputé fi les Indiens eftoient de la
race d'Adam, ou fi ce n'eftoit point
vne efpece moyenne & baftarde entre celle de l'Homme & celle du
Singe.

Soit donc qu'à leur aduis ce ne fuffent pas des Creatures femblables à
eux, ils penfoient aller feulement à
la chaffe, & s'adonner à vn exercice
honnefte, quand ils leur faifoient la
guerre : Soit qu'ils prefuppofaffent
que ce fuffent veritablement des
hommes, quoy que non bien parfaits & bien acheuez (outre que la
Philofophie Sainte & profane font
d'accord, que le Sage eft maiftre
naturel de celuy qui ne l'eft pas) ils
s'imaginoient que le droit de l'humanité exigeoit d'eux les aydes &
les fecours qui fe doiuent aux perfonnes qui en manquent, & qu'ils
feroient eux-mefmes barbares, s'ils

n'auoient pitié de ceux qui l'estoiét,
& ne leur ostoient la vicieuse liberté , qui les entretenoit dans leurs
brutales inclinations , au deshon-
neur de la commune Nature.

Ils croyoient vser de charité en
leur endroit , de les assujettir à leur
Empire, veu que par la victoire ils
polissoiét la rudesse de leurs mœurs:
ils leur enseignoient la vertu, dont
ils n'auoient point de connoissance,
& leur donnoient de bonnes Loix
en la place de leurs mauuaises coustumes. Ainsi aux vns ils ont apporté l'inuention des Arts, & monstré
l'vsage de l'Agriculture: ils ont tiré
les autres des Cauernes , pour les
mettre dans les Villes: A quelques-
vns ils ont imposé pour tribut de ne
sacrifier plus leurs enfans : Ils ont
obligé quelques autres de s'abstenir
de chair humaine, & de respecter le

lict de leurs meres & de leurs sœurs,
leur apprenant en mefme temps à fe
feruir des viandes innocentes, & des
voluptez permifes.

Que fi ce changement ne fe pouuoit entierement faire par les voyes
de la douceur, & fi la tyrannie de
l'habitude eftoit telle , qu'il fal-
luft contraindre de deuenir heureux des gens qui eftoient accou-
ftumez à la mifere. Ils difoient
que tous les grands exemples ont en
foy quelque chofe d'inique , qui ne
fe doit pas confiderer dans le bien
vniuerfel ; que ny la tromperie ne
peut eftre appellée mauuaife , lors
qu'elle eft vtile à celuy qui eft trompé, ny la violéce non plus, lors qu'elle tourne au profit & à l'aduantage
de celuy qu'on force. Que comme il
y a des chofes qui paffent la raifon,
qui ne font pas pour cela déraifon-
nables,

hables, principalement en matiere
de Religion, qu'aussi tout ce qui est
au dessus de la Iustice n'est pas pour
cela iniuste: particulierement en
fait d'Estat. Qu'au pis aller, quand
leur entreprise trasneroit apres soy
la perte de la pluspart des Vaincus, qu'à tout le moins les enfans de
ceux cy receuroient l'effect de la bône
intention des Victorieux, qu'ils seroient enburgis dans la crainte des
Dieux & sous la reuerence des Loix,
& iouyroient du fruict qu'on auoit
presenté à leurs Peres.

Ce estoient à peu prés les raisons,
sur lesquelles les Grecs se pouuoient
fonder en leurs conquestes. Du procedé des Romains nous en auons
desia touché quelque chose. Mais
quoy que tous eussent pour fin principale la grandeur de leur Empire,
ils n'estoient pas pourtant tousiours

Z

si aueugles d'auarice, ny si attachez
à leurs interests, qu'au trauers de l'vtile ils ne vissét la beauté de la vraye
gloire; qu'ils ne fussent tentez de la
passion qui possede aujourd'huy le
Roy, & qu'ils ne prissét quelque fois
les armes pour la liberté des autres.

Se peut-il imaginer vn Decret
plus genereux, & plus necessaire d'e-
stre renouuellé en cette saison, que
celuy qui fust donné par les Atheniens à l'instance de l'Orateur De-
mosthene. En voicy la substance en
peu de mots. *Lors que le Roy Philip-*
pe attaquoit des places, sur lesquelles il
auoit quelque droit, le peuple d'Athenes
ne pensoit pas estre obligé d'interuenir en
cette occasion, ny de se mesler d'vne af-
faire qui ne le regardoit point: mais main-
tenant que la Grece est elle mesme atta-
quée, il estime chose indigne de la gloire
de ses predecesseurs, de voir autour de

foy des Villes Grecques qui ne soient
pas libres. Pour cet effet le Conseil & le
Peuple d'Athenes ont jugé à propos de
faire des sacrifices aux Dieux, & aux
Heros tutelaires de la Ville & de la Côn-
trée, & animez par la generosité de
leurs Ancestres, à qui la commune liberté a tousiours esté plus chere que le
bien particulier de leur pays, ont ordonné que l'on mettra deux cens vaisseaux
en Mer, que l'Admiral fera voile vers
les Termopyles, & le General de Terre
ferme conduira la Caualerie & l'Infan-
terie vers Eleusine. Que de plus on de-
peschera des Ambassadeurs vers les autres Communautés de Grece, pour les
fortifier au dessein qu'elles doiuent auoir
de se maintenir en leur liberté, pour les
exhorter de ne se point effrayer des me-
naces de l'Ennemy, & les asseurer que
les Atheniens sont resolus de secourir
d'hommes, d'argent, d'armes, & de

munitions tous ceux que Philippe voudra opprimer.

Apres vne lôgue reuolution d'années, vn autre Philippe, ayant eu le
mesme dessein que celuy-là (tant ce
nom est fatal à la Liberté publique)
les Romains luy declarerent la guerre, & apres l'auoir vaincu, la feste
des jeux Istmiens suruenant d'auanture en ce temps là, & se celébrant
à Corinthe, où il abordoit vn nombre infiny de peuple pour y assister,
ils sirêt proclamer en plein Theatre
ce qui s'ensuit, *Le Senat Romain, &
le General Flaminius, ayant mis les
Macedoniens & le Roy Philippe en leur
deuoir, declarent que leur intention est,
que toute la Grece viue à l'aduenir selon ses Loix ; & entendent particulierement que les Corinthiens, Phociens, Lo-
criens, ceux de l'Isle Euboée, les Ma-
gnetes, Perrhebes, & les Achaiens de*

Phrio, iouïſſeur des meſme exemptions,
druinclude privileges dont ils iouïſſoient
auant que Philippe ſe fuſt emparé de leur
ſeigneurie le : & bien que leur eſtat ſeroit
iuge, & bien que quelques vns, pour
obſcurcir le luſtre de cette action,
vetillont dire que la Liberté dont
ils faiſoient preſent aux Grecz eſtoit
pluſtoſt vne liberté apparente &
contrefaite, que ſolide ny véritable;
Neantmoins c'eſtoit touſiours beaucoup faire d'entreprendre la guerre
à ſes déſpens pour amender la condition de ceux qui ne leur eſtoient
rien : & c'eſtoit les obliger extremement de les tirer de la ſeruitude,
quoy que d'ailleurs ils les laiſſaſſent
en quelque ſorte de dépendance enuers leurs Liberateurs : & ce n'eſtoit
pas les traiter mal, de les ſoulager
d'vn faix qui les accabloit, en leur
donnant vne moindre charge : la

Z iij

Les Romains ne prenòient donc
pas tout pour eux. Leur ambition
auoit quelques regles & quelques limites; & bien que leur esprit & leurs
desirs fussent vastes , ils n'estoient
pas pourtant infinis. Quand Scipion
le Censeur fist la ceremonie du Lu-
stre expiré, & que le Greffier voulust
reciter la priere accoustumée , par
,, laquelle les Dieux estoiét suppliez
,, de rendre la fortune du peuple Ro-
,, main meilleure & plus puissante
,, qu'elle n'estoit. Elle est assez bon-
,, ne & assez puissante , répondit-il,
,, Ie les prie seulement qu'il leur plai-
,, se de la nous continuer : Et ordon-
,, na sur le champ que dans les actes
publics on corrigeast ainsi les termes de la priere, qui depuis ne fut
plus recitée autremét. De sorte qu'il
s'est trouué de la moderation & de
la retenuë dás les cœurs les plus am-

bitieux & les plus auaites. Les Grecs
& les Romains portoient pour le
moins du respect à la Vertu. Ils ne se
mocquoient pas ouuertement du
Droit & de l'Equité, & faisoiét profession de ne prédté les armes qu'en
ces trois cas, ou pour se venger des
iniures receuës, ou pour se garantir
de l'oppression, ou pour donner des
Loix à ceux qui n'en auoient point;
n'approuuant par consequent que
les guerres ou justes, ou necessaires,
ou honnestes.

ARGVMENT.

*Les Espagnols ne peuuent alleguer les raisons des
Grecs ny des Romains pour iustifier leurs conquestes,
leur ambition & leur auarice manquent de pretextes
Aueu de leurs bonnes qualitez; de la noblesse de leur
ame; de la force de leur courage; de l'amour qu'ils portent à leur patrie; de l'affection qu'ils ont au seruice de
leur Prince; de leur abstinence & de leur sobrieté. En
reuenche leur orgueil est insupportable, & le mespris
qu'ils font de toutes les nations. Leur procedé quand ils*

Z iiij

se meſlent, des querelles de leurs voiſins, leur opiniaſtre-
té a bien eſperer, à s'obſtiner contre les mauuais ſuccéz
particulierement dans les occurentes d'Italie dont il
s'agit maintenant.

CHAPITRE XXIX.

QV'y a-t'il de ſemblable, ô
Dieu immortel, en l'eſtat
preſent des affaires de l'Europe ? Qu'y a-t'il en la cauſe des Cô-
querás de ce ſiecle qu'vn bon Payen
puiſſe ſouſtenir, & qu'vn vray Fidele oſe excuſer ? Ie vóy bien qu'il faut
pour la ſeconde fois attaquer la Tyrannie ; qu'il faut la pourſuiure iuſques dans le lieu de ſa retraite, iuſques dans le cœur de ſes ſubjets, &
voir ſi la nation eſt plus innocente
que le conſeil : Les Allemans ſont-
ils aux Eſpagnols ce que les Perſes
eſtoient aux Grecs ? Ont-ils couru
depuis peu la Galice, ou l'Arragon ?
Ont-ils pillé les Egliſes de Madrid?

On nous demande des chaleurs de
Castille. De plus, quel droit ont les
Castillans sur le Montferrat? Prennent ils les peuples qui habitent la
riue du Pau pour des Sauuages? Veu-
lent-ils ciuiliſer les Italiens, qui tiennent école de gentilleſſe & de galant
terie ; & chez leſquels il y a long-
temps que toutes les nouueautez de
deçà ſont vieilles ?
Ils ne peuuent ſe ſeruir de ces pro-
textes, ny employer les couleurs des
Grecs, pour couurir leur ambition,
& la teindre de quelque apparence
de vertu. Il n'y a que le deſir d'eſtre
maiſtres chez autruy, qui les oblige
de ſortir de leur maiſon , & cette
mal-heureuſe fantaiſie de Monarchie, qu'on leur a miſe dans la teſte,
qui les fait entreprendre deſſein ſur
deſſein, & courir au moindre bruit
qu'ils entendêt. Au milieu de la paix

ils ont l'esprit armé, & la volonté se-
ditieuse, & lors qu'on pense qu'ils se
reposent, ils estudient les moyens de
remuer. Les raisôs d'Estat les tourmé-
tent iour & nuict. Ils ne sont mai-
gres ny malades que de cela, & leur
iaunisse perpetuelle est le signe exte-
rieur, & vne impression violente de
la conuoitise de regner qui les brusle
& les consume au dedans. Gonzalue
de Cordouë, & le Duc d'Albe sont
bié morts, mais leurs côseils & leurs
enseignemens viuent encore : Ils
dressent encore des embusches à la
franchise & à la credulité: Ils oppri-
ment encore les Princes : Ils font encore la guerre à la liberté des Peuples. Les enfans ne degenerent point
de leurs Peres. Ils sont aussi subtils
Interpretes de leurs Traitez: Ils sont
aussi peu scrupuleux en l'obseruatió
de la Foy publique : Ils vsent de la

Religion de la mesme sorte qu'ils en
ont vsé : Ils jurent aussi hardiment
sur les Euangiles & sur les Autels
tout ce qu'ils ont resolu de ne pas
tenir.

Il faut pourtant rendre vn entier
témoignage à la verité, & estre equitable, voire mesme à l'injustice. Ce
n'est pas vn peuple qui vaille peu. Il
est recommandable pour beaucoup
de bonnes qualitez, & ses vices mesmes sont specieux & ont de l'éclat.
L'oysiueté, qu'on punissoit à Athenes, est honnorée en Espagne, qui
demeure deserte en plusieurs endroits à faute de mains qui la veuil-
lent cultiuer. En ce pays-là les Artisans ont honte de leur mestier. Ils
l'exercent en cachette, comme vne
chose deffenduë, & paroissent en
public l'épée au costé. Ils s'estiment
tous Gentils-hommes ; Ils parlent

tous en courtifans & en Conseillers
d'Eftat ; le moindre Bourgeois a les
mefmes penfées que le Conneftable
de Caftille.

Iamais ils ne fe plaignent de la
mifere de leur condition, à caufe
qu'ils croyent tous auoir part à la
grandeur de leur Maiftre. Il n'y en a
point qui fe tienne pauure quand il
fonge aux mines des Indes, & qui
ne cherche dãs la felicité publique,
le contentement qu'il ne peut pas
trouuer dans fa fortune particuliere.
Pleuft à Dieu que nous fuffions auffi
bons François qu'ils font bons Efpagnols. & que nous aimaffions noftre
Patrie auec autant de paffion qu'ils
aiment la leur. Ne vous imaginez
pas que comme nous ils décrient
les affaires de leur Prince, & publiët
des nouuelles qui ne font pas fauorables à leur Party. Au contraire, s'il

leur arriue le moindre bon succez,
ils l'augmentent, ils l'amplifient, ils
le font imprimer en toutes les langues. Et s'il leur suruient quelque
mauuais succez, ils l'excusent, ils le dimi-
nuent, ils le deguisent, ils le cou-
urent de leur silence, & le cachent
sous leur bonne mine. Vous voyez
qu'ils font des triomphes de la prise d'vn bicoque, & ne paroissent
point affligez de la perte de leurs
Flotes & de leurs Armées. Comme
ils sçauent donner reputation aux
petites choses, & faire valoir les me-
diocres prosperitez, ils sçauent aussi
témoigner de l'Indifference dans
leurs plus grandes douleurs, & sup-
porter fierement & auec dédain les
plus cruels outrages de la Fortune.

Leur fidelité ne commence pas
d'aujourd'huy à estre connuë. Elle a
esté loüée par le témoignage de

l'Antiquité, & on a écrit d'eux, que
les tourmens n'estoient pas capables
de leur arracher de la bouche le secret de leurs maistres & de leurs a-
mis. Cet esclaue est assez celebre, qui
apres auoir vengé son bien-facteur,
se mist à rire lors qu'on l'eust appli-
qué à la question , & par vne joye
traquille se mocqua des bourreaux,
& de toutes les inuétiós de la cruauté. Mais quelle reputation sçauroit
égaler la vertu de Flexio , & quelle
mention si honorable en peut faire
l'Histoire, qui ne soit au dessous de
son merite? Le Roy Sanchés, à qui
son frere Alphonse faisoit la guerre
l'auoit mis dans Conimbre pour la
deffendre. Ce fidele seruiteur, apres
s'estre nourry long-temps de cuir &
d'vrine, & auoir supporté constam-
ment toutes les incommoditez du
siege, ne voulust iamais se rendre,

ny mettre la ville en la puiſſäce d'Al-
phonſe, quoy que ſon frere Sanchés
fuſt mort. il ne ſe fia poin à tout ce
qu'on luy pût dire là deſſus, & con-
tinua en cette vertueuſe increduli-
té, iuſqu'à ce qu'il luy fuſt permis
d'aller à Tolede, où auoit eſté enter-
ré ſon maiſtre, le tombeau duquel
luy ayant eſté ouuert, il luy miſt les
clefs de la place entre les mains.

Pour leur abſtinence, & leur ſo-
brieté, elles ne ſont pas croyables.
Toute herbe leur ſert de viande,
tout ſuc leur tient lieu d'huile, toute
liqueur leur eſt vin. Auſſi ne voit-on
gueres parmy eux de perſonnes pe-
ſantes & materielles. En vn Suiſſe il
y auroit dequoy faire trois Eſpagnols. Leur ame ne nage point dans
le ſang, & n'eſt point ſuffoqué par
la chair & par la greſſe de leur corps.
Il ſe contentent touſiours d'vne ſort

legere nourriture. Du temps de Pli-
nel, leurs plus delicieux entremets
estoient des glands rostis dans les
cendres. Maintenant auec vne raue,
ou vn bouquet de fenouil ils se sont
deux fois vingt quatre heures en faction. Ils meurent de faim, & commandent à ceux qui sont bon ménager, qui la menoit se mays qui
luy ayant esté ouuert, il luy mescha

Voila certes qui merite d'estre
estimé. Mais quel moyen de sup-
porter cet orgueil, auec lequel ils
viennent au monde? ce second pé-
ché originel, dans lequel ils sont có-
ceus, cette proprieté essentielle, par
laquelle ils sont Espagnols, comme
hommes par la raison. Ils condam-
nent generalement tout ce qui n'est
pas de leur pays; Ils ne croyent pas
que hors de là il y ait rien de beau,
de vaillant, ny de Catholique. Ils
regardent les autres Peuples, auec

que

que pitié ; Et bien que l'Espagne
soit mere de peu d'enfans, & qu'elle adopte des Vvalons, des Allemans, & des Italiens, dont elle remplit d'ordinaire ses Armées ; Neantmoins ils ne laissent pas de mespriser ces Nations, par lesquelles ils sont
redoutables, & de nommer Veilla-
ques ceux qui les font vaincre & do-
miner. N'y a-t'il pas plaisir de leur
ouyr dire quelquefois, que leur Armée est de trente mille hommes, &
de cinq mille soldats, c'est à dire de
trente mille Estrangers & de cinq
mille Espagnols, & de voir renouueller à ces Glorieux la vanité des
Princes Romains, qui faisoient aussi
difference entre leurs Confederez,
& leurs soldats, & ne communi-
quoient point cette derniere qualité aux Auxiliaires, qu'ils menoient à
la guerre auec eux ?

Ils sont certes plus veritablement
que n'estoient les Romains, les Bri-
gans de toutes les Terres, & les Pyrates de toutes les Mers. Leur ambition ne s'est pas contentée de la possession des choses visibles : Elle a
esté chercher vn monde inconnu,
elle a quasi penetré iusqu'à vne nouuelle Nature : Et s'ils estoient asseurez que ces grandes taches, qui paroissent dans le corps de la Lune,
fussent des Prouinces & des Royaumes, comme l'a voulu persuader
Galilée, ils voudroient trouuer vn
chemin pour y aller. Mais moc-
quós-nous de l'extrauagáce de leurs
desseins, quand ils ne sont qu'extrauagans & ridicules. Ne parlons pas
mesmes des affaires éloignées, encore que la Iustice vniuerselle s'esté-
de par tout, & lie tous les hommes
ensemble. Laissons l'interest de la

commune humanité, pour prendre
le noſtre particulier. Plaignons nous
des maux de l'Europe, & ne nous
amuſons pas à raconter l'Hiſtoire
des Indes.

Les Roys, ce ſemble, leur font
tort d'eſtre Souuerains, & les E-
ſtats populaires les offenſent d'e-
ſtre libres. Tant qu'ils auront vn
voiſin, ils ne manqueront iamais
de querelle. De gré ou de force
il faut qu'ils entrent en toutes les
affaires des Princes. Eſtant venus
comme Arbitres ils ſe portent incontinent pour Ennemis. Ils changent les offices qu'ils promettoient
en de mauuais droits qu'ils alleguent, & de fauſſes debtes qu'ils
demandent, & ſi deux Concurrens
pretendent à vne meſme choſe, le
temperament qu'ils trouuent pour
les contenter, eſt de la prendre pour

eux. De cette forte ils accommodent
les differents, & mettent les parties
hors d'intereft. Ils ont joüé de ces
jeux en Allemagne ; ils voudroient
les continuer en Italie ; ils ont de l'e-
ftoffe toute prefte pour trauailler encore ailleurs , & quoy que leurs entreprifes aillent quelquefois affez
lentement , & que les fuccez ne fuiuent pas de prés les refolutions , on
void toufiours neantmoins en eux
vne eftrange obftination à bien efperer. Ils ne font plus deuant Cazal,
mais fi ie ne me trompe , ils ne de-
meureront gueres à y reuenir. Ils ne
fe rebutent ny par les longueurs, ny
par les difficultez des chofes : Ce
qu'ils n'ont pû faire aujourd'huy , ils
s'imaginent qu'ils le feront demain:
S'ils fe font abufez au terme , ils
croyent eftre affeurez de l'euenement. Defia ils deliberent de l'ordre

qu'il faudra establir aux affaires de la
paix, apres la victoire : Desia ils de-
stinent des Gouuerneurs pour les
places qu'ils n'assiegeront que l'année prochaine, & pensent si insolé-
ment de l'auenir, que peu s'en faut
qu'ils n'assiegent leurs creanciers sur
la prise de Venise. Et certainement
si Dieu n'auoit mis en ce Royaume
des barrieres à la violence, & vne
franchise à la foiblesse; Si la France
n'estoit le commun pays des Estrangers affligez, & si nos armes n'estoiét
les armes deffensiues de la Chrestié-
té, ie ne doute point qu'ils n'ache-
uassent tost ou tard les conquestes
qu'ils ont commencées, & n'empor-
tassent à la fin l'entiere couronne
d'Italie, à laquelle ils ont donné tant
d'atteintes.

A a iiij

ARGVMENT.

Exhortation à l'Italie de se preparer à receuoir son Liberateur. Le successeur vray & legitime de ceux qui ont chastié ses Tyrans; qui l'ont affranchie de la domination des Lombards; qui ont remis les souuerains Pontifes en leur Siege. Il la peut guerir, pourueu qu'elle s'ayde vn peu, & qu'elle ayt le courage de se seruir de ses remedes. Considerations tant de necessité que d'honneur, qui la doiuent obliger à ne pas perdre l'occasion que le Prince luy presente, & à preferer la guerre à la seruitude. La Seigneurie de Venise donnera l'exemple de bien faire aux autres Estats, & agira auec autant de force que de prudence. Le Saint Pere ne sera pas contraire à la bonne cause, & fauorisera ce que le Prince veut executer. Pour les autres Souuerains, ils ne doiuent point marchander à se declarer. Il faut que tout le monde se rallie contre le commun ennemy; qu'en vne si pressante necessité les Catholiques ne fassent point de scrupule de se ioindre aux Protestans. Ils le peuuent faire en saine conscience.

CHAPITRE XXX.

Toutesfois que les Italiens se rasseurent, s'ils sont effrayez. Qu'ils conçoiuent vne ferme esperance du iour de leur

salut qui s'approche : Qu'ils se preparent à receuoir la bonne fortune
qui les va trouuer, Il y a encore de la
race de ceux qui ont chastié leurs
Tyrans ; De ceux qui ont nettoyé
leurs Prouinces des diuerses pestes
qui les affligeoient, De ceux qui ont
ruiné l'Empire des Lôbards en Italie, & remis les Souuerains Pontifes
en leur Siege. Le Successeur de Charles le Grand est en vie, qui ne demâ-
de que leur consentement pour leur
oster le joug de dessus la teste : qui
tend la main aux Potentats qui sont
tombez de leur Throsne, qui se sent
offencé en quelque lieu qu'on offense la Iustice, & porte ses soins & ses
pensées par tout où il y a des gens de
bien qui souffrent, & des foibles qui
gemissent.

Mais qu'ils considerent aussi, s'il
leur plaist, que tout seul il ne peut

pas faire toutes chofes, & qu'en vain
il a la puiffance de les guerir, s'ils n'ōt
pas le courage de fe feruir de fes remedes, & s'ils cheriffent leur maladie. Dieu qui nous a faits fans nous,
ne nous fauue pas fans nous. Il veut
que nous contribuions de noftre
part à noftre falut , & que nous
foyons cooperateurs auecque luy : Il
veut que nous trauaillions à fon ouurage, & que nous foyons les Arti-
fans de la befongne dont il eft l'Entrepreneur.

A quoy fongent donc aujourd'huy
les Speculatifs au pays de Machia-
uel, & de Tacite ? Que pretendent
de deuenir les Princes & les Peuples
qui nous veulent regarder faire les
bras croifez ? Si on ne tient ce qu'on
a promis , penfent-ils eftre fpecta-
teurs oififs & immobiles d'vne
action dont le fuccez leur eft com-

mun par vne confequence ineuita-
table ? Croyent ils que cette affaire leur foit indifferente, parce que
les premieres peines & les premiers
dágers en femblent particuliereomét
appartenir à Monfieur de Mâtouë?
Ne craignent-ils point que la conta-
gion du mal paffe iufqu'à eux, & que
la ruine des autres attire la leur ? Ne
fçauent-ils pas que nous receuons
tous les coups qu'on donne à noftre
Patrie, & que toutes fes bleffures
font noftres ? Qu'on nous defarme
en dépoüillant nos Alliez, & qu'on
affoiblit nos Villes en prenant celles
de nos Voifins ? Quel fatal & miferable affoupiffement eft celuy-là ?
N'ont-ils point d'yeux pour voir les
flambeaux qui viennent de brufler
l'Allemagne ? le bruit qu'a fait la
cheute du Palatin n'eft-il point capable de les éueiller ? Dira-t'on dés

Italiens ce qu'on difoit des Peuples
d'Afie, que pour hommes libres ils
ne valoient rien , mais que c'e-
ftoient d'excellés Efclaues , & qu'ils
fupportoient vne Tyrannie infup-
portable, à faute de ne fçauoir pas
dire NON , & de ne pouuoir pro-
noncer fermement cette fyllabe.

A caufe qu'ils ne font pas encore
opprimez, & qu'on les referue pour
le dernier acte de la Tragedie , ils
croyent eftre en feureté; A caufe que
le venin ne leur a pas encore gagné
le cœur, & que la mort ne les preffe
pas, ils s'imaginent qu'ils fe portent
bien; Et pource que l'Efpagnol n'eft
pas encore deuant leurs Villes auecque fes troupes, ils jurent qu'il ne
fonge pas à eux. Et neantmoins fi
quelqu'vn de leurs Citoyens faifoit
prouifion d'vne grande quantité de
pierres , de beaucoup de bois, de

chaux, de sable, & d'autres semblables materiaux, & qu'à mesme temps
il dressast vne place en vne belle as-
siette pour les employer, ils diroient
sans doute qu'il bastit, & qu'il edi-
fie vn Palais, quoy qu'ils ne vissent
point les fondemens posez, ny les
murailles eleuées. Pourquoy donc
ne diront-ils pas, que l'Espagnol, qui
amasse ses preparatifs de si longue
main pour les attaquer, j'entens ses
meilleurs & plus chers amis, leur
fait la guerre dés à present, combien
qu'il ne les ait point encore assiegez,
& qu'il ne leur ait pas liuré bataille?
Pourquoy ne se mettront-ils de bóne heure en estat de se deffendre, veu
que s'ils souffrent qu'il conduise son
œuure iusques au faiste, il ne sera
plus en leur puissáce de s'y opposer?

Puis que toutes ses paix sont trom-
peuses & déguisées, puisque son a-

mitié eſt ſuperbe & violente ; puiſ-
que ſes complimens ne prient pas,
mais qu'ils commandent & qu'ils
contraignent ; puis qu'il eſt impoſſible de viure auec luy en bonne intelligence & en liberté, il faut de neceſſité qu'ils choiſiſſēt de deux choſes l'vne, ou d'eſtre ſes Subjets, ou
d'eſtre ſes Ennemis, & qu'ils regardent lequel ils aiment le mieux, ou
de la ſeruitude, ou de la guerre.

Les choſes ne ſont pas tellement
alterées en leur pays, que la Nature
n'y ait conſerué quelque reſte de bō-
ne ſemence. Elle peut encore ſuſci-
ter des ames fortes & courageuſes
de cét ancien principe de valeur, qui
n'eſt pas eſteint, & démeſler quelques gouttes de ſang purement Romain & Italien d'auecque la maſſe
corrompuë. Il n'eſt pas que quelquefois ils ne ſe ſouiennent qu'ils

font les enfans des Seigneurs de l'V-
niuers, & que leurs peres ont triomphé particulierement de l'Espagne.
Il n'est pas qu'y ayant encore parmy
eux tant de Cesars, de Pompées, de
Scipions, & de Camilles, ils n'ayent
honte de porter ces grands noms, &
d'obeyr cependant à vn Dom Fer-
rand, ou à vn Dom Pedre.

Il est certes bien honteux que de
toutes les deliberations de Naples &
de Milan il faille attendre la resolution de Madrid, & que les Italiens
demeurent tousiours au plus bas
estage de la Seruitude, où les valets
sans voir iamais le visage de leur
Maistre obeïssent à d'autres valets?
Il est bien honteux qu'ils employent
à flater les Tyrans l'eloquence dont
ils se deuroient seruir à exciter les
Peuples au recouurement de leur liberté? Il est bien honteux qu'ils ne

foient habiles ny vaillans que pour
autruy, & que leur efprit & leur courage ne trauaillent que pour affer-
mir la Dominatiõ qui les opprime.
S'ils font de bonnes actions en Allemagne & aux Pays bas; S'ils retien-
nét de la guerre chargez de dépoüil-
les, & pleins de reputation, c'eft la
gloire des Efpagnols & non pas la
leur. Par là ils n'acquierent point des
Subjets, mais des compagnõs de fer-
uitude; Ils ne font pas meilleure la
fortune de leur pays, mais ils rendent la puiffance de l'Eftranger plus
redoutable; leurs chaifnes deuiennent plus luifantes & plus fortes, &
non pas plus lafches ny plus legeres.
I'efpere qu'ils feront quelque refle-
ction là deffus, & que ie n'auray pas
perdu tout ce que i'ay dit. Peut-eftre
que la vertu que l'on croit morte
n'eft qu'endormie; peut-eftre que les

malades se remettront, & que le cœur reuiendra aux éuanoüys.

La Seigneurie de Venise jettera sans doute les yeux sur le Decret de celle d'Athenes, qui n'estoit pas appuyée par vn Roy de France, quand elle declara la guerre au Roy Philippe. Elle donnera de la pointe à sa prudence, & armera les bons conseils, de peur que la fureur ne soit plus forte que la raison. Elle accompagnera plus que jamais de courage & de generosité cette excellente sagesse, dont elle fait des leçons à toute l'Europe. Elle considerera, qu'estât née & ayant crû dans le giron de la Liberté, & se disāt Reyne de la Mer, il seroit bien vilain que sur sa vieillesse elle changeât de condition, & qu'en Terre ferme elle quittast son Sceptre & son Diadéme. Elle se representera que son incomparable

demeure, qui séble estre pluſtoſt vn
miracle & vn exéple de la puiſſance diuine, qu'vn ouurage de la main
des hommes; Son ſomptueux Arce-
nal, ſon ſuperbe port, & ſes magnifiques Baſtimés ne ſont pas des fruits
de la peur & de la pareſſe de ſes Anceſtres; mais des effets de leurs trauaux, de leurs ſueurs, & de leur conſtance; & que toutes ces Illuſtres
marques ne peuuent eſtre conſer-
uées, que par les moyens qu'elles ont
eſté acquiſes.

Le Saint Pere a l'ame trop noble
& trop releuee pour rien faire de bas
en cette occaſion. La parfaite connoiſſance des choſes diuines & humaines que les rebelles meſmes de
l'Egliſe admirent en luy; le commerce qu'il a auec les anciens Romains, dont les écrits ne reſpirent
que liberté & amour de la Patrie; le
ſejour

seiour qu'il a fait en France, où il a
eu de tres-particulieres Côferences
auec le Roy Henry le Grand, & est
entré bien auant dans son esprit &
dans ses pensées. Finalement, cette
mine digne de l'Empire, qui monstre ie ne sçay quoy de plus qu'humain, & ce visage, qui iette des
rayons de Majesté sur tous ceux qui
le regardent, ne signifient rien de timide, ny de foible, & ne nous peuuent donner que de bons presages
& de belles esperances. Il prendra la
peine de se remettre en memoire
que sa dignité a esté plus respectée
par Attila que par Charles, & que la
seule presence de Leon desarmé ar-
resta le Fleau de Dieu, & le chassa
d'Italie, là où ce Prince deuot & religieux, apres trois Traitez de Paix
dont il endormit Clement septiesme, le retint prisonnier contre tout

B b

droit diuin & humain , & faccagea
Rome par les mains des Heretiques.
Il verra dans l'Hiſtoire de ſes Prede-
ceſſeurs, que pour vn moindre danger que celuy qui le menace, ils ont
fait autrefois vne guerre ſainte contre Mainfroy, côme contre le Sultan,
& qu'vne autrefois ils ont laſché la
Croiſade contre les Colonnes, de la
meſme ſorte que côtre les Infideles.

Mais s'il veut eſtre meilleur meſnager de ſes foudres, & vſer plus moderément de ſa puiſſance : Si pour
certains reſpects il ne peut embraſ-
ſer ouuertement la cauſe commune, ny aſſiſter de ſes Armes les Princes intereſſez, ie m'aſſeure pour le
moins qu'il les fauoriſera de ſon inclination, de ſes vœux, & de ſes ſouhaits, & qu'il benira leurs affaires ſe-
cretement. Et puis que nous auons
opinion qu'vn amy ou vn maiſtre

qui nous voit joüer, encore qu'il ne
die mot, & qu'il ne parle point sur le
jeu, ne laisse pas de nous ayder, & de
porter mal-heur à nostre Aduersai-
re; Ils s'enhardiront ainsi en quelque
façon de la bonne volonté du Pape,
quoy que nõ publique ny declarée,
& prendront courage des signes
qu'il leur fera, s'ils ne peuuent se preualoir de ses forces.

Pour les autres Princes inferieurs,
dont le repos n'est pas fondé sur la
Sainteté de la Religion, & qui comme luy ne peuuent pas commander
au Monde dans vne Chaire; Il est
necessaire qu'ils se remuent tout de
bon pour le recouurement, ou pour
la conseruation de leurs Couronnes,
& qu'ils entrent dans le dessein qu'a
le Roy de les restablir s'ils sont de-
possedez, ou de les maintenir si on
les menace. Il est necessaire qu'on

Bb ij

leur crie à haute voix, que la Liberté
ne se deffend point par la crainte, &
qu'on ne repousse pas la violéce auec
la mollesse. Il est besoin qu'en cette
occasion l'Italie, l'Allemagne, &
l'Angleterre, les Catholiques, les
Protestans & les Arminiens se r'al-
lient contre leur commun Ennemy,
contre celuy qui n'attaque point les
Heretiques par zele de Religion,
mais par interest d'Estat, & qui ne
les veut point, comme Sainct Paul
les Infideles, mais qui veut les choses qui sont à eux.

Vn Stoïque & vn Epicurien, c'est
à dire deux hommes qui faisoient
profession d'vne Philosophie toute
contraire, & qui estoient de deux
Sectes ennemies s'accorderēt quād
il fût question de deliurer leur Patrie de seruitude, mirent leurs opinions à part pour joindre ensemble

leurs interests. Vne personne qui se
noye, se prend indifferemment à
tout ce qu'elle rencontre, fust-ce vne
épée nuë, ou vn fer ardent. La Necessité diuise les freres, & vnit les
Estragers; Elle accorde le Chrestien
auec le Turc contre le Chrestien; Elle excuse & iustifie tout ce qu'elle
fait. La loy de Dieu n'a point abro-
gé les Loix naturelles. La conseruation de soy-mesme est le plus pres-
sant, sinon le plus legitime de tous
les deuoirs. Dans vn extreme peril
on ne regarde pas de si prés à la bien-
seance, & ce n'est pas pecher que de
se deffendre de la main gauche.

ARGVMENT.

On demeure d'accord du bon droit, & de la iustice
de la cause: Il faut voir la facilité des moyens, & de
la possibilité du succés. La Tyrannie est insupportable,
mais elle n'est pas invincible. Il y a cinquante ans que

Bb iij

*les Hollandois le monſtrent à toute l'Europe. C'eſt vn
grand corps incommode & mal adroit ; qui ne ſe remuë qu'auecque peine ; qui a ſes infirmitez & ſes
playes. Il a vaincu les Allemans par eux-meſmes. Il
a diuiſé l'Allemagne, laquelle ſera libre ſi toſt qu'elle
ſe voudra reünir. Le Roy de Suede viendra au ſecours
de ſes voiſins. Le Roy d'Angleterre aura pitié de ſon
beau-frere & de ſes nepueux. Le Dieu des vengeances
fera raiſon à l'innocence affligée ; eſcoutera la clameur
des nations qu'on opprime ; ne ſouffrira plus qu'on ſe
ſerue de ſon nom pour tromper le monde.*

CHAPITRE XXXI.

LE ſcrupule de conſcience
ne doit donc point ſeruir
de pretexte à la laſcheté.
Nos Princes ont du Droict & de la
Iuſtice de reſte, & des forces meſmes
ſuffiſamment, pourueu qu'ils ne manquent point de reſolutió ny de courage. Le Monſtre dont nous auons
veu la figure, eſt veritablemét cruel
& farouche, mais il n'eſt pas pourtát
inuincible. Il a vn grand corps, mais
ce corps eſt fait de parties coupées,

&tient plus par des attaches que par
des nerfs. Il a beaucoup de mébres,
mais ils ne sont ny bien proportion-
nez ny bien joints. Les bras ne peuuent atteindre à la teste: l'estomach
est nud, quand les extremitez sont
couuertes; & s'il se remuë de quelque costé, il laisse tout le reste sans
mouuement. Ainsi la plus part du
temps il reçoit autant de coups qu'il
en donne; Il est aussi fameux par ses
pertes, que par ses victoires.

Regardez vne poignée de gens,
qui le braue & le bat ordinairemét,
& que Dieu luy a mis en teste pour
humilier son orgueil & son insolence. Regardez vn petit marais, qui
resiste à tous ses Royaumes, & à
toutes ses forces; Considerez vne
puissance qui flotte tousiours, & dépend en partie du vent & de la tempeste, qui tient bon neantmoins cõ-

tre sa formidable Monarchie. Ces
Pescheurs, qu'il méprisoit si fort
au commencement, ont mis
dans leurs filets ses Villes & ses Prouinces ; luy ont enleué des flottes &
des conquestes, & partagent presque tous les ans auecque luy le reuenu de ses Indes. Ne sont-ce pas les
choses foibles de ce Monde, que
Dieu a éleuës pour confondre les
fortes? N'est-ce pas le grain de sable,
dont il bride la fureur de l'Ocean?
Ne vous souuient-il pas de la petite pierre qui renuersa la grande
statuë?

Apres quarante ans de guerre l'Espagnol est encore à recommencer
en ce pays-là. Tout ce qu'il y fait
n'est que de consommer ses hommes, de jetter ses millions dans la
Mer, & de s'efforcer à ne rien faire.
Les auantages mesmes dont il se va-

te, font des victoires fi cherement
achetées, qu'il euft efté ruiné s'il en
euft eu beaucoup de pareilles. Pour
fes pertes, elles ont efté notables &
ordinaires, & il en fentira quelques-
vnes encore long temps. On void à
la Haye vne grande Sale toute tapif-
fée de fes drapeaux, dans laquelle les
Eftats firent feftin au Marquis de
Spinola, quand de Capitaine General il deuint Ambaffadeur pour leur
demander la paix, & que le Confeil
Eternel reconnuft fes Subjets pour
Souuerains, & les enuoya flater,
apres les auoir menacez inutilemét.
Le Prince qui commande aujour-
d'huy à leurs Armées, pourra bien
tapiffer vne autre Sale de la mefme
forte, pourueu qu'il vieilliffe, & que
la guerre continuë. Il n'eft pas moins
fçauant en fon meftier que le feu
Prince Maurice fon frere: Il n'eft pas

moins amateur de la Liberté; Il n'eſt
pas meilleur amy de nos Conquerans, & ie penſe qu'il ne les traitera
pas auec plus de courtoiſie ny plus
de reſpect.

Il eſt vray pourtant que les ſuccez
d'Allemagne leur hauſſent le cœur,
& que leurs affaires y paroiſſent fort
bien eſtablies. Mais ne nous eſton-
nons pas pour cela. Ce qui fait le plus
de rumeur, & qui a le plus de luſtre,
n'eſt pas touſiours le plus aſſeuré.
Encore y a-t'il dequoy leur donner
de la peine où ils péſent eſtre ſi bien
eſtablis. Et qui ne ſçait que ſi l'Allemagne qu'ils ont diuiſée, ſe veut
reünir, & ſi les Allemans ſe laſſent
de preſter leurs mains & leur ſang à
leur ennemy pour aſſeruir leur Patrie, tous les Trophées qu'il a erigez
chez eux, tomberont incontinent
en pieces, & vne proſperité de dix

ans reuiédra à rien. Souuent le Vaincu a mis en hazard le Victorieux, &
d'vn bout d'efpée on a tué celuy à
qui on auoit demandé la vie. Des
commencemens formidables ont
eu fouuent des fins ridicules ; & vne
puiffance deftinée à conquerir des
Royaumes, s'eft venuë brifer contre
vn peu de terre. Souuét ceux qui ont
fait la loy aux autres, ont efté les plus
proches du peril ; & le Peuple Souuerain de l'Vniuers dans vne guerré
dont la conclufion luy fut heureufe,
fut reduit à telle extremité de mal-
heur, qu'il ne luy reftoit plus d'efperance qu'au Capitole affiegé, &
en Camille banny. L'oppreffion n'o-
fte point la vertu aux perfonnes libres, elle irrite feulement leur courage, & aiguife la vaillance par la
douleur. Elle eft caufe quelquefois
d'vne plus grande & d'vne plus af-

seurée liberté, & fait qu'apres le recouurement des choses perduës, on
conserue auec obstination ce qu'on
possedoit auparauant auecque negligence.

Il ne faut pas tousiours estre cre-
dule à sa premiere joye, ny se fier à
l'apparéce des affaires. Il y a de mauuais gains, & des acquisitiõs ruïneu-
ses. Et cõme vn Marchád qui auroit
chargé son vaisseau de quantité de
bestes sauuages pour les mener d'A-
frique en Europe, seroit mal asseuré
au milieu de ses richesses, & pourroit se perdre sur Mer encore qu'il
eust les vents fauorables; Il me semble de mesme que les Princes, apres
auoir gaigné des batailles, & vaincu
des Peuples, doiuent redouter leurs
propres conquestes, & faire estat
qu'il n'y a point de plus dangereux

ennemis que des subjets qui obeyſ-
ſent par force. Les Allemans ſeront
libres toutes les fois qu'il leur plaira
de rompre leurs fers. La diuiſion ceſ-
ſant parmy eux, la puiſſance de l'Eſpagnol ceſſe en leur pays, & le meſme iour qu'ils s'accorderont, il en
ſera chaſſé.

I'ay ouy parler de plus d'vn Roy
de Suede, qui peut bien luy tailler
de la beſongne, & trauailler tres-vti-
lement, ſi on s'aduiſe de l'employer.
Son courage n'eſt pas vne audace
aueugle & precipitée, & ce n'eſt pas
vne vaillance de colere que la ſienne. Il ſçait faire la guerre auec ſcien-
ce, & ne laiſſe gueres de choſes à la
diſcretion de la Fortune. Il a les
mouuemens de l'ame fort éleuez,
mais il les a fort reguliers & fort iuſtes. Il a vn grand eſprit qui eſt conduit par vn jugement encore plus

grand. Il possede les Vertus necessaires, & ne manque pas des agreables.
Il meriteroit vn Royaume qui fust
plus voisin du Soleil que n'est la Suede; & si Pyrrhus qui nomma les Romains Barbares, reuenoit aujour-
d'huy au Monde, il diroit asseurément, que jamais Grec ne fut plus
poly ny plus raisonnable que ce Bar-
bare.

Le Roy d'Angleterre n'abandon-
nera pas aussi vne Cause, dans laquelle, outre les raisons d'Estat qui
luy sont communes auecque nous,
son honneur & sa conscience l'en-
gagent encore plus particulieremét
que tout autre. Il aura pitié de sa
sœur, de son beau frere, & de ses ne-
ueux, qui ne sont plus que de tristes
& déplorables exemples de l'insta-
bilité des choses du monde, & qu'on
va adjouster aux Adrastes, aux Poly-

nices, aux Hecubes & aux Antigo-
nes des Theatres. Maintenant qu'il
est deschargé de cet Importun, qui
trauersoit tous ses bons desseins, &
qui se jouoit si insolemment de son
Nom & de sa puissance en des ga-
lanteries pernicieuses à son Estat,
estant sage & genereux comme il
est, il prendra vne resolution digne de son bon sens & de son courage. Il espousera cette belle Reyne, que le Ciel luy a donnée pleine
d'esprit & d'intelligence, afin qu'en
vne mesme personne il pût trouuer
tout ensemble du contentement &
de l'ayde, & que celle qui possede
son amour, & qui est les delices de
ses yeux, participast aussi à ses conseils, & fust la Cõpagne de ses soins.
Il suiura ses premieres inclinations
& ses veritables interests. Il ne se dé-
partira pas legerement des ancien-

nes amitiez du feu Roy fon pere, &
fe reffouuenant des degoufts qu'on
luy a donnez, & des niches qu'on
luy a faites en Efpagne, il fe remet-
tra bien auecque la France, de laquelle il a efté traitté auec toute forte d'eftime & d'affection.

La bonne caufe fera encore forti-
fiée par d'autres appuis, & ne man-
quera point de fuite, ny de partifans.
Outre qu'il eft certain que le corps
dont on nous fait peur, a fes playes
& fes infirmitez qui le trauaillent, &
qui ne laiffent pas d'eftre dangereu-
fes, quoy qu'elles foient couuertes
de quelque apparence de fanté. Et
ne doutez pas que la guerre venant à
le tafter, & à le preffer de tous coftez, elle ne trouue incontinent ce
qu'il a de foible & de douloureux en
fes membres, & que fous ce fard &
cette peinture de Grandeur qui pipe

le

le Monde, on ne découure des parties gaftées, & des vlceres peut-eftre
incurables.

Au pis aller, quand il feroit auffi
fain qu'il fe monftre grand, & qu'il
femble fort: quand veritablement il
fe feroit r'acquité de toutes fes pertes, qui luy a refpondu de l'auenir?
S'il a profperé depuis la mort du feu
Roy, c'eft à cette heure à fon tour
d'eftre mal-heureux: S'il s'affeure de
la faueur de la Fortune, il fe fie aux
careffes d'vne Courtifane. Il n'y a
point d'apparence, que celle qui fait
profeffion de legereté, deuienne
conftante pour l'amour de luy: Mais
il y a certes bien apparence, que les
gemiffemens des Nations qu'on opprime, la clameur des Innocés qu'on
perfecute, l'affliction des Meres &
des Vefues defolées, les violemens,
les facrileges, & les autres mauuai-

ſes ſuites des mauuaiſes guerres
monteront iuſques au Throſne de
Dieu, & attireront ſa vengeance ſur
celuy qui eſt cauſe de tant de maux.
Il y a bien plus d'apparence que la
Iuſtice eternelle luy prepare le cha-
ſtiment qu'il merite, que non pas
que la Fortune, qui n'eſt qu'vne in-
fidele, luy garde ſa foy.

Si Dieu entend le cry des petits
corbeaux qui ſont au nid, n'écoute-
ra-t'il point ſes Enfans qui le ſollici-
tent, & luy demandét raiſon du tort
qu'on leur fait? Si la voix du ſang
d'Abel eſt paruenue iuſques à luy, le
ſang d'vn nombre infiny de Chreſtiens ſera-t'il muet, & tombera-t'il
à terre ſás faire de bruit? Leurs plaintes, leurs imprecatiós, leurs dernieres
paroles ſeront-elles perdues? Serót-
ils morts pour la Iuſtice, ſans que la
Iuſtice recherche leur mort? Le Ven-
geur des parjures & de la Religion

violée souffrira-t'il tousiours qu'on
fasse de la Religion vn instrument
de Tyrannie, & qu'on se serue de son
nom pour tromper le Monde ? S'il
conte nos cheueux, n'aura-t'il point
d'égard à nos souspirs ? ne recueilli-
ra-t'il point nos larmes ? méprisera-
t'il nos prieres ?

ARGVMENT.

L'enuoy que Dieu a faict du Roy en cette saison est
le plus euident signe que nous ayons de la prochaine deliurance de l'Europe : Il n'a pas fait naistre pour neant
vn si grand Prince. Il ne luy eust pas donné tant de
merite, s'il n'eust voulu donner vn Chef à la Cre-
stienté. Voicy donc le Capitaine general du bon party,
venu pour operer le salut de la France, de l'Italie, &
de l'Allemagne. Il est desia apres la seconde partie de
son ouurage, & descend des Alpes comme Pepin, &
non pas comme Hannibal, ses armes ne doiuent donner de ialousie à personne : elles ne combattent que pour
conseruer. Ce n'est point le Tyran, c'est le Prince. Veritables qualitez du Prince, qui sont estendues dans les
autres parties du discours, & recueillies icy dans la
conclusion, D'ou l'on peut apprendre combien le tiltre
de ce Liure est iuste, & que par le Prince l'Auteur a

Cc ij

entendu auec raison la premiere personne de son siecle;
qui ayme mieux regner par le bon exemple, que par la
force, & auoir sur tous les hommes vne superiorité de
vertu, qu'vne souueraineté de puissance. Si ceste per-
sonne-la est un autre que Louys treziesme, il faut donner vn autre nom à ce Liure.

CHAPITRE XXXII.

NOn, non, asseurons-nous
que Dieu est pour nous, &
que les miseres de la Chre-
stiente le touchent. Nous en auons
vne marque, de la certitude de laquelle il n'est pas permis de douter.
S'il n'auoit resolu de secourir puis-
samment les siens, il n'auroit pas
enuoyé le Roy en cette saison : S'il
n'auoit enuie de les faire vaincre, il
ne leur auroit pas presenté vn si braue Chef : S'il vouloit differer le terme de leur liberté, il auroit differé
sa naissance. Certainement il a fait
naistre cet excellent Prince pour le
bien des hommes, & pour la felicité

de son Siecle. Il l'a donné aux vœux
de la France, de l'Italie, & de l'Allemagne, qui l'ont demandé ; il ne l'a
pû refuser aux necessitez de son Peuple, qui en auoit besoin.

Le Capitaine general d'vne grande Ligue, qui auroit passé la meilleure partie de sa vie dans des Ca-
binets & dans des Iardins, & qui
n'auroit veu que des Ballets & des
Festes, pourroit estre vaincu par
la premiere mauuaise nouuelle, &
l'esperance de ceux qui se repose-
roient sur sa capacité, auroit vn
fondement fort fragile & fort rui-
neux. Mais cettuy-cy est nay dans la
guerre & dans les Armées : Dés son
enfance il a veu des Sieges & des
Combats. La Necessité l'a endurcy
de bonne heure à la vertu ; & ce qui
donne de la peine aux autres, ne luy
donnant que de l'exercice, il n'est

Cc iij

rien de si haut ny de si difficile que
nous ne deuions attendre de sa valeur; il n'y a point d'esperances qu'il
ne doiue surmonter par les effets.

Ie le dis encore vne fois: Il ne tiét
qu'à luy qu'il ne conquere, & qu'il
ne dispute de l'Empire & de la domination auecque les Ambitieux.
Mais il ne veut point s'enrichir des
pertes publiques. Il ne veut pas estre
coupable de son bon-heur; Il ne desire pas vne qualité, qui seroit funeste à toute l'Europe. Qu'on ne pren-
ne point d'ombrage de ses desseins,
& que ses armes ne donnent de jalousie à personne. Il a consacré ses
mains à l'Eternel, & à la protectió de
la Iustice. Ses armes ne deffendent
que les bonnes Causes; Elles apportent le repos & la seureté aux Peuples, & leur doiuent estre en mesme
respect que les Boucliers, qui cheu-

rent du Ciel, le furent aux Romains qui les recueillirent.

Ce n'est point Hannibal qui descend des Alpes auec toutes les cruautez & toutes les perfidies de son pays, & apres vn serment solemnel de destruire l'Italie : C'est Pepin, c'est Charlemagne ; qui la veulent deliurer encore vne fois. Et si la fatale année que cet Africain commença sa guerre, vn enfant estant sorty du ventre de sa mere, rentra incontinent dedans, pour monstrer qu'il ne faisoit pas bon au Monde en vne si mauuaise saison, Maintenant qu'vn temps tout contraire à celuy-là se prepare, sans doute il y aura du plaisir d'habiter la Terre, & les Meres se doiuent resiouyr de leur fecondité, puis qu'elles sont asseurées d'esleuer des enfans qui seront plus heureux que leurs peres, & qui viuront en liberté par le bien-fait de LOVIS LE IVSTE. Il ne doit point estre suspect aux Italiens; l'Italie ne le doit point reputer pour Estranger; Il est Italien du costé de la Reyne sa Mere, & par consequent interessé dans les affaires presentes, non seulement par honneur & par consideration d'Estat, mais aussi par inclination, & par pieté.

Et puis qu'on nous veut debiter de faux Oracles, & des Propheties supposées ; puis que la Pythie est encore aujourd'huy menteuse en faueur de Philippe, pourquoy ne chercherons nous aussi des Oracles de nostre costé, & ne nous seruirons-nous du témoignage des Sages, qui, selon l'opinion de Platon, ne sont jamais sans inspiration diuine? Pourquoy n'alleguerons-nous ce qu'écriuoit il y a plus de cent ans vn grand

personnage à Laurens de Medicis
Duc d'Vrbin, Que la miserable Italie esperoit de sa maison quelqu'vn
qui la deliurast. Infailliblement l'Esprit qui luy dictoit ces paroles,
voyoit de loin le mariage de Henry le Grand ; entendoit parler de
LOVYS LE IVSTE, & designoit
les merueilles que nous auons veuës,
& celles que nous verrons, si les Italiens ne resistent opiniastrement à
leur bonne fortune, & ne preferent
les aulx & les oignons d'Egypte, ie
veux dire quelques petits interests,
& quelques cheriues pensions, dont
l'Espagne les repaist, à la liberté
qu'on leur presente.

Mais quoy qu'il en soit, le Roy a
dessein de faire ce qu'ont fait les
Princes que l'Histoire nous baille
pour demy-Dieux. Il marche sur les
pas de ces magnanimes Roys, enne-

mis jurez des meschans, Protecteurs
des gens de bien, Pacificateurs de la
Mer & de la Terre, qui ne cher-
choient autre fruict de leurs victoires que le repos du Monde, & ne le
couroient d'vn bout à l'autre, que
pour en procurer la deliurance. Il
sçait qu'il est descendu de ceux qui
ont rompu les forces, & esteint la
Tyrannie de Luitprande, d'Astul-
phe, & de Didier; de ceux qui ren-
dirent au Pape toute la Flaminie, &
toute l'Emilie, qu'on leur auoit vsur-
pées; qui luy firent present de l'Isle
de Corse, & des Duchez de Spolete
& de Beneuent; qui adiousterent à
son Domaine tout le pays qui est entre Parme & Lucques. Il sçait qu'il
est heritier de celuy qui se peut dire
à meilleur tiltre que Constantin, le
bien-facteur de l'Eglise, & dont le
nom se lit encore à Rauenne dans

vne table de marbre auec ce reste
d'inscription, IL A ESTE' LE
PREMIER QVI A OVVERT
LE CHEMIN A L'ACCROIS-
SEMENT ET A L'ESTENDVE
DE L'EGLISE.

Il croit auec Aristote que le bien-
faire n'est pas moins vne marque
d'excellence que de bonté ; & auec
sainct Paul, qu'on doit faire bien à
tous, mais principalement aux domestiques de la Foy. Il croit qu'vn
grand Roy doit porter ses soins fort
auant dans l'auenir, & fort loin au
delà de son Royaume : Que tous les
temps luy doiuent estre en pareille consideration que le present, &
tous les miserables en mesme re-
commādation que ses subjets. Qu'il
faut que le Monferrat, & le Man-
toüan soient aussi proches de son esprit, que les faux-bourgs de Paris, &

le derriere du Louure; & que si à tré-
te journées de luy vn affligé inuo-
que son Nom & implore sa Iustice,
il sente en mesme temps de la dimi-
nution à ses maux , & du changement en sa fortune.

Il treuue que c'est vne plus belle
chose de rédre la Liberté aux Republiques, que de leur donner vn bon
Maistre, de s'acquerir des seruiteurs
pleins de passion , que des subjets
mal affectionnez, de se faire des a-
mis, que des feudataires, & d'auoir
sur tous les hommes vne Superiorité
de vertu, qu'vne souueraineté de
puissáce. En fin il n'est esleué au plus
haut degré des choses humaines,
qu'afin qu'il soit consideré de plus
loin, & qu'il esclaire plus de païs;
qu'afin qu'il serue de regle aux autres Princes, & de Loy viuante &
animée à toutes les Nations de la
Terre.

En conscience puis que les gens
de cette sorte sont des chemins par
tout où ils passent, puis que leur exéple est vne façon de commander, à
laquelle les plus rebelles ne peuuent
desobeyr, & que l'amertume qui se
trouue aucunefois en la vertu est
adoucie par la vanité qu'il y a d'imiter les Roys, il faudroit que la generation presente fust reprouuee, & il
y auroit trop de dureté dans le cœur
des hommes, si bien tost toute la
Chrestienté ne deuenoit vertueuse,
& si la sainte vie du Roy, sans con-
uoquer d'Estats Generaux, ny d'Assemblees de Notables, ne produi-
soit vne volontaire reformation en
cet Estat, & ailleurs vne émulation
honneste de faire aussi bié que nous.
Il ne faut plus chercher l'Idée du
Prince dans l'Institution de Cyrus;
Il ne faut plus aller admirer à Rome

les Statuës des Consuls & des Empereurs, ny loüer les morts au preiudice de ceux qui viuēt. Il n'y a point d'Antique en tout ce peuple de pierre & de bronze, qui represente vn Heros pareil au nostre. Nous possedons ce que nos Peres ont souhaité, & ne sçauriōs nous souuenir de rien qui vaille ce que nous voyons.

Quant à moy, soit que ie sois passionné de la gloire de mon Maistre; soit que ie m'interesse dans le dessein que i'ay entrepris; soit que la lumiere des choses presentes m'éblouïsse; soit que le seul amour de la verité me fasse parler, il est certain qu'apres auoir regardé de toutes parts, & consideré le Monde dés le poinct de sa naissance, ie ne trouue point d'homme sur qui le Roy n'ait quelque auantage, ny de Vie qui à tout prendre soit si admirable, que la sienne.

Ie voy de grandes vertus en certains endroits, mais ie voy aussi de
grands vices qui les accompagnent
Les Serpens se cachent dessous les
fleurs : les poisons & les parfums sortent du sein d'vne mesme Terre :
Toute la Nature est vne confusion
de bien & de mal, Il n'y a pas vne de
ses parties, qui ne souffre ses incommoditez & ses manquemens, ; & les
corps mesmes qu'elle a trauaillez
auec le plus de soin, & qu'elle a formez de la plus riche matiere , ont
leurs defaux, leurs eclypses, & leurs
maladies. Il n'y a que la personne du
Roy où ie ne remarque rien que ie
voulusse qui n'y fust pas. Ie ne suis
point icy occupé, comme au r'affi-
nement des metaux, à separer le pur
d'auec l'impur : Ie ne suis point en
pesne à démesler la Vertu d'auec le
Vice. Tout y est esgalement bon,

tout y eſt hors de blaſme, & digne
d'eſtime; Et ſi le premier rang qu'il
tient aujourd'huy entre les hommes, eſtoit en diſpute parmy eux,
ie ne penſe pas, qu'il y en euſt quelqu'vn qui le luy puſt debatre legitimement, & qui ne luy deuſt ceder,
ou en nobleſſe de ſang, ou en proſperité de ſuccez, ou en adreſſe de
corps, ou en force d'eſprit, ou en
magnanimité de cœur, ou en pureté de conſcience.

Concluons donc que c'eſt *le Prince*
par excellence, & au delà de toute
comparaiſon : que ſa vie eſt la leçon
des maiſtres, & l'exemple des parfaits : que ſes loüanges doiuent eſtre
l'exercice de tous les eſprits, & la
matiere de tous les diſcours. Ne ſor-
tons point d'vne ſi agreable meditation que pour y rentrer; Ne prenons haleine que pour eſleuer plus
haut

haut noſtre voix, N'acheuons qu'à
deſſein de recommencer. Auſſi bien
eſt il Feſte en toute cette Prouince
depuis la priſe de la Rochelle, &
nous auons du loiſir, que nous ne
ſçaurions mieux employer qu'à l'hó-
neur de celuy qui nous l'a donné, &
qui nous fait iouyr en repos de nos
liures & de nos eſtudes. Outre que
quand le loiſir meſmes nous man-
queroit, & que les occupations &
les affaires nous preſſeroient de tous
coſtez, vn ſi noble diuertiſſement
merite d'eſtre preferé aux occupations & aux affaires.

FIN.

Dd

❀❀❀❀❀❀❀❀❀❀❀❀❀❀❀❀❀❀

A MONSEIGNEVR
LE CARDINAL DE
RICHELIEV.

MONSEIGNEVR,

Estant encore arresté icy par quelques affaires que ie ne puis laisser
sans les perdre, ie souffre auec beaucoup de douleur vne si dure necessité, & m'estime comme banny en
mon pays, puis que ie suis si long-
temps esloigné de vous. Ie ne nie pas
que les victorieuses & triomphan-
tes nouuelles qui nous viennent à
toute heure de l'Armée ne me donnent quelque émotion de joye, &
que ie ne sois sensiblement touché
du bruit que vostre nom fait de tous
costez. Mais ma satisfaction ne

ſçauroit eſtre entiere, d'apprendre
dans les relations d'autruy, les choſes dõt ie deurois rendre témoignage; & ie m'imagine tant de plaiſir à
vous conſiderer en voſtre gloire,
qu'il n'eſt point de ſoldat de là les
Monts ſous voſtre commandemẽt,
de qui ie n'enuie la bonne fortune.
Iene laiſſe pas pourtant, Monſeigneur, ne pouuant vous ſeruir du
corps, & de l'action, de vous reuerer iour & nuict de la penſée, & d'é-
ployer à vn ſi digne culte la plus noble partie de moy-meſme. Vous
eſtes apres le Roy, l'eternel obiet de
mon eſprit: Ie ne le deſtourne quaſi
iamais de deſſus le cours de voſtre
vie, & ſi vous auez des courtiſans
plus aſſidus que moy, & qui vous
rendent leurs deuoirs auec plus d'o-
ſtentation & de monſtre, ie ſuis certain que vous n'auez point de ſerui-

teur plus fidele, ny dont l'affection
viène plus du cœur, & soit plus viue
& plus naturelle. Mais afin que mes
paroles ne semblent pas vaines &
sans fondement, ie vous enuoye la
preuue de ce que ie dis ; par où vous
reconnoistrez, qu'vn homme persuadé a vne grande dispositiõ à persuader les autres, & que le discours
appuyé sur les choses, & animé de
la verité, remuë bien les esprits auec
que plus de force, & y acquiert bien
plus de creance, que celuy qui se
mesle seulement de feindre & de de-
clamer. C'est vne partie, Monseigneur, tirée de son corps, & vne
piece que j'ay détachée du trauail
que j'ay entrepris : à la perfection
duquel j'auoüe franchement, que
toutes les heures du loisir plus tranquille que le mien, & toutes les puis-
sances d'vne ame plus releuée que
les ordinaires, eussent trouué suffi-

famment dequoy s'occuper. Il y est
traité de la Vertu & des Victoires
du Roy ; de la Iustice de ses armes ;
de la Royauté, & de la Tyrannie, des
Vsurpateurs, & des Princes legitimes ; de la Rebellion chastiée, &
de la Liberté maintenuë. Mais parce que le Prince dont ie parle ne s'arreste point, & que le suiuant ie m'é-
barquerois dans vn suiet infiny, ie
me suis prescript des bornes, que ie
n'eusse pû rencontrer en ses actions,
& à l'exemple d'Homere, qui a finy
l'Iliade par la mort d'Hector, bien
que ce ne fust pas la fin de la guerre,
ie n'ay pas voulu passer la prise de
Suze, quoy que ce n'ait esté que le
commencement des merueilles que
nous auons veuës. Or vous sçauez,
Monseigneur, que le genre d'écrire
que ie me suis proposé, est sans comparaison, le plus penible de tous, &

qu'il est mal aisé d'agir d'vne longue imperuosité, & de faire des efforts qui durent. On donne cette
loüange aux Orateurs; à ceux dis-je,
qui sçauent persuader; qui sçauent
plaire en profitant; qui peûuent rendre le Peuple capable des secrets de
la science ciuile. Car pour les Philosophes, qui en ont escrit, leur ratio-
cination est d'ordinaire si seche & si
décharnee, qu'il paroist que leur intention a plustost esté d'instruire,
que d'agreer; & d'ailleurs leur stile
est si embarassé & si espineux, qu'il
semble qu'ils n'ayent voulu enfei-
gner que ceux qui sôt doctes. A cela
il n'y a pas pl⁹ de difficulté, qu'à guerir des gens qui se portent bien, &
pour estre obscur, il ne faut que s'arrester aux premieres notions que
nous auons de la Verité, qui ne sont

iamais bié nettes, ny bien démelees,
& qui tombant de l'imagination fur
le papier dans la confufion que d'a-
bord elles fe prefentent à elle , ref-
femblent pluftoft à des auortemens
informes, qu'à de parfaites produ-
ctions. Dauantage dans la compofi-
tion de l'Hiftoire, où regne encore
la Politique , vn Autheur eft porté
par fa matiere, & les chofes eftant
toutes faites , qui le foulagent de la
peine de l'inuention, comme la fuite
du temps luy donne fon ordre , il
n'eft prefque obligé de fa part , que
de contribuer des paroles. Ce que
quelques-vns ont eftimé fi peu, que
Menandre eftant preffé de mettre au jour vne piece qu'il auoit pro-
mife, Elle eft toute prefte, répondit-
il, Il n'y a plus que les paroles à faire. Mais dans le genre perfuafif, outre qu'il faut fe feruir des mots auec

plus de choix, & les placer auec plus
de iuſteſſe, que dans les ſimples nar-
rations, qui pour tout l'éclat, & tous
les enrichiſſemens de l'expreſſion,
ne veulēt que la clarté & la proprieté
des termes: ceux qui deſirent y reüſ-
ſir, s'efforcent de mettre en vſage, &
de reduire à l'action les plus ſubtiles
idées de la Rhetorique; d'éleuer leur
raiſon iuſqu'à la plus haute pointe
des choſes; de chercher dans châque
matiere les verités moins vulgaires
& moins expoſées en veuë, & de les
rendre ſi familieres, que ceux qui ne
les apperceuoient pas, les puiſſent
toucher. Leur deſſein eſt de ioindre
le plaiſir à l'vtilité, de meſler la delicateſſe parmy l'abondance, & de ne
combattre pas ſeulement auec des
armes bonnes & fortes, mais encore belles & luiſantes. Ils eſſayent de
ciuiliſer la Doctrine en la dépayſant

du College, & la deſiurant des mains
des Pedans, qui la gaſtent & la ſaliſ-
ſent en la maniant, qui ſont, pour le
dire ainſi, ſes corrupteurs & ſes adul-
tères, & abuſent à la veuë de tout le
monde d'vne choſe ſi belle & ſi excellente. Ils ne ſe garantiſſent point
des eſcüeils en s'en détournant, mais
ils taſchent de couler deſſus auecque
ſoupleſſe, d'échapper des lieux difficiles, & non pas de les fuir, d'aller
au deuant des interprétes malicieux
par vn mot qui deſtruit la conſequence qu'ils penſent auoit tirée, &
de faire voir qu'il n'eſt rien de ſi ai-
gre, ny de ſi amer, qui ne ſe tépere,
& ne s'adouciſſe par le diſcours. En
fin ils ſe laiſſent quelquesfois em-
potter à cette raiſonnable fureur,
que les Rhetoriciens ont bien connuë, mais qui eſt au delà de leurs re-

gles, & de leurs preceptes; qui pouffe l'Orateur à des mouuemens fi
eftranges, qu'ils paroiffent pluftoft
infpirez, que naturels, & de laquelle Demofthene & Ciceron eftant
poffedez; l'vn jure par ceux qui font
morts à Marathon, & les deifie de
fon authorité priuée : l'autre inter-
roge les collines & les forefts d'Albe, comme fi elles euffent deu luy
refpondre. Que fi ie m'eftois appro-
ché d'vn fi noble but, ce que ie n'o-
fe, ny ne veux croire, & fi ie pouuois monftrer aux Nations eftrangeres, qu'en France tout fe change
en mieux fous vn Regne fi heureux
que celuy du Roy, & qu'il nous augmente l'efprit, comme il nous a ac-
creu le courage, ie n'en meriterois
pas pour cela la gloire, mais il faudroit la rapporter toute entiere à la
felicité de mon Temps, & à la force

de mon Objet. En tout cas , Monseigneur, si ie ne puis auoir rang parmy les sçauans & les habiles, on ne
me le sçauroit refuser parmy les gés
de bien , & les seruiteurs affectionnez ; & si ma capacité ne vous doit
pas estre en consideration , mon zele merite pour le moins que vous ne
le rejettiez pas. Certes i'en suis souuent tellement émeu, que ie ne doute point , que mes ressentimens ne
vous plûssent , & que ce ne vous fust
vn diuertissement agreable de regarder vn Philosophe en colere. Et
bien que le vray amour soit assez
content du tesmoignage de la conscience , & que ie vous rende beaucoup de preuues de ma tres humble
seruitude , que ie suis asseuré que
vous ne sçaurez iamais, ie desirerois
neantmoins aucunefois, pour la satisfaction que vous en auriez , que

vous me puiſſiez ouyr du lieu où
vous eſtes, & que vous viſſiez auecque quel auantage ie diſpute la cauſe publique; de quelle ſorte ie refute
les fauſſes nouuelles qu'on fait courir, & comme ie ferme la bouche à
ceux qui veulent parler deſauanta-
geuſement de nos affaires. Il eſt certain qu'elles ne ſçauroient eſtre plus
fleuriſſantes, ny les ſuccez des armes
du Roy plus glorieux, ny le repos de
ſes Peuples plus aſſeuré, ny voſtre
adminiſtration plus judicieuſe. Et
toutefois il ſe rencontre de certains
eſprits, qui s'ennuyent de leur propre bien; qui ne peuuent ſupporter
leur felicité; qu'on ne ſçauroit retenir dans la bonne creance, que par
des proſperitez ſurnaturelles, & qui
n'ont plus de foy, ſi toſt qu'il n'y a
plus de miracle. Quand les affaires
preſentes ſont en bon eſtat, ils font

de mauuais jugemens de l'auenir, &
dans les éuenemens heureux leurs
presages sont tousiours funestes. Ils
sont de serment de n'estimer que les
Estrangers & les choses éloignées.
Ils admirent Spinola, parce qu'il est
Italien, & qu'il n'est pas de leur party; & il leur fasche de loüer le Roy,
parce qu'il est François, & qu'il est
leur Maistre. Ils ont bien de la peine
à confesser qu'il a vaincu, aprés vne
infinité de villes prises, & de factiós
ruinées, qui sont les Monumens e-
ternels de ses victoires; & il luy a
esté plus aysé de meriter l'estime de
toute l'Europe, que de gaigner leur
approbation. Ils nous persuade-
roient, s'ils pouuoient, qu'il a leué
le siege de deuant la Rochelle, qu'il
a faict vne paix honteuse auecque
les Huguenots, qu'il a esté battu par
les Anglois, & que les Espagnols

l'ont faict fuir. S'ils pouuoient , ils
effaceroient fon Hiftoire , & eftein-
droient la plus grande lumiere qui
doiue éclairer la Pofterité. Ie ne doute point qu'ils ne voyent de mauuais
œil dans mon Liure , l'image des
chofes qui les offencent fi fort. Et
ceux qui croyét les Fables & les Ro-
mans , & fe paffionnent pour vn
Hercule , & pour vn Achille , qui
poffible ne furent iamais ; ceux qui
lifent auecque des trãfports de ioye
les actions de Roland , & de Re-
naud , qui n'ont efté faites que fur le
papier, ne prendront point de gouft
à la verité , à caufe qu'elle rend tefmoignage à la vertu de leur Prince.
Ils trouueront bon , que contre la
foy de toute l'Antiquité Xenophon
qui eftoit Grec, & non pas Perfe, ait
fongé vne vie de Cyrus à fa fantai-
fie , & qu'il le faffe mourir dans fon

lict, & parmy les siens, quoy qu'il
soit vray qu'il mourût à la guerre, &
qu'il fut vaincu par vne femme. Ils
trouueront bon que Pline ait menty
en plein Senat, & qu'il ait loüé Trajan de temperance & de chasteté,
quoy qu'il soit vray qu'il fust sujet
au vin, & à vn autre vice si sale qu'il
ne se peut nommer honnestement:
& ils trouueront mauuais qu'estant
nay sujet du Roy, ie die de luy, ce
que personne ne peut contredire, &
qu'ayant à faire voir vn exemple
aux Princes, ie choisisse plustost sa
vie, ny que la vie de Cyrus qui est
fabuleuse, ny que celle de Trajan,
qui n'est pas bien nette; pour ne
point parler de celle de Cesar Bor-
gia, qui est toute noire de laschetez
& de crimes. Le Ciel ne sçauroit faire à ces gens-là vn Superieur qui fût
à leur gré. Celuy qui a esté selon le

cœur de Dieu, ne seroit pas selon le
leur. Ils ne trouueroient pas Salomõ
assez sage, ny Alexandre assez vaillant. Ils sont generalement ennemis
de toutes sortes de Maistres, & accusateurs de toutes les affaires presentes. Ils crient iusques à nous rompre la teste, qu'il n'estoit point necessaire de faire la guerre en Italie,
Mais si vous fussiez demeuré à Paris, ils eussent crié bien plus haut,
qu'il eust esté deshonneste de laisser
perdre ses Alliez. Pource que quelques vns de nos Roys ont fait des
voyages mal heureux de là les
Monts, ils soustiennent qu'il faut
que cettuy-cy, qui ne suit pas les
mesmes conseils, tombe neātmoins
au mesme mal-heur. Ils combattent
vostre conduite par de vieux Pro-
uerbes, pource qu'ils ne sçauroient
l'attaquer auec de bonnes raisons:

Ils

Ils alleguent que l'Italie est le cime-
tiere des François, & ne pouuant
marquer vne seule faute que vous
ayez faite en ce pays-là, ils vous re-
prochent celles de nos Peres, & vous
accusent de l'imprudence de Charles huictiesme. Ie pense bien qu'ils
pechent plustost par infirmité, que
par malice ; qu'ils sont plustost paf-
sionnez pour leurs opinions, que
pensionnaires de nos ennemis ; &
qu'ils ont plus besoin des remedes
de la Medecine, que de ceux des
Loix. Il est pourtant fascheux de voir
les impertinens de ce temps tenir le
mesme langage que les rebelles du
temps passé, & abuser du bien de la
Liberté, contre celuy qui nous l'a
acquise. Ils me viennent dire tous
les iours que nous receurons beaucoup de desauantage du mescon-
tentement d'vn Prince qui s'est se-

paré de nous ; & ie leur respons, qu'il
vaut bien mieux auoir vn foible ennemy à combattre, qu'vn amy que-
releux à conseruer. Ils veulét à quelque prix que ce soit, que le Roy se-
coure Cazal, & ie leur dis qu'il l'a des-
ja secouru par la conqueste de la Sa-
uoye, & qu'en l'estat où il a mis les
affaires, au pis aller on ne le prendra
que pour le rendre. Ils ne se contentent pas que vous executiez des a-
ctions extraordinaires, ils vous en
demandent d'impossibles, & quoy
qu'il naisse quelquefois dãs les choses des difficultez qui ne peuuent
estre surmontées à cause de la repugnance du suiet, & non pas par le
deffaut de l'Entrepreneur, ils ne se
payent point de ces raisons ausquelles les Sages acquiescent, & voudroient souuent que le Roy fist ce
que le Grand Turc & le Perse joints

enfemble ne fçauroient faire. Tout
cela, Monfeigneur, me donneroit
vne extreme indignation, & ie ne
pourrois fouffrir cet excez d'ingratitude, fi ie ne fçauois qu'il y a eu autrefois vn efprit chagrin, qui repre-
noit les œuures de Dieu, & ne crai-
gnoit point de dire, que s'il euft efté
de fon Confeil, tant en la creation,
qu'au gouuernement du Monde, il
luy euft donné de meilleurs auis,
qu'il n'en auoit pris, & que d'ordinaire il n'efuiuoit. Apres vne fi haute folie vous ne deuez pas trouuer
ftrange, que quelques-vns foient
extrauagans. Le Vulgaire a efté de
tout temps iugé tres-inique de la
Vertu. Mais neantmoins elle n'a iamais manqué d'admirateurs, & fi
ceux qui n'ont qu'vn peu d'inftinct,
& qui ne fçauent que murmurer, ne
luy font pas fauorables, C'eft à nous,

Monſeigneur, à vous teſmoigner
que les perſonnes raiſonnables, &
ceux qui ſçauent parler, ſont du
bon Party.

Du 4. Aouſt 1630.

Voſtre tres-humb'e, &
tres obeyſſant ſeruiteur,
BALZAC.

AV MESME.

ONSEIGNEVR,

Ie ſuis bien faſché que mon indiſ-
poſition ne me puiſſe permettre d'o-
beyr au commandement que vous
m'auez fait, & d'eſtre moy-meſme
le porteur du Liure que ie vous enuoye. Toutesfois puis que vous le
receurez par de meilleures & de plus

dignes mains que les miennes, & que M. l'Euefque de Nantes m'a fait l'honneur de s'en charger, ie ne dois point craindre qu'il coure de fortune en mon abfence. Si le Roy y daigne ietter les yeux, fur le tefmoignage que vous luy en rendrez, i'ofe me promettre, Monfeigneur, qu'il y troulicra dequoy fe fouuenir affez agreablement des chofes paffées, & que fa vertu eftant fans exemple, il prendra plaifir de voir qu'on en parle d'vne façon qui n'eft pas tout à fait vulgaire. I'auoüe franchement que la confideration d'vne fi haute Vertu m'a donné des penfées que ie ne pouuois attendre de la mediocrité de mon efprit, & i'en ay efté fi extraordinairement tranfporté, que fouuent ie n'ay pas reconnu ce que ie venois d'écrire. Elle feule m'a découuert l'idée de cet Art, qui com-

Ee iij

mande à tous les autres ; qui excite
& calme les paffions comme bon
luy femble ; qui ne fe contente pas
de plaire par la pureté du ftyle, &
par les graces du langage, mais qui
entreprend de perfuader par la force
de la doctrine, & par l'abondance
de la raifon. Ie l'auois cherché iufques icy inutilement. La vie du Roy
m'en a plus appris, que tous les preceptes des Rhetoriciens ; & ie dois
à la felicité de fon Regne, tout le
merite de mon ouurage. C'eft pour
le moins vn auantage que j'ay fur
ceux qui ont vefcu deuát moy. Leur
memoire m'eft d'ailleurs en veneration ; & puis que i'honore les hommes de foixante ans, ie n'ay garde
de mefprifer vne vieilleffe de plufieurs Siecles. Pour les Eftrangers,
qui croyent eftre en poffeffion de la
gloire de l'efprit, nous ne fommes

pas obligez de leur porter le mesme
respect, & ie pense pouuoir dire sans
les offenser, que comme ils n'ont
point de maistre qui vaille le nostre,
il ne seroit pas raisonnable que nous
leur fussions inferieurs, & que le plus
digne Prince du monde, commian-
dast à vn Peuple qui fût de moindre
prix que les autres. Vous jugerez, à
mon aduis cette question en nostre
faueur. Mais j'espere de plus, Monseigneur, que si vous prenez garde
à la conduite de mon discours, &
considerez de quelle façon ie sors
des mauuais passages, vous me ferez
l'honneur d'auoüer, que ie ne me
suis point picqué, quoy que j'aye
marché sur des épines, & que dans
les plus dangereuses matieres i'ay
gardé le temperament qui se doit
tenir. *Inter abruptam audaciam, &*
deforme obsequium. Si aucunefois i'ay

eu des sentimens assez libres ; il me
semble que ma liberté est semblable
à celle des Republiques bien po-
licees, où l'on ne laisse pas d'obeyr
aux Loix, & de conseruer tout ensemble sa franchise. Quand ie serois
de Milan, ou de Bruxelles, ie ne sçaurois traiter les Princes de la Maison
d'Austriche auec que plus de respect
& de reuerence que ie fais ; Et c'est, à
mon opinion, tout ce qu'ils peuuent
exiger de la discretion d'vn homme,
qui n'est pas nay leur subiet. Car de
n'oser parler de l'ambition des Espagnols, des Maximes du Conseil
d'Espagne, & du dessein de conquerir, que le Roy changera quand il
luy plaira en la necessité de se deffendre, ce seroit desia vn commencement de seruitude que nous leur ré-
drions ; & ils sont, ie m'asseure, trop
iustes, pour vouloir qu'on les remer-

cie du mal qu'ils ont faict. Il peut y
auoir d'autres endroits qui feront
mal expliquez par les mauuais Interpretes, principalement où il eft parlé des Miniftres, & des Fauoris. Mais
me tenant dans les Thefes generales, & ne defignant point les perfonnes en particulier, mon procedé, ce me femble, eft fort innocent;
& ie ne puis pas empefcher que ceux
qui fe fentent coupables n'ayent des
remords, & que les vifages bleffez
ne voyent leurs playes, quand ils fe
regardent au miroir. Que s'il eftoit
deffendu de faire profeffion de la verité, ie ne ferois pas pour cela rebelle, ny ne m'oppoferois à l'ordre efta-
bly. I'obeyrois à vne Loy fi fafcheu-
fe, à caufe que ie fuis bon Citoyen;
mais ce feroit par mon filence, &
non par ma lafcheté, & à la charge
de ne point parler, & non pas de

parler contre ma conscience. Graces à Dieu, nous ne sommes pas en
ces termes. Aussi ie iouys du bon-
heur du Temps, & sçachant bien
que tout ce qui vient des esprits ser-
uiles est suspect, que leur tesmoignage n'est point receu, & qu'ils
font mesme tort à la Raison quand
ils s'en seruent, i'ay voulu estre hardy quelquefois, afin d'estre croyable tousiours, & de faire passer pour
absolument vray, ce qui eust pû autrement estre disputé. Il y en a qui
m'accusent du vice contraire, & qui
disent que ie flate, parce que ie tasche en quelques lieux de dire la verité auecque ornement. Ie ne veux
point rédre de mauuais office à personne. Mais asseurez-vous, Monseigneur, que ces gens là sont plus ennemis de mon suiet, que de mon liure, & qu'ils en veulent plus au Prin-

ce , qu'à l'Orateur. I'auouë que si
i'eusse esté capable du gére sublime
d'écrire , i'auois dequoy le faire voir
en cette occasion , & ce n'eust point
esté , comme on a dit autrefois, employer les fléches de Phyloctete ,
à tuer des oyseaux , ny exciter des
orages sur vn ruisseau. Il ne doit pas
estre permis de parler bassement de
ce qu'il y a de plus haut au dessous
du Ciel, & la Royauté qui a esté adorée toute seule , merite sans doute
vne double veneration , quand elle
a pour compagne la Vertu. On ne
sçauroit écrire du Roy en termes
trop releuez ny trop magnifiques; &
nous luy pouuons bien rendre pour
vne infinité de iustes raisons ce qu'ó
a rendu autrefois aux méchans Princes , pour le simple respect de leur
charactere. Ie ne vous representeray
point, Monseigneur, auec quel hon-

neur, & quelle humilité, ou pluſtoſt
auec quel culte & quelle religion les
Princes Romains ont eſté traitez
par leurs ſubiets. Ie ne m'amuſeray
point à vous faire conſiderer qu'on
leur donnoit de l'Eternité, & de la
Diuinité, comme on donne à nos
Souuerains, de la Maieſté, & de
l'Alteſſe; que ce qui s'appelle auiour-
d'huy le crime de Felonnie, s'appelloit en ce temps-là le crime d'im-
pieté, & que nos Rebelles eſtoient
leurs Impies. Ie ne vous allegueray
point que dans le Code de Theodo-
ſe les Réponſes des Empereurs ſont
dites Oracles; leurs Regards, ſplen-
deur celeſte; leurs Ediᓵs, lettres diuines; leur Palais, la diuine Maiſon,
& leur Cabinet, le Sanᓵuaire. Ie
vous ſupplieray ſeulement de vous
vouloir reſſouuenir, que ce ſtyle eſt
le ſtyle de l'Empire Romain, qui a-

uoit desia receu le Christianisme, &
que non seulement les Courtisans &
les Orateurs ont parlé de cette sorte;
mais aussi les Saints Peres, & les
Conciles. Saint Gregoire de Nazia-
ze en sa premiere inuectiue contre
Iulian, appelle Constance Prince
tres-diuin, bien que ce tres-diuin
Prince eust persecuté les Fideles, eust
chassé les Papes hors de leur Siège, &
fust mort en l'heresie d'Arius. Anastase estoit aussi Empereur hereti-
que, & fust tué d'vn coup de fouldre
par vne iuste punition du Ciel. Et
neantmoins Sabas le bon seruiteur
de Dieu parlant de ce mauuais Prince, dit qu'il est venu pour adorer les
pas de sa pieté Imperiale; & vn Hi-
storien de son temps, le nōme Saint
Anastase. Les Peres du sixiesme Cō-
cile de Constantinople nomment
encore Iustinian, Saint Iustinian, &

sa femme, Sainte Theodore; quoy
que la vie de l'vn & de l'autre ait
esté plus remplie de monstres que
de miracles, & que Theodore particulierement ne se soit seruie de la
puissance de l'Empire, que pour faire du mal à l'Eglise. De la mesme sorte Theodoric Arien est appellé Saint
Theodoric par le Concile de Rome. Et au rapport d'Eusebe, Denys
d'Alexandrie Martyr de nostre Seigneur, bailla le tiltre de tres-Saint à
Valerian Empereur Payen, quoy
que nous ne le baillions maintenant
qu'au Chef de la Religion Chrestienne. Or si cela est, & si les Peres
& les Conciles ont parlé de la Sainteté des Heretiques & des Payens,
qui ne procedoit que du charactere
& de l'onction qu'ils auoient receuë,
& par consequent qui estoit estrangere, & qui venoit de dehors; pour-

quoy ne me sera-t'il permis de recó-
noiſtre vne autre Sainteté iointe à
celle-là? vne Sainteté, qui n'eſt pas
ſuperficielle, ny empruntée, mais
qui a ſon fondement dans l'innocence de la vie, qui n'eſt pas attachée à
la Dignité, mais qui eſt inherente à
la Perſonne, qui n'eſt pas vne impreſſion du doigt de Dieu ſur vne
matiere fortuite, mais vne effuſion
de ſa grace dans vne ame choiſie &
predeſtinée. Quiconque trouue de
l'excez en mes paroles, ne ſçait pas
quel eſt le deuoir d'vn ſuiet, & n'a
pas l'opinion qu'il doit auoir de ſon
Prince. Il porte ſa veuë trop hardiment ſur vne grandeur ſi eſleuée, &
ne meſure pas la diſtance qu'il y a
entre ſon iugement & le merite du
Roy. Pourueu que l'honneur que l'ó
rend à ces perſonnes ſacrées ne ſoit
point iniurieux à Dieu, il ne peut y

auoir de l'excez à les honorer: Pourueu que les loüanges qu'on leur donne, n'offensent point vne plus grande Maiesté que la leur, elles ne peuuent estre immoderees. Nous deuós
mesme reuerer leur ombre, & flechir le genou deuant leur figure.
Tout ce qui les approche nous doit
paroistre plus pur & plus lumineux
par la communication qu'il reçoit
de leurs rayons. Le respect qu'ó leur
porte doit aller iusqu'à leurs liurees
& à leurs valets, & s'estendre à plus
forte raison sur leurs affaires, & sur
leurs Ministres: Pour lesquels vous
vous remettrez, s'il vous plaist, en
memoire que les anciens Chrestiens
auoient coustume de prier publiquement, & qu'ils en demandoient
a Dieu la conseruation, bien que par
là ils luy demandassent la conseruation de leurs Persecuteurs, & de
ceux

ceux qui les expofoient tous les iours
aux Lyons dans la place de l'Amphi-
teatre. Apres cet exemple ie n'ay garde de murmurer contre le Gouuernement de mon Pays, ny de treuuer
mauuais ce qui fe paffe deffus ma tefte. Ie me contente toufiours de la
probité prefente, & de la fageffe qui
eft en vfage. Ie ne difpute iamais
contre le pilote qui me mene, & ne
fuis point curieux d'vne nouueauté, à
laquelle quelque bonne qu'elle fuft,
j'aurois peut-eftre de la peine à m'ac-
couftumer. Ie fouffre la Tyrannie, &
defire la jufte adminiftration. Quand
mes Superieurs font fafcheux, i'ay de
la docilité, & de la patience. Et quád
ils font tels qu'ils doiuent eftre, i'ay
de la reconnoiffance & de l'amour.
Ie donne aux mauuais mon filence &
ma difcretió, mais ie ne me laffe point
de dire du bien de ceux qui en font,

ny de loüer les chofes loüables. Pour
ce qui vous regarde, Monfeigneur, ie
fçay que vous recherchez beaucoup
plus la folidité de la vertu, que la
pompe, & que vous aimeriez mieux
combattre que triompher. Toutesfois puis que voftre modeftie eft telle, qu'elle reiette bien fouuent la verité, vous ne deuez pas eftre creu en
voftre caufe, & ie vous recufe legitimement. Il ne faut pas que voftre moderation empefche noftre reconnoiffance, ny que nous tefmoignons de
l'ingratitude, parce que vous auez
de la pudeur. Il eft vray qu'il y a certaines bornes, dans lefquelles les plus
violentes affections fe doiuent con-
tenir; & puis que i'ay commencé à
alleguer du Latin, ie debiteray encore ce mot Tacite, *Peffimum Inimico-*
rum genus laudantes. Mais ne commu-
niquant à perfonne ce qui eft deu au

Roy feul, & ne donnant point à vn
autre l'honneur des euenemens, on
ne peut treuuer mauuais que ie vous
represente comme vn sage & fidele
Ministre qui agit par les ordres,& par
les commandemens d'vn grand Prince, & qui ne cherche autre gloire,que
celle de bien obeïr , & de bien seruir.
On ne peut s'estonner que parmy tãt
d'iniustes passions , & tant de murmures sans fondement , il se trouue
des jugemens libres, & des voix qui
benissent vostre cõduite. Et certes en
vne saison où vous estes si puissam-
ment,& si violemment assailly, ce seroit manquer aux deuoirs de l'humanité, de ne s'estudier pas à chercher
quelque consolation à vos déplaisirs,
& de voir souffrir vn Innocent, sans
luy donner vn souspir, ny le soulager
d'vne parole. Il ne suffit pas, Monseigneur, que vous soyez asseuré de la

protection de voſtre Maiſtre, & du
bon eſtat de voſtre conſcience; vous
auez encore beſoin de l'opinion des
hommes, & du témoignage du Public. Vous n'apprehendez point le
danger de voſtre Perſonne, ny la ruine de voſtre fortune; mais vous apprehendez le blaſme, & la mauuaiſe
reputation: Vous craignez les choſes
deshonneſtes, quoy que vous mépri-
ſiez les perilleuſes Et partant ce vous
doit eſtre vne amertume aſſez douce,
& vn mal-heur, quoy que vous puiſſiez dire, glorieux, de ſçauoir auec
tous les gens de bien, que vous endu-
rez pour la Iuſtice, & que voſtre cauſe eſt celle du Roy, & de l'Eſtat. Si
vous auez de la douleur de n'eſtre pas
agreable à vne grande Princeſſe, pour
le moins vous n'auez point de remords de luy auoir eſté infidelle; & ſi
vous n'auez pas eu aſſez de complai-

sance pour faire toutes ses volontez,
nous sçauons que vous auez trop de
probité pour auoir rien fait cõtre son
seruice. Ce ne vous est pas vn petit
soulagemẽt d'esprit, que la prise de la
Rochelle, où vous auez seruy tres-vti-
lement, & le secours de Cazal auquel
vous auez beaucoup contribué, soiẽt
les seuls crimes qui vous ayent rendu
coupable, & que l'éclat de ce que vous
auez fait au dehors n'ayant pû estre
supporté à la Cour, les Estrãgers soiẽt
venus se mesler dans cette jalousie domestique, & essayer de perdre celuy
qu'ils ne pouuoiẽt pas gagner. C'est la
source de nos derniers maux, La credulité de la meilleure Reyne du mõde a fait d'instrumẽt innocent à la
malice de nos ennemis, & la priere
qu'elle fit au Roy de vous éloigner de
ses affaires, ne fut pas tant vn effet de
son indignation contre vous, que le

F f iij

premier coup de la coniuration qui
s'estoit formée contre la France, &
qu'on luy auoit déguisee sous vn voile de deuotió, afin qu'elle crût meriter
en vous ruinant. Le Roy luy a voulu
donner là dessus toute la satisfaction
raisonnable qu'elle pouuoit desirer. Il
a esté plusieurs fois vostre Aduocat &
vostre Intercesseur enuers elle. Il a
voulu estre vostre Cautió & luy répó-
dre de vostre fidelité. De vostre part,
Mōseigneur, vous n'auez rien oublié
pour tascher d'adoucir son esprit. Elle
vous a veu à ses pieds luy demander
grace, quoy que vous luy pûssiez de-
mánder Iustice. Elle vous a veu faire le
coupable & offencer vostre propre
innocence, afin de luy donner lieu de
vous pardonner. Vous vous estes mis
en tous les deuoirs de la flechir, & si
elle n'eust creu qu'elle mesme, vous
l'auriez flechie. Mais les mauua is es-

prits qui l'enuironnoient, & qui de-
siroiét plus vôtre perte, qu'ils ne vouloient son contétemét, firent de nouueaux efforts, pour endurcir son cœur
qui s'amollissoit. Ils empeschetét l'effet que nous attendions de vos soub-
missions & des prieres du Roy. Ils
l'emporterent sur la bonté de son naturel, qui commençoit à se rendre, &
sans leurs damnables artifices nous la
verrions encore pleine de gloire & de
maiesté, auoit par-ra toutes les pensées de son fils, & nous vous verrions
encore receuoit ordinairement de sa
bouche les commádemens de vostre
Maistre, Mais elle s'est desgoustée de
l'vn & de l'autre, & a voulu demeurer
en sa premiere persuasió. Le Roy qui
luy accorda autresfois le pardon de
plus de quarante mille coupables, n'à
peu obtenir d'elle la grace d'vn innocent, & celuy qui est venu à bout de

l'obſtination des rebelles, & qui n'a
rien attaqué qu'auecque ſuccés, a prié
ſa mere inutilement. C'eſt ce qui l'a
contraint d'oppoſer vne neceſſaire
conſtance à vne ſi eſtrange fermeté,
& deſe reſoudre de ne pas donner à
ſes ennemis le plaiſir de luy voir chaſſer ſes ſeruiteurs. Il vous a retenu lors
que vous le preſſiez de vous permettre de vous retirer, & eſtant preſt de
ceder au temps, & de faire place à l'é-
uie, il a fait voir qu'il eſtoit plus fort
que l'enuie, & qu'il changeoit le téps
quand il luy plaiſoit. Il n'a pas crû que
ce fuſt offencer la Nature, que de ne
pas abandōner la Vertu; ny que ce fut
pecher contre la reuerence maternel-
le, que de ne violer pas l'amitié. Et ſe
reſſouuenant peut-eſtre, que noſtre
Seigneur parlant de ſes diſciples, les
appelle ſa mere, & ſes freres; & dit au
meſme endroit, que celuy qui fait ſa

voloté, celuy-là est son frere, la sœur,
& sa mere, il a pensé que les Roys ne
doiuent pas considerer de telle sorte la
proximité, qu'ils n'ayent égard à l'affection, & que pour regner ils ont veritablement besoin d'alliances & de
parens, mais qu'ils ne se peuuent passer de seruiteurs & d'obeissance. Vous
voila donc, Monseigneur, maintenu
par la necessité de vos seruices, & par
les interests de l'Estat, vous voila au
dessus des vents, & de la tempeste. Les
plaintes qu'on a faites côtre vous, n'ôt
fait autre chose qu'asseurer vôtre Maistre, que vous estiez plus à luy qu'on
ne disoit. Le coup dót on a crû vous
faire tomber, n'a seruy qu'à vostre af-
fermissemét, & la force de laquelle on
a choqué vostre fortune, sâs la pouuoir
esbranler, nous a monstré la solidité
de sa matiere. Toutesfois estant bon
& vertueux, comme vous estes, ie m'i-
magine que vous n'estes point contét

de cette fortune, que vous ne possedez
pas du consentement de tout le monde. Elle ne sçauroit estre plus puissante ny mieux establie qu'elle est , mais
elle pourroit estre plus douce & plus
agreable. Vous ne receustes jamais de
si grands honneurs ; mais vous auez
gousté autresfois de plus pures joyes:
jamais il n'y eust plus de victoires, ny
plus d'auantages sur l'Estranger: mais
il n'y eust jamais plus de maux inte-
stins , ny plus de brouillerie dans la
Maison. Ce desordre que vous n'auez
point fait, vous afflige infinimēt, & ie
sçay que vous voudriez de bon cœur,
que toutes choses fussēt en leur place.
Ie ne doute point que vous ne pleuriés
l'infortune d'vne Maistresse, que vous
auiez cōduite par vos seruices au dernier degré de felicité , & qu'ayant si
long-temps & si efficacement trauail-
lé à la parfaite vnion de leurs Maie-
stez, ce ne vous soit vn sensible dé-

plaisir de voir aujourd'huy vos trauaux ruinez, & voftre ouurage par
terre. Vous voudriez, je m'en affeure,
eftre mort à la Rochelle, puis que juf-
ques-là vous auez vefcu dans la bien-
veillance de la Reyne. Ie veux croire
que parmy les plaintes qu'elle fait,
toutes les loüanges qui vous viennēt
d'ailleurs vous font importunes, &
que mefme voftre merite vous eft en
quelque forte odieux, depuis qu'il n'a
plus fon approbation. Dieu diffipera
vn jour ces nuages, & luy enuoyera
de plus equitables penfées de voftre
fidelité. Mais en attendant que cela
foit, & que les affaires fe raccommo-
dét, vous ne ferez pas fafché que pour
quelques heures ie détourne vos yeux
de deffus les triftes obiets qui les affli-
gent, & que ie vous faffe voir l'image
d'vne plus heureufe faifon que celle-
cy. Ie penfe que ie fuis infpiré de mon
bon Ange, de borner mon deffein par

le premier voyage d'Italie ; Auant,
Monseigneur , que vous euſſiez des
proſperités enuiées, que vos amis vo^9
euſſent máqué de fidelité, que la Reyne euſt changé ſes affections , & que
les efforts des Armees euſſent eſté af-
foiblis par les artifices du Cabinet. Ie
ne touche point à ces Suiets odieux, &
n'aurois pas le cœur de manier des
playes ſi fraiſches & ſi ſanglátes. Ie ne
traite que de ce qui a precedé nos mal-
heurs , & en tout cela , ie ne garantis
que mon intention. Elle eſt fort bonne, Monſeigheur , & n'a pour obiet
que le ſeruice du Roy ; mais elle eſt
peut-eſtre mal conduite , & n'arriue
pas où elle tend. Ie ſçay bien que ie
ſuis bon François , & que i'ayme extremement mon Pays ; mais ie ne ſçay
pas ſi ie ſuis bon Politique, ny ſi ie cõ-
nois aſſez nos affaires. Sans doute i'ay
plus de courage que de force , & plus
de zele que de ſciéce. Auſſi eſt-ce vne

proteſtation que ie fais à l'entrée de
mon ouvrage, afin que perſõne ne ſoit
trõpé, & qu'on y cherche pluſtôt dequoy s'exciter à l'amour de la patrie,
que dequoy s'inſtruire de choſes nouuelles & curieuſes. Ie declare dés le cõ-
mencemét que ie ne ſuis aydé de per-
ſõnne, que ie n'ay point receu de memoires ny d'inſtructions , & que je
marche ſans guide & ſans cõpaghie.
Et partant ſi j'ay fait des fautes, je n'ay
fait que ce que je dois , & on les prendra cõme venãt d'vn hõme qui void
les choſes de loin , & par le dehors , &
qui s'arreſte à ce qui paroiſt des affaires publiques , & ſans penetrer dans
leur interieur qui luy eſt caché.

Ie pouuois entrer d'abord en matiere, & prendre vn chemin plus court,
que celuy que j'ay tenu : Mais j'ay eu
deſſein de preparer les eſprits par vne
lecture agreable à vne lecture ſerieu-
ſe, & de deferer quelque choſe à l'exé-

ple & à la couſtume des Anciés. Vous
ſçauez, Monſeigneur, que la pluſpart
d'entr'eux font des Proëmes à leurs
Liures, qui n'ont rien de cōmun auecque leur ſuiet, & qui ſont comme des
teſtes appliquées qu'on peut mettre
ſur toutes ſortes de corps. Ce qui eſt
ſi vray, que Ciceron écrit de ſoy meſme, qu'il en auoit vn volume de reſerue, d'où il les tiroit quand il en auoit
beſoin pour le commencement de ſes
ouurages. De telle ſorte qu'ayant mis
par mégarde au Liure de la Gloire, la
meſme Preface qu'il auoit deſia miſe
au troiſieſme des Academiques, il prie
Atticus aſſez plaiſamment, de la couper de ce premier liure, & en ſa place
d'y coler vne autre qu'il luy enuoye.
Dans ces Prefaces ils diſcourent ordinairement des affaires & du Gouuernement de la Republique; ils ſe plaignent de la corruption du Siecle; ils
content au monde leurs occupations

de la ville , & leurs exercices de la Cã-
pagne ; & apres cela, au lieu de defcen-
dre doucement, & comme par des degrez dans leur matiere , vous diriez
qu'ils s'y precipitent , tant ils y tombent foudainement & à coup. Tous
les Exordes de Sallufte font de ce gã-
re, & feroient aufsi propres aux Liures
de Ciceron qu'aux fiens. Apres qu'il
a declamé du vice , & de la vertu , &
qu'il s'eft ietté dans vn raifonnement
infiny , il ne fort point par la porte du
lieu où il fe void enfermé ; mais il en
échape par vne breche, & brifant tout
d'vn coup où l'on attendoit qu'il con-
tinuaft, Venons maintenant, dit-il, à
ce que nous auons à traiter. Les Grecs
font encore plus licentieux que luy.
Dion Chryfoftome n'entame d'ordi-
naife fon fuiet qu'à la fin de fon difcours. Si on oftoit à fon Maiftre Platon fes longues Prefaces , fes Narra-
tions fabuleufes, & fes importunes Di-

greſſions, on l'accourciroit de la moitié ; & l'vn & l'autre reſſemblent aux
petites femmes deshabillées , qui
ayant quité leur coiffure, & leurs pa-
tins, ne ſont plus qu'vne partie d'el-
les-meſmes. Plutarque eſt ſans difficulté le plus aduiſé & le plus judicieux
des derniers Grecs : Mais il eſt tombé pourtant dans le vice de ſon Siecle & de ſon Pays, & qui pourra démeſler le Traitté, qu'il a fait de l'Eſprit familier de Socrate, pourra ſortir ayſement d'vn Labyrinthe. Les
Autheurs Chreſtiens deuroient eſtre
plus auſteres , & moins curieux des
ornemens eſtrangers. Ils n'ont pas
laiſſé pourtant de donner quelque
choſe à la couſtume , & de s'é-
gayer hors de leur ſuiet. Et pour
ne pas entrer dans vne enumera-
ration ennuyeuſe , le Dialogue
qu'a fait Minutius Felix pour ju-
ſtifier

ſtifier noſtre Religion contre les
calomnies des Payens, a vn commencement fort peu ſerieux, &
fort éloigné de la grauité de ſa matiere. Et ſaint Cyprian dans cette
lettre ſi eſtimée qu'il a eſcrite à Do-
nat, commence vne tres-ſeuere
Cenſure des mœurs de ſon Siec-
cle, par vne deſcription purement poëtique, & par diſcours
auſſi peint, & auſſi fleuriſſant,
que s'il euſt voulu parler d'Amour,
ou reciter vne Fable. Quant à
moy, qui ay entrepris vn trauail d'aſſez longue haleine, ie
n'ay pas voulu imiter entierement les Anciens, qui attachent
à leurs ouurages d'autres ouurages, mais auſſi ie ne les ay pas
voulu entierement fuyr. J'ay
fait vne Preface, où i'ay parlé
le plus agreablement qu'il m'a

G g

esté possible des plaisirs de l'Automne, pource que c'est le temps de la conception de mon Prince. Ie n'ay pas oublié aussi le Pays où j'estois, pource que c'est le lieu de sa naissance. I'ay esté encore bien-aise de rendre conte par occasion des diuertissemens de ma solitude, & de justifier le loisir d'vne personne retirée, contre ceux qui l'accusent de paresse & de lascheté. Outre qu'on peut voir par la conclusion, que tout cela fait à mon propos, & l'auanture qui a donné lieu à mon dessein, & qui est historique, & veritable, m'estant arriuée sur le bord de la riuiere que ie décris, mes descriptiós qui ne sont pas peut-estre ennuyeuses, sont encore aucunement necessaires, & peuuent estre considerees cóme circonstances de l'action que ie represente, &c.

Du 3. Mars 1631.

❧❧❧❧❧❧❧❧❧❧❧❧❧❧❧❧❧❧❧❧❧❧
❧❧❧❧❧❧❧❧❧❧❧❧❧❧❧❧❧❧❧❧❧❧

EMINENTISSIMO
PRINCIPI
CARDINALI DVCI
RICHELIO.
I. L. BALZACIVS, S. D.

NON *facilè dixerim*, Eminentissime Princeps, *plus-ne molestiæ ex afflicta tua valetudine conceperim, an illaxerit mihi gaudij ex reddita tibi diuinitus sanitate. Nisi forte, ut sumus in æstimandis malis delicatiores, obtusior verò est bonorum sensus, vix meam adhuc voluptatem intelligam, & liberatus metu horream iam quod timere desii. Aliquandiu hæsi, fateor, ad subitum optatissimi nuncij fulgorem penè perculsus, neque de te satis audebam famæ, & auribus meis credere. Sed ut ab ea perturbatione se recipere cœpit animus, & super morbo tuo securius aliquanto philosophari, ex occultioribus mali causis hæc præcipuè occurrebat. Deum opt. max. graui illa iræ suæ significatione sollicitos habere voluisse Mortales, & tantisper velut deliberasse, an ingratum sæculum clarissimi quo illustratur luminis, æterna defectione multaret. Fuit*

Gg ij

illa, vt credibile est, in massa ab ea fælicitati publicæ
temperatio. quâ superbientes animos nostros, & iam
repetitis victoriis feroces admoneret humanæ fragili-
tatis, rémque Gallicam altius sese efferentem mode-
raretur potius quam inclinaret. Aut fuit certè, vt
subtilioribus placebat, aduersorum siderum pestilens
in nos conuersio, quæ funestum aliquid, & calami-
tosum portenderet, nullaque potuisset declinatione vi-
tari, ni fusæ ad aras bonorum preces, & feruentissi-
ma Gentium vota letale virus mitigassent. Sed his
substinebatur mali impetus, non concidebat. Necesse
fuit fatalem tempestatem erumpere aliquò, & aliquando parere quod iamdudum parturiebat. Singu-
lari itaque amici numinis beneficio à nostris ceruici-
bus, & ab hoc Imperio procul depulsa, vltimæ Germaniæ incubuit, præcipuáque eius vis in caput fortissi-
mi, & fælicissimi aliàs Gothorum Principu effusa
est. Quod caput, Eminentissime Princeps, tui
pretium, & quasi compensationem fuisse non contem-
nendi quidam signorum cælestium interpretes existi-
marunt, neque minori victimâ tam nobilem animam
redimi posse in arcanas fatorum leges curiosius inqui-
rentibus videbatur. Quod si huic hominum generi
aberrare à vero non semper licet. Si succidanea illa ho-
stia siderum iniquitati debebatur, nec vilius poteras
Reipublicæ restitui, feramus æquo animo acerbam tan-
ti Herois mortem. Te viuo lugeri potest, desiderari verò
non potest. Fecisti enim, Eminentissime Princeps,
vt de alienis viribus securi in vnâ mente tuâ acquies-
camus, Quicquid magnum & memorabile abhinc
septem & amplius annis Europa vidit, totum id è
fonte consiliorum tuorum fluxisse scimus. Quæcumque

...rei publicæ vis solvere; & libertate sociorum
... ea non sua te gessisse ipse testis
est ... in euidendum arbitramur, cum fatis sit satis,
... fraudulentorum non fore, & quæ nunc ad Al-
... Dianchium peragitur nobilissima fabula, hi-
... vita ... isse defarinis). Superstitiem autem
multos annos ... Superi vident, si non populum
Christianum perduelles & in vtrius sui addentes diu-
... quid optimum Terris dedere, esse quàm
longissimam patiuntur. Tu vero periculam allorum in te
benignissime etiam tua sollicitudine ... & no-
stra periculo humana omnia, mortémque ultro ipsam
contemnere, regúe per quicquid est & Diuinitatis in
Maioribus elisione, & in Regio nomine sanctitatis
obtestamur, ut fortunam posterum cautior & fidelior
custos, videt adinque tua, in qua communis salus pe-
riclitatur, diligentius accuratiúsque seruia. Non modo, Eminentissime Princeps, serua te tibi, sed &
summa te nobis, & satis se tua, deque altera Reipublicæ.
Eá siquidem in discrimine versatur vniuersus Christia-
nus orbis, eo in loco tralieres, atque Germaniæ consti-
tutæ sunt, ut videantur non solùm ab omni fortuna,
sed ab vniuersa ... ss ... licita, si quid tibi iam hu-
manitus euenerit. Nam quid de matre Gallia dicam,
quæ te ... carere non posse ipso Regis augustissimi
testimonio profitetur, quæ et natales tuos sibi vindi-
cat, si ... tibi incolumitatem acceptam refert, &
cui eo nomine plurimum debes, & amoris & curæ,
aut ut parens charissima, aut ut optimus parens,
satis ea quidem, si vita tua non ex annorum numero,
sed ex rerum tuarum prædaré gestarum multitudine cen-
setur, Natura ... ; satis etiam Gloria, si ti-

modum æquitate animi tui definire vis; at, quod no-
stri maximè interest, parum certè Patriæ vixisti: quæ
cum superiorum temporum iniuriâ multa perdiderit
& ornamenta dignitatis, & præsidia stabilitatis suæ,
præcipua quidem per te, nondum tamen omnia recu-
perauit. Quæcunque licentia bellorum ciuilium dilap-
sa fluxere, Eminentissime Princeps, ea tu le-
gum seueritate vincies: corroborabis quæ sanasti, fir-
mabis quæ excitasti, recreabis quæ asseruisti. Hic restat
gloriosissima vitæ actus: hæ sunt tibi extrema imposi-
tæ partæ, quæ à te cumulatissimè implebuntur, vt
primum post tot & tam graues procellas aliqua tibi
domestica tranquillitatis lux affulserit. Probe enim
nouimus hoc quicquid est iamdudum te animo agi-
tare, nec delineasse ideo optimam formam principa-
tus, vt post aliquot demum sæcula eam alter expressu-
rus sit. Impones ipse sanctissimo operi vltimam ma-
num, & liberalitas illa, quâ externa etiam & lon-
ginqua subluas, quæque vltro calamitati occurrit nul-
lius oratione euocata, non deerit Patriæ aliqua sui par-
te laboranti, & opem imploranti suam: Est illi gra-
tissimum, quod illam saluam esse voluisti; sed vellet
à te non solum salutis suæ, quemadmodum à Medicis,
verum etiam vt ab Aliptis, virium & coloris ratio
haberetur. Vellet pingui illo & affluente otio frui,
quo sine pax mæsta in sordibus & squalore versatur,
nec bello ipso minor est, sed minus gloriosa calamitas.
Communi humanitati maximè consentaneum existi-
mat, vt non solum florens beatúsque sit, qui Impe-
rium obtinet, sed etiam vt imperet florentibus &
beatis, neue alienæ miseriæ assidua contemplatione
inquinet fœlicitatem suam. Hactenus clara, illustria,

miranda gentibus fuere quæ geßisti. Nunc de te no-
stri homines iucunda sibi atque suauia pollicentur.
Habent in te quod laudent, & quod stupeant, Sed
hoc cum Barbaris, hoc cum hostibus commune habent. Nunc quod placeat, & quæ feruantur, quod
proprium, & vere sit suum expectant. Animus tuus
ad maxima quæque intentus, in procurandis Regum
& Imperiorum grauißimis negotiis totus hactenus
fuit: sed te tegit rerum neceßitas eundem animum
aliquando ad minora referre, & partem aliquam in
domos & fortunas nostras deriuare vna & cogitatio-
nis tuæ. Non enim ut nobilis ille artifex Veneris caput
ex summa pectoris politißima arte perfecit, reliquum
corpus inchoatum reliquit: sic elaborasse solum in ca-
pite, hoc est in asserenda Regia dignitate, inferiorem
corporis partem, priuatas scilicet plebeculæ rationes
neglexisse videri velis. Quæ cum ita sint, Eminen-
tißime Princeps cum descenderis à summis ad hæc
humilia, expertus nobis dices quæ sit dulcißima omni-
um, & innocentißima voluptas. Videbis pulcherri-
mam illam diem, & votis tuis omnibus expetendam,
qua tibi à ciuibus tuis, & ab vniuerso populo Gallico
similiter acclamabitur, atque olim Octauio Puteola-
num suum praeteruehenti à nautis & vectoribus co-
ronatis ac thuralibantibus acclamatum est: Per illu se
viuere, per illum nauigare, per illum libertate, & fortunis
suis frui. Quibus ille tenuißimorum hominum vocibus,
nulla vi, aut adulatione expreßis, tantopere delectatus
est, ut præ iis honorificentißima Senatus decreta, deui-
ctarum Gentium titulos ipsa trophæa & triumphos
suos parui fecerit, illæ quippe demum laudes altißi-
me in animum descendunt, quæ veræ & à credenti-

Gg iiij

bus dicuntur; neque ulli certum potest esse immortali-
tatu suæ pignus, quàm præsens in ipsum uniuersorum
amor. Hoc te ultimum laborum & vigiliarum præ-
mium manet, Eminentissime Princeps. Finita
tua mortalitate, adhuc in ore & Gentium animis viues. Adhuc virtutum tuarum & sanctissimorum
consiliorum memoria moderaberis Terras. Temporum
tuorum fælicitas à grato posteritate inter exempla nu-
merabitur, habebúntque seri Nepotes in unius Toga-
ti hominis historia benè gesta, fortiter conseruata; &
præclarissimè ornata Reipublica absolutissimum simu-
lachrum. Et hoc nos quoque iampridem haberemus, nisi
eum domi, tum foris, nata aut concitata in te impedi-
menta ac veluti sufflamina piis deliberationibus ob-
stitissent. Sed hi magnarum cogitationum scopuli vir-
tutis tuæ impetum retardare potuerunt, virtutem
autem tuam nec frangere, nec debilitare potuerunt.
Perrumpes ad propositum tibi scopum si ire non datur.
Expugnabis, si fas est dicere, ipsam fælicitatem, &
à fatis extorquebis quod impetrare non potuisti. Expe-
dita & facilia vulgaribus animis relinquantur; ar-
dua & aspera sola digna sunt in quæ incumbas; &
nihil tantum est quod non ab eo sperare debeamus, qui
tanta gessit, tanta sustinuit. Inuidiam, quia extin-
gui non potest, exarmasti; cum fortuna fecisti pericu-
lum uiuam, & ut leuissime dicam, non victus es.
Illa inquam rerum, ut vulgò creditur, domina, quæ
tot Reges in vincula coniecit, tot regna pessumdedit, de
tot victoribus triumphauit, quoties tecum congressa
est, toties à te recessit illibata tua & inuiolata dignitate. Nullæ sunt illi nocendi artes, quas in te non exer-
cuerit; nullum virus, quod non effuderit; nullum

...gentium, quid iste frustra ... ... ita ...
...potuissem illo exclamare, quie ... ... fortunæ superstit... usui ... illud ...

Dedi: quid altera est Iuno, quid vinci iubes?
Vince ergo quem tibi proponimus inferiorem longe ...
hostem, nec tota ad id adhibita animi tui contentio-
ne, & post excusu apud nos omnes belli civilis fi-
bras, ipsumque partium & factionis nomen pene
deletum, post exactos alienis sedibus Tyrannos, &
restituens in avita Imperia Principes, quid vero
hoc de quo agimus, agrorum civium levamentum,
nisi levissima accessio laboris tui, quamuis non magnum modo incrementum, sed absolutio etiam postre-
ma clausur... ... ...

His de omnibus, Eminentissime Princeps cum
nuper in agrum Burdegalensem saligandi tus causa
profectus essem, tecum agere animus erat, & noviss-
simum rerum Gallicarum successum tibi, ut par erat,
gratulari: sed quia coram per valetudinem tuam
... licuit, habe has à me litteras, testes perpetuæ
erga te meæ & Reipublicæ voluntatis rarissi-
mi amoris sensum, & ingenuæ quandaque mo-
deste libertatis voces boni consule; ac credas velim,
nil mihi in hoc secessu, nec suavius esse, nec anti-
quius, quam immortalium virtutum tuarum assidua recordatione frui, & intueri identidem in
musis, penicillo expressam probis qui & pudicioris
dignitatem. Quam charissimam mihi imaginem
(liceat more antiquo semel loqui) inter Penates
& domestica Numina religiose veneror, & cu-
ius quotidiano conspectu animus æger, nec fuit
minus quam corporis doloribus intentus, tan-

tiß excreatur. Audes aliquando hoc teste & horta-
tore studiorum angusto vultu, de abditis rerum caus-
sis, de natura cœlestium ignium, de his quæ sub as-
pectum non cadunt, de Deo ipso, & de diuinis quæ-
rere. Nec pauca mihi præterea sunt, cum ad Philoso-
phiam de moribus, cum ad doctrinam ciuilem spe-
ctantia, eodem inspectore elaborata; quæ sparsa velut
& dißipata membra, si colligere liberet, poßent in
iustam corporis molem facili negotio coalescere. Sed de
his infœlicis parentis fœtibus, an abijciendi an tol-
lendi sint, amplius deliberandum. Vt vt sit, ad summa tua in me merita summus cumulus accederet mul-
toque mihi certiorem, & magis compendiariã ad æter-
nitatem uiam aperires, si velles ipse ingenij tui clarißi-
ma monimenta præposito his à me proœmio edendi fa-
cere potestatem. Quare te vehementer ac enixè rogo, vt
de tuis aliquem iubeas hæc seligere, mihique committi
præcipuarum orationum exempla, quas tu alias ha-
buisti, seu cum è sacro suggestu Christi Domini men-
tem, & consilia explicares: seu cum in ciuilibus Co-
mitiis de pacis & belli iure, de fœderibus sanciendis,
de reuocanda Maiorum disciplina dissereres. Eo vbi-
que verborum & sententiarum delectu, in quibus
incorrupta Patrij sermonis integritas & venus illa
spiret, ne leuißima quidem faci labe, aut peregrini-
tatis aspersa. Nam & tu olim (salt nos consortio glo-
riemur) dum per Rempublicam licebat, non auersa-
tus es mansuetiores has musas, & communia nobis-
cum sacra coluisti. Qui tunc temporis credebantur in
eo genere plurimum posse, non dubium artis tibi sua
principatum augurabantur; & iam, meo quidem
iudicio, perueneras quò destinabam. Sed ab amœni-

*rate studiorum reuocarunt grauiores cura, & tutela
rerum humanarum. Non fuit publicis rationibus con-
ueniens tam excelsum animum, & tanta molis ca-
pacem circa verba & syllabas diutius occupari, pa-
rùmque Deo immortali visum est te esse disertissimum
Oratorum. Non hac tibi tamen in postremis habenda
laus, quam Graci, æque ac Romani Principes in pri-
mis, atque adeo in delitiis habuere, quæque præstan-
tissimis cæteris tuis dotibus dehonestamento non erit, si
in earum societatem illam venire patiaris. Cæterum de
te, & aliquid gratiæ & benignitatis nec temerè nec
dubiter sperare debeam, nil tamen umquam, & ad
latitiam animi iucundius, & ad nominis famam il-
lustrius te mihi impertire posse arbitrabor, quàm si
quod à te maiorem in modum peto, depromptum è li-
teraria tua supellectile munus impetrauero. Is enim
sum, Eminentissime Princeps, qui honesta vti-
libus semper anteponam, malimque bonâ tuâ de me
existimatione, quàm magnis tuis erga me beneficiis
apud Posteros inclarescere. Hal. Prid. Id. Ianuar.*